기억을 기록하다

# 기억을 기록하다

광주MBC 기획 · 엮음
광주MBC 라디오 칼럼니스트 31인 지음

ON AIR

묵념 5분 27초에서 세월호 7시간까지, 우리 시대를 기록하다

알렙

# 전파로 전한 낱장을 두툼한 책으로 엮으며

출근길 아침 방송되는 〈광주MBC 라디오칼럼〉은 보다 밝고 더 따뜻하고 더불어 사는 삶의 가치가 넘치는 세상을 희망하는 프로그램입니다. 서른한 분의 칼럼니스트가 제각기 다른 삶의 여정 속에서 얻은 경험과 경륜, 전문적 지식과 지혜로, 때론 엄중한 지적과 비판으로 더불어 사는 지역 공동체로 가는 바람직한 길을 얘기합니다. 따뜻한 시선으로 세상을 보면서 우리가 잃었거나 혹은 잊어버린 도덕성을 일깨우고, 세상의 부조리와 부당함에는 날카로운 질문의 물음표를, 눈물과 웃음과 기쁨이 있는 순간에는 소소하나마 공유와 공감의 느낌표를 찍어주셨습니다.

매일 아침 칼럼니스트들이 육성으로 생생하게 전하는 〈광주MBC 라디오칼럼〉 한 편은 좁게는 '지역', 넓게는 '세상'이라는 서재에 책을 한 권씩 꽂는 일이라고 생각합니다. 5분이라는 짧은 방송 시간이지만 칼럼마다에는 사람과 지역 공동체에 대한 사랑이 듬뿍 담겨 있습니다. 지역 사회의 미래를 위한 비전과 제안이 들어 있습니다. 지키고 이어나가야 할 '우리 것'에 대한 애정이 넘실댑니다. 지난 2013년 5월부터 방송했으니까 4년이라는 제법 적잖은 시간이 쌓였고, 어쩌면 편린 같은 칼럼들이지만 모아놓으니 의미 있는 큰 메시지가 됐습니다. 큰 울림의 메시지를 전파로만 날려보내기가 너무 아쉬워서 더 많은 독자들과 공유하고 공감하고자 한 권의 책으로 엮었습니다.

광주MBC 라디오 칼럼집 『기억을 기록하다』는 그동안 방송했던 950여 편의 칼럼 중에서 고심을 거듭하여 169편을 골랐습니다. 일상, 사회, 정치, 경제, 공동체, 교육, 문화와 지역, 환경과 미래, 트라우마와 치유, 역사라는 열 개의 주제로 나눠 담았습니다. 각기 다른 직업과 삶을 가진 칼럼니스트의 다양한 이야기여서 그 깊이와 맛이 모두 다릅니다. 〈광주MBC 라디오칼럼〉이 지향하는 더불어 사는 행복한 지역 공동체를 위해, 공유하고 공감하고 나아가 필요하면 행동에 나서는 지침서가 됐으면 좋겠습니다.

날마다 출근길 아침에 〈광주MBC 라디오칼럼〉을 듣고 성원해 주시는 청취자 여러분과 좋은 글 써주신 칼럼니스트들께 진심으로 감사드립니다. 여러분이 계셨기에 칼럼집 『기억을 기록하다』가 세상에 나올 수 있었습니다.

2017년 2월

최영준(광주MBC 사장)

## 일러두기

1. 이 책에 수록한 글은 지난 2013년 5월부터 2017년 현재까지 〈광주MBC 라디오칼럼〉을 통해 방송된 951편의 칼럼 중 주제에 맞는 글 169편을 가려 뽑아 구성한 것이다.

2. 각 장의 서두에는 '들어가며'를 두어 주제와 수록된 글의 구성 방향을 설명하였고, 수록된 글들의 순서는 방송된 날짜를 따랐지만, 되도록 맥락과 흐름을 고려하였다.

3. 단행본이나 문집의 경우에는 『 』로, 단행본과 문집의 단편이나 장은 「 」로 표기하였다. 그밖에 개별 텍스트는 〈 〉로 표기하였다.

4. 글의 마지막에는 방송 날짜를 적었다.

# GWANGJU MBC RADIO COLUMN

목차

## 제4부 삶의 질은 무엇에 좌우되는가? / 경제

## 제5부 더불어 행복한 세상은 가까이에 / 공동체

## 제6부 늦게 피는 꽃도 꽃이다 / 교육

## 제7부 사람을 끌어들이는 방법 / 문화와 지역

## 제8부 장기 지속의 세계를 꿈꾸다 / 환경과 미래

## 칼럼니스트 소개

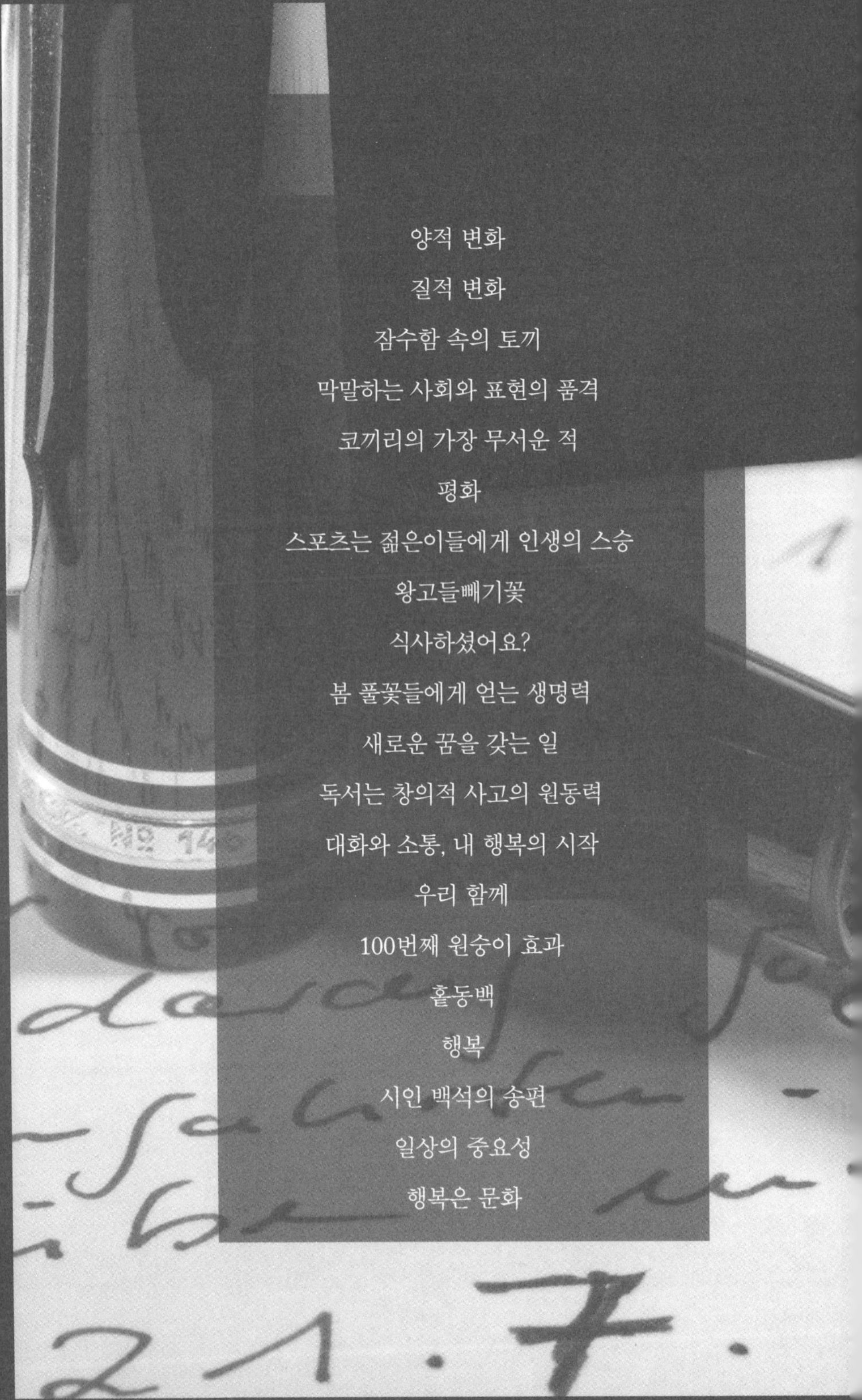

양적 변화

질적 변화

잠수함 속의 토끼

막말하는 사회와 표현의 품격

코끼리의 가장 무서운 적

평화

스포츠는 젊은이들에게 인생의 스승

왕고들빼기꽃

식사하셨어요?

봄 풀꽃들에게 얻는 생명력

새로운 꿈을 갖는 일

독서는 창의적 사고의 원동력

대화와 소통, 내 행복의 시작

우리 함께

100번째 원숭이 효과

홀동백

행복

시인 백석의 송편

일상의 중요성

행복은 문화

# 꽃잎을 흔드는 바람에도 기쁨이

## 일상

들어가며

익숙하여 지나치는 것들이 있다. 숨을 쉬고, 얼굴을 씻고, 길을 걷고, 식탁 앞에 앉아 수저를 든다. 아무런 감정 없이 이루어지는 일들이다. 그만큼 익숙하고 길들여진 것이다. 하지만 잠시만 호흡을 멈추고 돌아보면 이 사소한 일 하나하나가 기쁨이고 기적이다. 세상에 태어나 숨을 쉬고 있다는 것, 자신의 몸을 가꾸고 영양을 공급하고 몸을 부린다는 것 모두 예사롭지 않은 일이다. 어찌 되었든 세상에 태어나서 살아가고 있는 것이다.

불어오는 바람에 찬 기운이 섞일 즈음, 우리가 이루어 가던 소중한 일상에 균열이 생기기 시작했다. 아니, 균열은 전부터 있었다. 이제는 감출 수 없이 커졌고, 균열을 가리던 회반죽이 떨어져 나갔다. 균열은 생각보다 컸다. 도대체 우울한 소식뿐이다. 제 깜을 넘어선 욕심을 부리다 나라를 뒤흔들더니, 그것을 숨기기 위해 죄를 저지른다. 모른다고 발뺌하기 바쁘고 기억이 안 난다며 후리기 일쑤다. 공직에 있는 사람에게서 최소한의 공공성도 찾아볼 수 없다. 삶은 아름다운 것인가? 적어도 지금은 아름다움을 위해 싸워야 할 때임은 분명해 보인다.

이 장에는 우리가 살아가면서 마주치는 작고 평범한 것들에 대한 이야기가 담겨 있다. 한 톨의 씨앗에서 시작해 우주의 양적 변화와 질적 변화를 찾는다. 보도블록의 황량한 틈에서 삐져나와 허리 높이까지 자란 왕고들빼기꽃에서 생명의 위대함을 살피기도 한다.

춘래불사춘이라 했던가. 새해가 밝았지만 희망을 찾아보기 어렵다. 한 치 앞도 보이지 않는 어둠 속 어디에 빛이 있을까? 이럴 때 필요한 것은 거창한 구호나 철학이 아닐 것이다. 어쩌면 세상을 살아가면서 지켜야 할 조그만 가치들이 이 사회를 풍요롭게 할 것이다. 우리 사회가 어디로 가야 하는지 방향을 제시하고 미래 희망을 얘기할 수 있다면 그게 최선이다.

# 양적 변화

김희준

　추수철이 다가왔습니다. 녹색 물결이 출렁이던 논이 황금 바다로 변하고, 볍씨 하나에서 싹을 틔워 봄철에 모내기를 한 그 한 줄기에서 수백 개의 낟알이 열매를 맺습니다. 마찬가지로 하나의 씨에서 사과나무가 자라고, 나무 한 그루에서 수백, 수천 알의 사과가 열립니다. 하나가 수십, 수백, 수천으로 자라는 것은 양적 변화입니다. 그리고 이러한 양적 변화는 생명의 두드러진 특징입니다. 그래서 동물의 왕국에서도, 식물의 세계에서도 모든 생명체는 모든 수단과 방법을 동원해서 일단 개체로 살아남고, 그러고 나서는 자식을 퍼뜨립니다.

　인간 사회에서도 번영의 일차적인 척도는 양적 변화라고 볼 수 있습니다. 잘 되는 집안은 일단 집안이 북적대고, 자손이 대를 이어가며 시냇가에 심은 나무처럼 융성합니다. 마찬가지로 잘사는 나라는 국민소득도 꾸준히 증가하고, 기술이나 생활 여건도 나날이 향상됩니다. 그런데 어길 수 없는 자연 법칙 중에 '에너지 보존 법칙'이 있습니다. 어떤 변화가 일어나더라도 우주 전체의 에너지는 일정하다는 말입니다. 따라서 지구상의 에너지만을 가지고 생명체가 살아간다면 이렇게 오랜 세월 생명이 번성할 수는 없었을 겁니다. 다행히 태양에너지가 지속적으로 지구로 공급되기 때문에 지구상에 생명체가 출현한 이래 거의 40억 년 동안 생명은 개체 수를 늘리고 번영을 누릴 수 있었습니다. 물론 '에너지 보존 법칙'에 따라 태양이 에너지를 공급할수록 태양 자체의 에너지는 줄어들어서 언젠가는 한계에 다다르고, 태양도 수명을 다할 때가 올 것입니다.

태양이 수명을 다하는 것은 앞으로 약 50억 년 후의 일이라니 당분간은 걱정을 안 해도 됩니다. 내일도, 내년에도 태양은 떠오를 것입니다. 이번 여름에 강렬하게 햇빛을 내려주어서 이삭을 여물게 해주었던 그 태양 말입니다.

_ 2013년 10월 16일

# 질적 변화

김희준

인류가 초보적인 농경을 시작한 것은 대략 1만 년 전이라고 합니다. 수렵을 하던 인간이 농사를 지으면서부터 한 곳에 정착하게 되었고, 먹는 문제로부터 비교적 자유로워지면서 문명을 일으키고 문화를 꽃피우기 시작했지요.

그런데 한 톨의 씨앗으로부터 많은 결실을 거두는 농사의 핵심은 겉보기에는 양적 변화, 양적 증가지만 그 양적 변화의 배후에는 중요한 질적 변화가 있습니다.

우리가 잘 아는 대로 모든 식물이 자라고 열매 맺는 과정의 중심에는 광합성이 자리 잡고 있는데요. 식물은 잎에서는 공기 중의 이산화탄소라는 기체를 받아들이고, 뿌리로는 물을 빨아들여서 포도당을 합성합니다. 그리고 포도당을 녹말로 바꾸어서 벼나 보리 등의 낟알에, 그리고 감자나 고구마의 뿌리에 저장합니다.

이 과정에서 햇빛 에너지를 사용하는 광합성을 합니다. 광합성 과정을 생각해 보면 이건 정말 기적 같은 일입니다. 기적이라고 하면 성경에 나오는 물이 포도주로 바뀐 사건을 떠올리게 됩니다. 그런데 눈에 보이지도 않는 이산화탄소 기체와 액체인 물이 물에 녹지 않는 녹말로 바뀌는 것은 물이 포도주로 바뀐 것 못지않게 기적적인 일이 아닌가요?

물과 포도주는 둘 다 액체라는 공통점이라도 있지만, 기체와 액체가 고체로 바뀌는 광합성에서의 변화는 더욱 극적인 일이 아닌가요? 아무튼 물이 포도주로 바뀌는 발효나 광합성이나 모두 물질의 본질이 변하는 화학 반응이고 질적 변화입니다. 양적 변화가 외면적 변화라면 질적 변화는 내면적 변화라고 볼 수 있습니다.

그리고 보면 양적 변화의 결과인 풍성한 추수는 광합성 세포에서 일어나는 이산화탄소, 물, 포도당 등 화합물 수준의 내면적 변화를 통해 이루어집니다. 우리 한 사람 한 사람도, 또 우리 사회도 내면적 성숙을 동반하는 외적 성장을 이루도록 해야겠지요.

_ 2013년 10월 22일

# 잠수함 속의 토끼

나희덕

작가를 잠수함의 토끼에 비유한 것은 루마니아 작가이자 신부인 콘스탄틴 게오르규였습니다. 그는 『25시』라는 소설을 통해 전쟁과 이데올로기에 의해 수난당한 사람들의 운명을 그렸는데요. 게오르규는 실제로 잠수함의 수병으로 근무했던 경험이 있다고 합니다.

밀폐된 잠수함에서는 산소가 부족하면 생존하기가 어렵습니다. 그래서 산소를 측정하는 기계가 정교하게 발달하지 않았던 시절에는 토끼를 잠수함에 태웠다고 합니다. 산소가 부족하거나 압력에 이상이 생기면 토끼의 귀에 돌출된 혈관이 사람의 혈관보다 먼저 파열되기 때문이지요. 토끼의 그런 민감함은 스스로를 죽음에 이르게 하지만 같은 잠수함에 탄 사람들을 위험에서 구하는 예지를 발휘합니다. 잠수함에 산소가 부족하듯이 자유가 억압당하는 시대가 오면 가장 먼저 반응하는 이들이 작가라는 것이지요.

작가들이 잠수함 속의 토끼 역할을 하지 않아도 되는 시대는 행복한 시대입니다. 1990년대 이후 문학의 정치적 역할이나 공동체적 성

기억을 기록하다

격은 점점 약화되어 갔습니다. 그런데 2000년대 이후 골방에 흩어져 있던 작가들이 용산, 강정마을, 두리반, 대한문, 밀양 등 우리 시대의 첨예한 고통의 현장에 다시 모이기 시작했습니다. 그만큼 우리 사회의 민주주의와 생존권이 심각하게 위협당하고 있음을 감지한 것이지요.

이번에 80명의 시인들이 『우리 시대의 민중 비나리』라는 저항시집을 냈습니다. 유신체제나 독재정권 시절에 시가 감당했던 역할을 이 시대는 다시 시인들에게 요구하고 있는 것일까요? 어떤 이념도 일사불란한 조직도 공유하지 않은 시인들이 함께 목소리를 낸 것은 한국 사회라는 침몰하는 잠수함을 다시 물 위로 끌어 올려야 한다는 절박한 심정에서일 것입니다. 여기 실린 한 편 한 편은 사회적 약자들의 고통을 자신의 고통처럼 느끼며 그 비명과 한숨을 들려줍니다. 그 시들을 읽으며, 지금도 시인은 잠수함 속의 토끼라는 생각이 듭니다.

_ 2013년 12월 17일

# 막말하는 사회와 표현의 품격

이병훈

한국 사회가 처한 여러 문제 중 큰 하나는 자기와 견해를 달리하는 사람이나 집단에 대해 퍼붓는 막말입니다.

'진보는 종북이요, 보수는 친일이다'는 식의 극단적 프레임이 그 대표적인 예입니다. 방송 채널이 다원화되고, SNS가 발달하면서 이러한 편가르기가 커져 나가고 있습니다.

온 국민을 비통에 빠지게 한 세월호 사건에서마저 막말이 나오고 있는데, 여기에 사회 지도층 인사라고 예외는 아닙니다. 모 인사는 "가난한 집 아이들이 수학여행을 경주 불국사로 가면 될 일이지, 왜 제주도로 배를 타고 가다 이런 사달이 빚어졌는지 모르겠다"고 했습니다.

지만원이라는 보수 논객은 "세월호 참사는 시체 장사를 위한 거대한 불쏘시개"라는 무지막지한 말을 뱉으면서 "자신의 마음을 그대로 말하는 것이 민주주의 사회의 표현의 자유 아니냐"고 반문했습니다. 이런 망언은 국무총리 후보자마저 "일본의 식민지 지배는 하나님의

뜻"이라고 했다는 말로 이어집니다.

이번 지방선거에서도 지지자가 다르다고 SNS에서 인격을 모독하는 막말이 얼마나 횡행했는지 청취자 여러분은 느끼셨을 것입니다. 참으로 어이없는 21세기 대한민국의 자화상입니다.

운명 공동체인 한 나라 구성원의 역사의식이 이렇게 천박하며, 아픔을 같이하지 못하는 비인간적 태도를 보인 지도층 인사가 많다는 것이 이 나라의 모습입니다.

최근 미국에서는 애인과의 사적인 전화통화에서 인종차별 발언을 한 농구단의 구단주가 프로농구협회에서 영구 제명을 당하고 고액의 벌금까지 물었다고 합니다. 그런데 우리나라에서는 공적으로 한 망언조차 표현의 자유라고 해서 처벌받지 않는 경우가 흔합니다.

이제 우리도 표현의 자유와 명예훼손에 대한 법리 적용의 균형을 심각하게 고려해야 합니다. 그리고 언론은 사회의 파수꾼으로서 사실을 보도하는 객관적 기능을 다해야 합니다. 말이나 글은 부메랑이 되어 언젠가 자기를 해치게 될 것임을 뼈저리게 느껴야 합니다.

우리 지역에서부터라도 사실에 기초를 둔 판단, 말의 품격을 지키는 문화를 만들어 갑시다.

_ 2014년 06월 17일

# 코끼리의 가장 무서운 적

이천영

코끼리는 지구상에서 가장 덩치가 큰 육상 동물입니다. 그만큼 힘도 세죠. 감히 코끼리에게 도전하는 어리석은 짐승은 없습니다. 사자나 호랑이도 코끼리를 보면 슬슬 피합니다.

이런 코끼리도 무서워하는 것이 있다는 사실이 믿어지지 않습니다. 게다가 그것이 생쥐라는 사실에는 웃음까지 납니다. 생쥐 한 마리는 코끼리 떼를 공포의 상태로 몰아넣기도 한답니다.

코끼리는 사자나 호랑이와는 싸울 수 있지만 조그마한 생쥐와는 애시당초 싸움이 안 됩니다. 생쥐는 너무 작고 빨라서 코끼리의 발에 밟히지도 않고 코에 붙잡히지도 않습니다. 그렇다고 생쥐가 날카로운 이빨이 있어서 코끼리를 문다거나 뿔이 있어서 찌를 수 있는 것도 아닙니다.

생쥐는 그저 코끼리의 몸이며 배, 얼굴, 귀, 코 위를 발발거리며 뛰어다닐 뿐입니다. 큰 눈만 굴리면서 속수무책으로 온몸을 뛰어다니는 생쥐를 바라보는 코끼리는 자신이 녀석을 떨쳐버리기 위해 아무

기억을 기록하다

것도 할 수 없다는 무력감에 빠져 다음부터는 생쥐를 보기만 해도 겁을 먹고 피한답니다.

　우리의 삶 속에서 우리가 싸워야 하는 적은 큰 문제가 아니라 의외로 하찮고 작은 염려와 걱정일 경우가 많습니다. 오늘 나를 괴롭히는 하찮은 생쥐는 무엇인가요?

　행여 염려와 걱정이 있다면 "모든 것이 잘될 거야!"라는 긍정적인 생각으로 바꿔 보시기 바랍니다. 부정적인 생각은 꼬리에 꼬리를 물고 또 다른 생각을 낳고, 결국 피를 말리는 고통으로 이어질 것입니다. 그저 모든 것을 내려놓고 "모든 일이 잘될 거야!"라는 생각에 마음을 맡겨 보는 것은 어떨까요? 오늘도 즐겁고 보람찬 하루가 될 것이라고 말입니다!

_ 2014년 08월 18일

# 평화

🖋

이천영

　이탈리아 피렌체의 한 화랑에는 독특한 그림 두 점이 나란히 걸려 있는데, 둘 다 폭풍우가 몰아치는 바다를 배경으로 한 것입니다.

　첫 번째 그림에는 성난 파도가 넘실대고, 검은 먹구름이 잔뜩 낀 하늘에서 무서운 번개가 내리꽂히고 있습니다. 죽음 직전까지 간 한 남자가 물에 빠져 필사적인 구조를 바라고 있는 이 그림은 「비탄」입니다. 세상의 절망과 무기력함을 표현한 그림이죠.

　두 번째 그림은 첫 번째와 마찬가지로 성난 파도와 먹구름, 무섭게 몰아치는 폭풍우를 배경으로 하고 있지만, 성난 파도 한가운데 작은 바위가 하나 솟아 있고, 바위의 갈라진 틈으로 아름다운 꽃과 푸른 풀이 조금 있습니다. 게다가 이 깨진 바위틈으로 비둘기 한 마리가 모진 풍파에도 아랑곳하지 않고 둥지를 틀고 앉아 있습니다.

　이 그림의 제목은 「평화」입니다. 참 평화는 노한 파도와 무섭게 몰아치는 폭풍우 가운데서도 잔잔한 바다와 따사로운 햇살이 비칠 때가 올 것이라는 희망을 갖고 행복한 미래를 꿈꾸는 것입니다.

기억을 기록하다

요즘 세월호 참사로 국민들의 마음은 온통 원망과 절망으로 가득 차 있습니다. 정부도 언론도 믿지 못하고 오직 의심과 증오만 가득 차 있을 뿐입니다. 하지만 오늘날의 현실이 힘들고 극복하기 어려울 지라도 미래를 준비하는 새로운 마음을 갖고 서로를 의지하며 신뢰의 둥지를 만들어 가는 것이 필요합니다.

참된 평화는 폭풍우가 몰아치는 환경 속에서도 먹구름을 뚫고 태양이 솟아오를 것이라는 꿈과 희망을 잃지 않는 것입니다. 세상이 빼앗을 수 없는 참된 평화는 바로 우리 마음속에 있기 때문입니다.

_ 2014년 08월 25일

# 스포츠는 젊은이들에게 인생의 스승

김윤석

"시작하는 모든 존재는 늘 아프고 불안하다. 하지만 기억하라, 그대는 눈부시게 아름답다." 청춘을 주제로 어느 에세이에 실린 구절입니다. 얼마 전 수능을 마친 학생들은 오랜 땀과 노력으로 인생의 첫 관문을 지나왔지만 진학에 성공하더라도 학점, 취업 등 또다시 힘겨운 과제를 수행해야 합니다.

세계의 지도자들은 어떻게 학창 시절을 보냈기에 정상의 자리에 올랐을까요? 미국의 오바마와 러시아 푸틴 대통령, 이탈리아 베를루스코니 총리에게는 한 가지 공통점이 있습니다. 대학 시절 아마추어 스포츠 선수로 활동하면서 리더십과 통찰력, 그리고 강한 근성을 몸에 익혔다는 것입니다.

오바마 대통령은 아직도 매년 대학 농구 남녀 우승팀을 백악관으로 초청해 젊은이들을 응원하고 있습니다. 어느 언론과의 인터뷰에서, 대학 농구선수들의 NBA 진출에 대해 "프로 선수로서 성공하더라도 학위를 마쳐 좋은 교육의 기회를 놓치지 말아야 한다"고 말해

기억을 기록하다

젊은이들이 추구해야 할 비전을 제시했습니다.

러시아 전통 무술인 삼보에 대한 푸틴 대통령의 사랑은 2013년 방한 일정에서도 드러났습니다. 1박 2일의 짧은 일정 속에 한국 삼보 선수단을 격려해 눈길을 끌었습니다. 지난 8월 국제삼보대회 축하 연설에서는 "매트와 링 위에선 경쟁자들이 대결하지만 그곳에 적은 없다. 삶에서도 그랬으면 좋겠다"는 발언으로 서방과의 대치 상황과는 다른 모습을 보였습니다.

2015년 광주에서 170여 개 나라 대학생의 올림픽, 유니버시아드 대회가 열립니다. 그 나라에서 장차 리더로 성장할 젊은이들이 따뜻하고 아름다운 광주에 모여 서로의 문화와 비전을 배우고 나누는 자리입니다. 유니버시아드대회는 세계 젊은이들에게 스포츠 그 이상의 가치를 가진 인생의 스승이 되고 있습니다. 우리 젊은 학생들이 이를 계기로 전 세계 젊은이들과 소통하며 눈부시게 아름다운 인생의 관문을 통과하길 기대해 봅니다.

_ 2014년 11월 20일

# 왕고들빼기꽃

황지해

작업실 앞마당, 버려진 척박한 땅이라 여긴 곳에 자갈 틈새를 뚫고 기어코 올라온 잡초. 표정이 재밌어 가끔 안부가 궁금해 내다보게 됩니다.

작은 돌 틈에서 높이 10센티미터도 안 되는 녀석이 찬기가 가기도 전에 꽃샘추위를 딛고 고물거리는 순을 뻗어 냅니다.

쓴풀이라 불리는 왕고들빼기에서 새 순이 올라오더니 어느새 성목이 되어, 미색에 절제되고 수줍은 표정에 환한 미소가 하나둘 꽃피우고, 그 작고 보잘것없는 고들빼기가 이제는 한 움큼 꽃다발이 되어 구석진 곳 한편에 바람이 날라다 준 작은 정원이 되었습니다.

왕고들빼기는 순박함, 헌신이라는 꽃말에 맞게 자동차 소음에 길들여진 길가 차디찬 경계석 넘어 낡은 트럭 앞에서 세상의 모든 소음과 불협화음을 흡수하기라도 하듯 특유의 투명함으로 미색에 자태와 품위를 잃지 않고 1미터 넘게 자라났습니다. 이제 마주보는 것이 편해졌습니다.

기억을 기록하다

왕고들빼기는 한두해살이 초본으로 8~10월 가을을 알리는 두메고들빼기를 비롯해서 까치고들빼기, 가는잎왕고들빼기 등 다양한 종류가 있는데 모두가 어린잎에는 비타민, 단백질, 칼슘 등이 풍부해 건강에 이로운 약초 중 하나입니다.

건물 뒤로 은사시나무 잎이 하나둘 떨어져 나가더니 견줄세라 고들빼기 역시 이제는 민들레 홀씨마냥 백발을 하고서 머무르듯 머물지 않고, 극세사에서나 볼 수 있는 미세한 깃털에 의지해 바람이 이끄는 곳으로 몸을 맡깁니다.

어느 척박한 도심 가장자리에 뿌리를 내리고 앉아 줄지, 또 세상에 외로운 고철더미 한편에서 그림이 되어 줄지…… 누군가에 첫 가을을 알리는 가을의 표정이 되어 줄 것입니다.

_ 2014년 11월 24일

# 식사하셨어요?

한신애


저는 얼마 전까지만 해도 우리나라에서 의례적인 인사말로 사용되는 "식사하셨어요?"라는 말이 웃기고 촌스럽다고 생각했습니다. 옛날에 밥 먹고 살기 힘들 때 서로 끼니 걱정해 주느라 안부처럼 물었던 의미 없는 말로 여겼습니다. 그것보다 "좋은 아침!" 같은 상쾌한 인사말을 하면 더 세련되지 않을까 생각하고 멋진 인사말 만들 궁리를 하곤 했습니다.

그랬던 제가 요즈음, "밥 먹었어?" "식사하셨어요?"라는 인사말을 참 자주 하고 있습니다. 혼자 먼 곳에서 생활하고 있는 막내에게도 전화만 하면 제일 먼저 "밥 먹었어?"라고 묻습니다.

특히 내담자들을 만날 때, "식사는 하셨어요?"라는 말을 항상 합니다. "입안이 쌉쌀해서 못 드시겠으면 죽이라도 꼭 드세요. 뱃속이 든든해야 힘든 일도 이겨낼 수 있거든요" 하고 말합니다.

몸과 마음이 지치고 아파서 식사를 못하는 사람이 주위에 많습니다. 그러다 보니 "식사했어요?"라는 말에 담긴 의미를 다시 되새겨보

기억을 기록하다

게 되었는데 새삼 다양한 의미가 포함되어 있는 것을 알았습니다. 우선 진짜 안부를 묻는 것입니다. 아무리 사는 게 힘들어도 밥 먹을 힘만 있으면 한 숟가락이라도 떠서 넣으면 생기가 돌 것이라며 격려합니다.

또 심각한 절망 가운데 놓여 있는 분들에게는 진정 걱정이 되면서도 딱히 상황을 알아볼 적당한 말도 할 수 없을 때 "식사하셨어요?"라고 묻는 것 같습니다. 그저 평범한 인사말이기에 부담 없는 말이기도 하면서 상대방의 형편을 빨리 파악할 수 있기 때문입니다.

벼가 익어 가고 있는 샛노란 들판에 뜨거운 가을 햇살의 넘치는 에너지가 반짝거립니다. 가을은 화려하기도 하고 풍요롭기도 하지만 어려운 사람들이 더욱 쓸쓸하고 추워지기도 하는 계절입니다. 관심 어린 따뜻한 인사말들이 필요할 때입니다. "방은 따뜻해요?" "옷을 따뜻하게 입으세요." "따뜻한 물 한 잔 드세요." 일상적인 말이지만 서로에게 격려가 되고 힘이 될 것이라 생각됩니다.

_ 2014년 10월 28일

# 봄 풀꽃들에게 얻는 생명력

한신애

단단히 얼어 있던 땅을 뚫고 여린 수선화가 피어 오르고, 겨울 눈밭에서 다 죽어 있던 선인장도 봄 햇살에 점점 기운을 차리는 신기한 계절 봄날입니다.

매일 눈앞에서 새롭게 펼쳐지는 형형색색의 꽃에 딱 취하기 좋은 날인 것 같습니다. 그런 와중에 똑같이 태어나면서도 그리 반갑지 않은 소리를 듣는 애들은 있습니다.

올해도 어김없이 추위가 가시지도 않는 겨울부터 따사로운 햇살이 조금이라도 비칠 것 같으면 금세 자라 버리는 잡초들입니다. 매서운 꽃샘추위도 끄떡없이 견디어 내는 근성에 질리기도 합니다. 하지만 가만히 보면 형태도 분명찮은데 옹기종기 화사하게 피어 있는 게 귀엽기도 합니다.

책을 읽어 보면 어지간한 봄 새싹들은 다 먹을 수 있다고 하니 들판의 잡초들도 주인을 잘 만나면 봄나물이 되어 어느 식탁에서는 꽤나 인기가 좋을텐데, 저 같은 사람을 만나면 그저 풀매기로 희생되는 것 같습니다.

얼마 전 시내버스를 타기 위해 길을 가는데 먼지도 많은 시가지의 돌 틈에 쑥이 파릇파릇 고개를 내밀고 있었습니다. 자동차 매연과 사람들의 발길에 아랑곳하지 않는, 싱싱한 초록빛이었습니다. 아마 네가 여기서 조금만 멀리 떨어져 있었으면 너는 금방 쑥국이 되어 버렸을텐데 하는 생각을 혼자 하였는데 그 옆에 보니 민들레와 냉이도 있었습니다.

제가 살고 있는 동네의 광주천변은 정비도 되어 있지 않고 갈대풀과 잡풀들이 무성합니다. 저도 처음에는 다른 지역처럼 그곳이 꽃잔디랑 예쁜 나무랑 식물들로 잘 가꾸어지면 좋겠다는 생각을 하였는데, 요즈음엔 자연습지처럼 제멋대로 흐드러져 있는 갈대랑 싸리나무 같은 것들을 멋스럽게 느끼고 있습니다. 가끔 황새랑 두루미, 심지어는 갈매기가 찾아올 때도 있어 다양한 풍경을 볼 수 있습니다. 요즈음 광주에 마을 가꾸기가 한창인 것 같습니다. 너무 깔끔하게 인공적으로만 만들기보다 엉성하지만 흐트러진 자연과 잘 조화시키는 아름다움이 함께 만들어지면 좋겠습니다.

_ 2015년 03월 31일

# 새로운 꿈을 갖는 일

이천영

삶을 산다는 것은 늘 고통이 따르기 마련입니다. 경제적이든 신체적이든 무수한 고비가 앞을 가로막아 사는 것보다 죽는 편이 나을 것 같은 상황이 전개되는 것이 인간의 삶입니다.

다람쥐는 겨우살이를 위해 땅에 구멍을 파고 구멍 하나에 도토리 하나를 저장합니다. 커다랗게 구멍을 파서 수십 개의 도토리를 묻어 두는 법이 없습니다. 그것은 먹이를 한꺼번에 도난당하는 것을 막기 위해서입니다. 다람쥐는 앞발로 땅에 구멍을 파고 거기에 도토리를 집어넣습니다. 그리고 흙으로 덮고 나뭇잎을 뿌려 위장합니다. 다람쥐 한 마리가 마련하는 구멍은 한 해 평균 2,000개 정도. 다람쥐는 이렇게 월동 식량을 마련해 놓고 즐겁게 겨울을 맞습니다.

인생의 겨울을 부지런히 준비한 사람은 걱정이 없습니다. 페달 밟기를 멈추어 보십시오. 자전거는 곧 쓰러집니다. 인간을 쓰러뜨리는 두 가지 무기는 게으름과 불평입니다.

따라서 어려울 때 주변을 돌아보며 미래의 새로운 꿈을 갖는 자세

기억을 기록하다

가 필요합니다. 그러면 어려운 상황 속에서도 솟아날 틈새가 보일 것이며 마음의 위로를 찾을 것입니다.

"히말라야 고산족은 양을 매매할 때 그 크기가 아니라 양의 성질에 따라 값을 정한다고 합니다. 그런데 성질을 테스트하는 방법이 재미있습니다. 가파른 산비탈에 양을 놓아 두고 살 사람과 팔 사람이 함께 본다고 합니다. 이때 양이 비탈 위쪽으로 풀을 뜯고 올라가면 말랐어도 값이 오르고, 비탈 아래로 풀을 뜯고 내려가면 살이 쪘어도 값이 내려간다고 합니다. 위로 올라가는 양은 현재는 힘이 들더라도 먹을 것이 풍성한 미래가 있지만, 아래로 내려가는 양은 현재는 수월하지만 협곡 바닥에 이르러서는 결국 굶주려 죽기 때문입니다."

이 히말라야 고산족의 흥정은 현대인에게 많은 교훈을 시사해 주고 있습니다. 어려운 시기엔 큰일을 이루기 위해 도전하는 사람이 적습니다. 그리고 그 일을 이루어내는 사람은 더더욱 적습니다. 그러나 뭔가를 이루고자 하는 마음, 그리고 작지만 꾸준한 노력이 큰일을 이루는 씨앗이 될 것입니다.

오늘도 용기를 갖고 미래를 바라보시기를 기도해 봅니다.

_ 2015년 07월 28일

# 독서는 창의적 사고의 원동력

윤택림

가을은 하늘에 우물을 판다

파란 물로

그리운 사람의 눈을 적시기 위하여

깊고 깊은 하늘의 우물

그곳에

어린 시절의 고향이 돈다

그립다는 거, 그건 차라리 절실한 생존 같은 거

가을은 구름밭에 파란 우물을 판다

그리운 얼굴을 비추기 위하여


　조병화 시인의 「가을」이라는 시였습니다. 가을을 흔히 독서의 계절이라고 합니다. 책을 읽는 데 특별한 계절이 있는 것은 아니지만 무덥지도 춥지도 않은 가을이 책 읽기에는 좋은 계절인 것 같습니다.

　최근 서울디지털대학교에서 20대부터 50대 이상 연령층의 재학생을 대상으로 실시한 설문조사에서 전체 응답자의 81퍼센트가 한 달에 한 권 이상의 책을 읽는 것으로 나타났습니다. 단 한 권의 책도 읽지 않는 사람은 19퍼센트에 달했으며, 연령대가 낮아질수록 책을 덜 읽는 것으로 조사됐습니다. 또한 한 아르바이트 전문 구인구직 사이트가 대학생 690명을 대상으로 독서 실태를 조사한 결과 대학생 월평균 독서량은 3권이 채 안 되는 2.7권에 불과했습니다. 하루에 책을 읽는 데 소비하는 시간도 1시간이 안 되는 43.4분이었으며, 남학생이 여학생보다 하루 평균 6분 더 책을 읽는 것으로 조사됐습니다. 또한 독서를 하는 주요 이유로는 취미 생활 또는 스트레스 해소가 33.3퍼센트로 가장 많았으며, 2위는 인문학적 소양이나 교양을 쌓기 위해, 3위는 취업과 관련된 정보 습득을 위한 것이었습니다.

이렇듯 가을만 되면 수많은 매체들이 독서에 관련된 실태조사 등을 통해 책 읽는 분위기를 조성하지만 정작 출판계는 가을이 오히려 혹한기라고 합니다. 실제 인터넷 서점 등의 월별 판매 추이를 보면 9월부터 11월까지의 책 판매가 매우 저조하다고 합니다.

사실 상당수의 사람들이 사는 게 바빠서 독서할 시간이 없다고 말하곤 합니다. 하지만 전문가들은 책 읽는 시간보다 책 읽는 습관이 더 중요하다고 강조합니다.

요즈음 지하철 승객의 실태를 봐도 책이나 신문을 보는 경우는 극히 드물며, 많은 승객들이 휴대폰에 시선을 집중하고 있는 실정입니다. 어린 학생들의 경우도 핸드폰 게임을 더 즐겨 하는 경향이어서 책읽는 습관을 갖춰야 할 시기에 다소 아쉬움이 많이 남기도 합니다.

영국의 시인 워즈워스는 "책은 한 권 한 권이 하나의 세계이다"라고 했습니다. 그만큼 책을 통해 다양한 세계를 만나고, 사고의 범위를 넓힐 수 있다는 것입니다. 또한 조선 세종 때에는 집현전 학사들 중 역량이 뛰어난 사람을 선발해 휴가를 줘서 집에서 독서와 연구에 전념할 수 있도록 하는 사가독서제도도 시행했다고 합니다. 사가독서제도는 향후 훈민정음 창제의 주역인 성삼문 등 수많은 인재를 양성하고 찬란한 문화를 꽃피우는 주도적 역할을 해냈다고 평가됩니다. 이렇듯 독서는 창발적인 사고의 원동력이기도 합니다.

이제 청명한 가을하늘을 조명 삼아, 가을밤 귀뚜라미 소리를 조용한 배경음악으로 깔며 온 가족이 독서에 흠뻑 빠져 보는 시간을 가져 봅시다.

서도 오늘은 퇴근길에 서점에 들러 또 하나의 다른 세상을 찾아보겠습니다.

_ 2015년 11월 11일

기억을 기록하다

# 대화와 소통, 내 행복의 시작

김영주

요즘 사회 문제 진단에 빠지지 않는 약방의 감초가 '대화와 소통'입니다. 하지만 '대화와 소통'이란 단어의 사용이 더 빈번해질수록 세상은 점점 더 소통이 어려워지는 듯합니다. 저의 오해이기를 바랍니다만 '대화와 소통'을 외치는 사람일수록 이와 멀어 보입니다. 자기 주장이 강하고 남의 말에 귀를 닫는 사람일수록 '대화와 소통'을 부르짖습니다.

소통이란 나의 주장을 상대가 이해하고 동의하는 것이 아니라, 상대의 주장을 내가 이해하고 동의하는 것입니다. 아니면 최소한 상대의 주장을 이해해 나의 주장을 조정하는 것입니다. 협상이란 이런 소통을 통해 결론과 결과를 내는 것입니다. 어떤 협상이든 가장 기초가 되는 것이 소통입니다. 소통이란 나와 상대가 서로의 입장이나 주장을 이해하는 것에서 출발합니다. 그렇기에 상대를 존중하고 인정하는 것이 가장 먼저입니다. 지루하고 어려운 협상은 항상 물러설 수 없는 쟁점에 도달합니다. 그러기에 협상의 성공은 일방적인 성패를 가르는 것이 아니라 서로 양보하지 못하는 쟁점에서 서로 양보하는 것입니다.

오늘 지구촌 곳곳에 제3차 세계대전을 거론할 정도의 종교 이념 싸움이 격화되고 있습니다. 대륙, 국가, 지역, 세대, 계층, 가족, 개인의 다툼이 더 잦아지고 날카로워지고 있습니다. 울타리가 없어진 지구에서 더 다양해지고 복잡해진 인류 사회의 피할 수 없는 숙명이라 생각됩니다. 이런 만인의 투쟁 상태에서 감초격 처방은 역시 '대화와 소통'입니다. 그 결과가 항상 일방적인 성패가 아니라 타협과 상생이기 때문입니다.

어느새 연말입니다. 올 송년회의 건배사는 '소화제'로 하면 좋겠습니다. '소통과 화합이 제일'이란 뜻입니다. 소통은 양보입니다. 소통은 배려입니다. '대화와 소통', 내가 즐겁게 시작해야 하는 내 행복의 시작입니다.

_ 2015년 12월 09일

기억을 기록하다

# 우리 함께

김명룡

애청자 여러분 안녕하세요? 연말연시 불우한 이웃을 돕는 손길이 분주해지는 시기입니다. 저희 한국방송통신전파진흥원도 김장 나누기, 연탄 배달 등을 통해 어려운 이웃을 돕지만 일손이 많이 부족해 늘 아쉬울 따름입니다.

넬슨 만델라 대통령이 자주 강조해 널리 알려지기 시작한 '우분투'라는 말이 있습니다. '우리가 함께 있기에 내가 있다'라는 뜻이라고 합니다.

아프리카 부족에 대해서 연구 중이던 어느 인류학자가 한 부족 아이들을 모아 놓고서 싱싱하고 달콤한 딸기가 가득한 바구니까지 먼저 뛰어간 아이에게 딸기를 모두 주겠다고 했답니다. 그랬더니 아이들은 마치 약속이라도 한 듯 함께 손을 잡고 달려서 과일 바구니에 동시에 도착하더니 딸기를 나누어 먹었다고 합니다. 그 이유가 바로 우분투입니다. 자기가 그 바구니를 독차지한다면 다른 아이들이 다 슬퍼할 텐데 어떻게 그럴 수 있느냐는 것입니다.

급속한 산업화를 거치면서 우리 사회는 앞만 보고 달려온 감이 없지 않습니다. 세계 어느 곳에서도 그 유래를 찾아보기 힘들 정도로 짧은 기간에 경제적 부를 이루었습니다만, 이웃사촌이라는 말이 있을 정도로 이웃끼리 나눔과 배려가 넘치던 모습이 아쉽게도 점차 사라져 가고 있습니다.

최근 시청자들의 많은 사랑을 받고 있는 모 방송국의 80년대 풍경 드라마를 10대와 20대는 이해하기 어렵다고 합니다. 친구 집을 제집 드나들듯 하면서, 함께 먹고 자는 일이 낯선 이유에서입니다. 그 시대는 가난했지만, 함께 산다는 즐거움이 있던 시기였습니다. 그것이 불과 20~30년 전 풍경입니다. 그 시절 풍경으로 돌아가는 것은 불가능하지만, 지금 우리 사회가 잊지 말아야 할 것은 '우리 함께', 서로를 보듬고, 배려하던 그 아름답던 모습이 아닐까요?

이웃에 대한 작은 관심과 배려가 추운 겨울을 따뜻하게 만드는 난로와 같은 역할을 하리라 믿습니다.

_ 2015년 12월 28일

기억을 기록하다

# 100번째 원숭이 효과

강용주

100번째 원숭이라는 말을 들어 보셨는지요. 1952년, 일본 교토 대학 영장류연구소 학자들이 코지마 섬에서 야생 원숭이들이 흙이 묻은 고구마를 어떻게 먹는지 관찰하려고 일부러 고구마를 모래사장에 던져두었습니다. 고구마를 좋아하는 원숭이들은 처음엔 손으로 일일이 모래를 떼어내고 먹습니다. 어떤 원숭이는 고구마를 흔들어 모래를 털어내려고 하지만 쉽지는 않습니다.

그러던 어느 날 태어난 지 열여덟 달 된 암컷 원숭이 '이모'가 고구마를 바닷물에 씻어 먹기 시작합니다. 이모의 모습을 보고 또래 어린 원숭이와 어미 원숭이들이 하나둘씩 씻어 먹기 시작합니다. 이런 습관은 암컷 원숭이를 중심으로 퍼져 나가지만 나이 든 원숭이와 대다수 수컷들은 여전히 힘들게 고구마의 흙을 털어내고 먹습니다. 어느 날 아침, 100번째 원숭이가 고구마를 씻어 먹게 되자 그날 저녁 섬에 있는 모든 원숭이들이 고구마를 씻어 먹게 됩니다. 더 놀라운 것은, 바다를 뛰어 넘어 다른 섬인 다다카사키 섬의 원숭이까지 고구마를 씻어 먹기 시작했다는 점입니다.

어떤 조직이든 '나이 먹은 수컷 원숭이'가 있어서 변화와 혁신을 거부하기 마련입니다. 하지만 변화를 만들어 내는 '어린 암컷 원숭이'도 있지요. 세상의 변화는 고구마를 씻어 먹는 단 한 마리의 어린 원숭이 '이모'에서 시작됩니다. 젊고 감수성이 예민한 또 다른 '이모'들이 그 행동과 아이디어를 채택합니다. 마침내 100번째 '이모'가 함께할 때 세상은 변화하기 시작합니다.

저명한 동식물학자인 라이얼 왓슨은 원숭이들 사이에 동시다발적으로 발생한 이 행동을 '100번째 원숭이 효과'라고 이름 붙입니다. 고구마를 씻어 먹는 100번째 원숭이처럼 어떤 임계점을 넘으면 그 행동이 급속히 확산되는 현상을 설명할 때 자주 쓰는 말이지요

물론 코지마 원숭이들의 고구마 세척 행태는 우연에 불과하다는 반론도 있습니다. 하지만 분명한 점은 실험이 시작된 지 60여 년이 지난 지금도 코지마 섬 원숭이들의 고구마를 씻어 먹는 습관이 여전히 이어져 내려오고 있다는 점이다. 이 세상을 더 좋게 만드는 일은 첫 번째 '이모'에서 시작합니다. 우리가 100번째 '이모'가 될 때 이 세상은 더 살 만한 곳으로 바뀌어 있을 것입니다. '늙은 수컷 원숭이'처럼 고구마에 묻은 흙을 털어 먹지 말고 '이모'처럼 씻어 먹는 일을 시작하면 좋겠습니다.

_ 2015년 12월 30일

기억을 기록하다

# 홑동백

황지해

    기온이 떨어지나 싶더니 아침 입김이 담배를 태우듯 피어오르고 이내 차가움으로 볼을 적십니다. 물이 고일 수 있도록 레벨을 낮춘 이른 아침 도로에 하얀 얼음은 트랜치까지 내려가지 못한 채 마블링이 되어 멈춰 서 있습니다.

    겨울이 겨울다워야지 생각하다가도 옷깃을 뚫고 들어오는 찬기가 제법 매섭게 느껴질 때쯤 반가운 손님이 눈앞에 있습니다.

    겨울의 침묵을 두려워하지 않는 동백꽃입니다. 겨울이 희디흰 목화 같은 하얀색이라면 동백꽃은 수줍고 도도한 붉은색입니다. 언젠가 유난히 추웠던 겨울 지하철 안에 빨간 스웨터를 입은 여학생이 같은 칸에 있어 준 것이 고마웠던 것처럼, 이 아침 붉은 동백꽃이 체온을 유지시켜 주는 것 같습니다.

    동백나무에 꽃이 없는 무더운 계절엔 바닷가에 몽돌처럼 시원한 은빛 표정으로 더위를 식혀 주고, 모든 나무가 잎을 떨구고 하늘에 차가운 속살을 내비출 때는 새끼 태양을 끌어내려 놓은 것처럼 붉디

붉은 자태로 노란 심지를 드러내고 웃습니다.

동백꽃은 상록 활엽 소교목으로 따듯한 기후에 자라는 품종입니다. 주로 남해안 지역에 서식하는 동백은 북한계선이 고창 선운사인데요. 지역에 따라 개화 시기가 조금 다르지만 11월 초겨울을 시작으로 이른봄 4월까지 꽃을 틔우고 10월에야 열매를 맺습니다 .

동백은 사계절이 뚜렷한 우리나라에서 변덕스러운 날씨에 잎을 보호하기 위해 잎의 세포가 밖으로 큐티클이라는 물질을 분비하는데 이 왁스 성분 덕에 사계절 반짝거리는 잎을 감상할 수 있습니다. 유독 많이 반짝거리는 동백나무를 보고 있다면 아주 건강한 동백나무일 것입니다. 한 가지 궁금한 것은 벌과 나비가 없는 추운 겨울에 수분을 어떻게 할까입니다.

그런데 꿀을 좋아하는 새가 있습니다. 동박새인데, 동백나무는 동박새를 위해 다른 꽃보다 많은 양의 꿀을 저장해 놓고 동박새를 부릅니다. 먹을 게 없는 겨울, 신이 난 동박새는 꽃가루를 묻히고서 이 꽃 저 꽃을 옮겨 다니며 수분을 돕습니다.

오늘도 자연의 조화와 공존 속에 재치와 지혜를 엿봅니다.

새해를 맞이하는 가운데 추운 겨울이 만들어 준 동백꽃이 우리를 다시 일어서게 하고 다짐하게 해줄 것을 압니다. 혹한을 견디며 피워내는 동백꽃은 "그대만을 사랑한다"는 꽃말을 가지고 있습니다.

_ 2016년 01월 06일

기억을 기록하다

# 행복

강용

농번기라는 말이 사라져 가지만 그래도 들판의 곡식을 수확하고 모내기가 시작되는 농촌의 유월은 특히 바쁜 계절입니다. 유기농업을 하는 분들에게는 힘든 날들이 시작되는 계절이기도 합니다. 바로 벌레들의 습격이 많아지기 때문입니다.

두 달 전 양상추 수확을 끝낸 비닐하우스에 대파를 심었습니다. 대파는 여섯 달 정도 키워야 수확을 하고, 특히 벌레가 많아 여름에는 재배하기 힘든 품목입니다. 그런데 바쁘다는 평계로 차일피일 미루었더니 누가 볼까 부끄러울 정도로 잡초가 자라서, 결국 일주일 만에 밀림 같은 풀을 다 메었습니다. 유기농업을 풀과의 전쟁이라고 하지만, 잡초 사이로 보이는 녹색의 예쁜 대파를 보며 느껴지는 뿌듯함과 흐뭇함은, 비록 짧은 순간일지언정 농부만이 느낄 수 있는 행복일 것입니다.

그런데 더 예쁘고 튼실하게 성장한 모습을 기대하며 사흘 만에 가 본 대파 밭에서, 결국 수확을 포기하고 비닐하우스 문을 닫아 버렸습

니다. 벌레들이 다 먹어버려 그 넓은 밭에 대파는 보이지 않고, 간혹 보이는 한두 개의 대파마저도 벌레 투성이로 도저히 수확을 기대할 수가 없었습니다. 여러 잡초들이 공존하다가 갑자기 다 없어지고 대파만 남았으니 모든 벌레들이 대파로 몰려들 수밖에 없었던 것입니다. 아마 대파를 싫어하던 벌레들도 살기 위해 그걸 먹었을 것입니다. 결국 대파는 전멸했습니다. 우리는 대파 밭에 민들레든 비듬나물이든 또 모르는 풀이든 다른 풀이 있으면 잡초라며 습관적으로 뽑아냅니다. 그런데 어떤 분들은 약초라며 비듬나물이나 민들레를 비싼 값에 또 찾습니다.

사람들은 목표가 아닌 다른 것은 잡초라고 가르치지만, 자연은 대파를 수확하기 위해서는 일부의 잡초도 필요하고 어쩌면 잡초까지가 대파의 일부일 수도 있다고 가르칩니다. 유기농업 24년, 나름 경험이 풍부하다고 자만했지만 그동안 숱하게 겪은 공존공생의 자연 질서와 기본을 잠시 망각한 대가일 것입니다.

농부의 눈으로 지금 우리 주변을 바라봅니다. 아침에 일어나서 잠들어 있는 동안까지 극장, 빵집, 음식점 심지어 공사장 함바집까지도 대기업의 자본이 독점해 가고, 조물주보다 건물주가 위라는 말까지 나올 정도로 팍팍해진 자영업자들, 이것을 발전이라고 한다면 묻고 싶습니다. 여러분 지금 행복하세요? 불행히도 우리나라는 OECD 행복지수 꼴찌의 나라입니다. 귀농귀촌 인구가 폭발적으로 늘어나는데도 이런 경쟁과 독점에 지쳐 농업에라도 기대고 싶은 이유가 있을 것입니다. 그런데 참 슬픈 것은 앞으로 농업은 더 이상 지친 사람들이 기댈 수라도 있던 역할을 할 수 없을지도 모른다는 것입니다. 수많은 농민들의 희생으로 성장한 국내 굴지의 재벌 기업이 엄청난 규모로 농업 생산을 시작하겠다고 합니다. 대기업이 농사짓고 10년쯤 뒤 사람들에게 묻고 싶습니다. 지금 행복하세요? 사람들이 부자로 살지는 못하더라도 행복하게 살 수 있었으면 좋겠습니다.

_ 2016년 06월 21일

# 시인 백석의 송편

이화경

　내일같이 명절날인 밤은 부엌에 쩨듯하니 불이 밝고 솥뚜껑이 놀으며 구수한 내음새 곰국이 무르끓고 방안에서는 일가집 할머니가 와서 마을의 소문을 펴며 조개송편에 달송편에 쥔두기송편에 떡을 빚는 곁에서 나는 밤소 팥소 설탕 든 콩가루 소를 먹으며 설탕 든 콩가루 소가 가장 맛있다고 생각한다 / 나는 얼마나 반죽을 주무르며 흰가루 손이 되어 떡을 빚고 싶은지 모른다.

　방금 읽어드린 대목은 백석 시인이 쓴 「고야(古夜)」의 일부분입니다. 시인은 1912년 평안북도 정주군에서 삼남일녀 가운데 장남으로 태어났습니다. 그의 시 전집을 통틀어 음식에 관련된 단어는 대략 150여 개가 넘는다고 합니다. 우리의 토착 음식들이 대부분인데, 시인이 일본의 침략을 받은 당시 상황을 의식해서 더욱 적극적으로 조선의 토속 음식들을 시의 소재로 삼지 않았을까 짐작해 봅니다.

　"나는 얼마나 반죽을 주무르며 흰가루 손이 되어 떡을 빚고 싶은지 모른다"라는 문장을 보면, 시인이 가족과 함께 치대며 나누었던

기억을 기록하다

따뜻한 시간을 다정한 언어로 그리워하고 있는 게 느껴집니다. 시인은 '설탕 든 콩가루 소가 가장 맛있다'고 기억하고 있는데요. 시인이 유년 시절 맛보았던 설탕은 명절이나 되어야 맛볼 수 있는 귀한 음식이었을 겁니다. 식민지 시대를 살았던 시인에게 설탕 든 콩가루 소를 넣은 송편을 통해 환기된 유년의 맛은 현실의 고통과 슬픔을 이겨 낼 수 있는 기억이었을 것입니다.

명절 날 밤에 일가집 할머니가 오셔서 마을의 소문을 송편 빚듯이 펴고, 소문에 맛을 더하는 밤소 팥소 같은 이야기들이 오가면서 구수한 곰국처럼 명절이 무르익는 풍경이 눈에 보일 듯합니다. 모두 둥글게 모여 앉아 조개송편, 달송편, 죈두기송편 같은 다양한 송편을 빚으며 솜씨를 뽐내는 것을 보고, 아이는 어른들 틈에서 흰 떡가루를 손에 묻히면서 제일 좋아하는 설탕 든 소를 넣고 예쁜 송편을 만들고 싶어 하는 귀여운 소망도 보입니다.

명절 음식을 장만하는 모습이 마치 한 편의 축제 같습니다. '욱적하니 홍성거리는 부엌'을 들락거리며 송편이 익어 가는 냄새로 미리 배불렀던 유년의 그리움은 가족과 고향에 대한 그리움일 것입니다. 며칠 있으면 추석 명절입니다. 추석 하면 아직까지는 송편이 먼저 떠오르는데요. 다들 너무 바쁘다 보니, 온 가족이 한 자리에 모여 송편을 빚는 다정한 시간을 만드는 게 참 쉽지 않습니다. 사는 게 결국은 추억 쌓기일 텐데요. 올 추석에는 다른 건 몰라도 송편은 함께 만들어 보고 싶습니다. 이 자리에서 살짝 고백하자면, 저는 백석 시인처럼 '설탕 든 콩가루 소'를 듬뿍 넣은 송편을 제일 좋아합니다.

_ 2015년 09월 14일

# 일상의 중요성

김명룡

여러분은 하루하루의 일상을 어떻게 보내고 계신지요? '일상'은 태양이 매일 뜨고 지는 그 항상성을 의미한다고 합니다. 즉 반복성과 연속성을 가진 것이 일상입니다. 직장인은 아침에 일어나 출근을 하고, 직장에서 맡은 일을 하다가 퇴근하는 것을 반복합니다. 학생들은 등교해서 시간표에 따라 수업을 듣는 일을 반복합니다. 주부들도 바쁘게 하루하루 일상을 보내는 패턴이 있을 것입니다. 사람들은 이러한 반복성과 연속성 때문에 지루함을 느끼고, 일상에서 탈출하려고 노력합니다.

하지만, 얼마 전 유명한 웹툰 작가 윤태호 씨는 "현대인의 대부분은 일상이 무너지고 있기 때문에 고민일 것이다."라는 이야기를 했습니다. 현대인의 일상이 무너지는 바람에 여행을 가도, 돈을 아무리 많이 벌어도 채울 수 없는 공허함이 있다고 했습니다. 덧붙여 오히려 극한 상황에 처한 남극의 세종기지에서는 일상을 탄탄하고 엄격하게 유지한다고 합니다.

기억을 기록하다

탄탄하고 엄격한 일상을 유지하는 것은 매우 어려운 일입니다. 그렇지만, 대다수 장인이나 음악가, 운동선수 들도 엄격하게 자신들의 일상을 만들고 있습니다.

오스트레일리아의 유명한 배우인 벤 니컬러스는 "삶의 대부분은 권태롭고 자질구레한 일상의 반복으로 이루어져 있지만, 이 일상의 반복을 통해 우리는 쉼 없이 고지를 향해 나아간다. 뭔가 큰 계기가 찾아오기만 기다린다면 남들에게 뒤처져 한쪽 구석에만 머무를 것이다."라고 했습니다. 권태로운 것이 일상의 속성입니다. 하지만, 그 권태로움 속에서 우리는 고지를 향해 나아가고 있는 것입니다. 그 권태로움을 견디지 못한다면 우리 일상은 무너지기 쉽고, 무너진 일상은 우리의 삶을 권태로움보다 더 힘든 구석으로 몰아 갑니다.

최근에 유행하고 있는 것이 '미니멀리즘'이라고 합니다. '미니멀리즘'은 가장 단순하고 간결함을 추구하며, 단순성, 반복성 등을 특성으로 정보의 홍수 속에서 느끼는 피로감을 벗어던지고자 하는 현대인들의 마음을 반영합니다. 복잡하고 다양한 삶을 사느라 일상을 무너뜨리기보다 단순하고 간결한 삶을 통해 일상을 탄탄하게 만들어 가고자 하는 자연스러운 반응이 아닐까 싶습니다.

_ 2016년 10월 17일

# 행복은 문화

김영주

혹시 우리나라 국민소득이 얼마인지 아시나요? 뜬금없이 국민소득 타령이냐고 하실지 모르지만 며칠 전에 대학 동창을 만나 잠시 관심이 생겼습니다. 그 친구는 좀 드물게 노르웨이로 이민했는데요. 노르웨이 국민소득이 10만 달러가 넘어 세계 1위라 주장했습니다. 예전에는 북유럽 국가 중에서 가장 못 사는 나라였는데 어떻게 세계 1위가 되었는지 궁금해졌습니다. 이유는 간단했습니다. 북해의 석유 때문이랍니다. "큰 부자는 하늘이 낸다"는 말에 고개를 끄덕였지만 동시에 새옹지마 고사가 생각났습니다. 스웨덴이 쓸모없다며 1,400킬로미터에 이르는 스칸디나비아 반도의 북해 해안을 노르웨이에 나눠줬으니 말입니다. 그 버려진 바다에서 석유가 나오니 새옹지마, 상전벽해라는 말이 딱 맞지 않습니까?

그 친구의 자랑에 이어진 제 질문은 "살기 좋은데 행복한가?" 그리고 "살기 재미있는가?"였습니다. 갑자기 친구의 표정이 복잡해지며 설명이 장황해졌습니다. 제가 이해한 결론은 한국 사람에겐 절대로 행복하거나 재미있지 않다는 것입니다. 그 사람들은 자전거 타고 물

놀이 하고 햇볕 쬐면, 세상에서 최고로 행복하다고 느낀답니다. 사는 데 스트레스가 없지만 술 한 잔도 마음 놓고 마실 수 없고, 재미나 흥겨운 밤 문화가 전혀 없다는 얘기였습니다. 여러 얘기 끝에 나이가 더 들면 한국에 와서 살겠답니다. 전 세계를 다니며 항상 깨닫고 얻은 결론은 행복지수란 절대로 경제력이나 국력 등과는 상관이 없다는 점입니다.

인터넷에 '행복지수'로 검색을 하면 연관검색어로 방글라데시, 부탄, 덴마크가 나옵니다. 행복지수를 평가하는 전문가나 대상이 되는 각 나라의 국민들이 생각하는 행복지수는 모두 주관적이라는 것입니다. 우리도 그들과 같은 환경과 시스템을 갖춘다고 그들처럼 행복할 수 있을까요? 내가 그들과 같은 가치관과 문화를 공유할 때 비로소 행복할 것이라 생각합니다. 우리의 불행은 지나친 탐욕과 시민의식의 결여, '함께 잘살자'는 공동체에 대한 애정과 관심, 집단문화의 결핍 때문은 아닐까요?

유난히 긴 겨울과 어두움을 겪는 북유럽에서 가족, 친구와 함께하는 일상과 사회적 관계는 매우 중요합니다. 서로에 대한 애정과 관심을 주고받는 건 상호 부조이자 행복 자체입니다. 그 속에는 끈끈한 연대의식이 담겨 있습니다. 그러고 보니 만약 우리가 30년 전의 가치와 문화만 지녔어도 세계에서 가장 행복한 나라가 아니었을까 생각해 봅니다. 산업화 과정을 거치며 가족 해체와 개인화가 필연적이었다 해도 '함께 잘 살자'는 공동체 문화를 오롯이 간직했다면 오늘 우리는 방글라데시, 부탄, 덴마크보다 월등히 행복한 나라가 됐을 것이란 생각을 해봅니다.

_ 2016년 11월 30일

2 ———

# 여기
# 사람이 있다

**사회**

들어가며

한 대학생이 쓴 대자보가 시작이었다.

21세기 대명천지에 대자보라니 오히려 신선했다. 청년은 묻고 있었다. "안녕들 하십니까?" 이 강퍅한 세상에, 이 혼란한 삶에, 정의와 공동체보다 불의와 개인의 이익이 우선하는 이 시대에, 마음 편히 잘 지내냐는 물음이었다.

물음은 절규였다. 노동자의 권리인 파업은 당연한 듯이 해고로 이어지고, 송전탑 건설과 군부대 건설에 반대하는 목소리는 보상을 원하는 투정이라며 무시됐다. 갑과 을의 관계가 계약을 넘어 신분을 강제하고 있다. 세상 문제를 함께 해결하려 하지 않고 어떻게든 혼자라도 살아보고자 안간힘들을 쓰고 있다.

그렇게 남는 것은 결국 '만인의 만인에 대한 투쟁'이다. 아비규환과 같은 세상 속에서 살아남기 위해 악귀가 되는 길을 선택할 수밖에 없는 것일까?

이 장에서는 다양한 사람들이 겪고 있는 우리 사회의 문제를 진단하고 그 해법을 고민해 본다. 스무 살 청년의 눈에 비친 세상은 약자에겐 한없이 강하고, 강자에겐 한없이 약한 비겁한 세상이었다. 어리다는 이유로 임금 협상은 해보지도 못한 채 최저임금에도 못 미치는 임금을 받아야 했다. 항의는 해고로 이어졌다. 세상에 나와 시작한 첫 노동의 기억이었다. 매일 낯모르는 고객에게 사랑한다고 말해야 하는 전화상담원은 우울증을 넘어 자살에까지 이를 정도의 스트레스에 시달린다. 서비스 천국의 이면에서 희생당하는 감정 노동자의 현실이다.

가난을 이유로 스스로 생을 마감하는 것이 아니다. 희망이 보이지 않기 때문이다. 지금의 상황에서 벗어날 가능성이 보이지 않기 때문이다. 사람은 스스로 보호할 수 없기에 사회를 이루었다. 사회 속에서 사람은 소속감을 느끼며 안정감을 느낀다. 하지만 사회가 사람을 보호하기는커녕 오히려 사람을 억누른다면 어떻게 될 것인가?

함께 사는 사회를 되찾기 위해선 대단한 변화나 혁명이 필요한 것은 아니다. 내가 누리고 있는 행복을 소외된 이웃과 조금씩 나눌 줄 아는 것부터 시작하면 된다. 불편하더라도 원칙을 지키면 된다. 국가의 역할을 다시 생각해 보아야 한다.

# 갑과 을의 문화

이병훈

　최근 우리 사회에 잠복해 있던 불편한 사실이 연속적으로 터져 나와 온 국민의 분노를 사고 있습니다.

　대기업 상무가 스튜어디스를 손찌검하며 폭행을 하지 않나, 제빵 회사 회장이 호텔 지배인에게 폭언을 하지 않나, 우유 회사 직원이 아버지뻘 되는 대리점 사장에게 막말을 하고 협박을 하지 않나. 급기야 청와대 대변인이란 사람이 대통령 수행 공무 여행 중 젊은 여성 인턴에게 낯 부끄러운 성추행까지 벌여 나라 망신을 시켰습니다.

　소위 상대적 우월감을 느끼는 갑의 자리에 있는 사람들의 교만이 극에 달하지 않았더라면, SNS 문화가 지금처럼 활성화돼 있지 않았더라면, 스쳐 지나갈 해프닝이 될 뻔했습니다. 그래서 그나마 다행입니다.

　갑과 을의 문제가 이슈가 된 것은 최근의 일이지만, 사실 이런 일들은 공직이나 스포츠계, 학교, 문화예술계 등 사회 전반에 뿌리박힌 일들입니다. 그중에서도 가장 불편한 갑의 위치가 대기업, 관공서, 공

기억을 기록하다

기업이란 설문조사 결과도 있습니다. 피해의식이 많은 사람일수록 식당이나 서비스 업종에 종사하는 사람들, 그리고 연예인이나 정치인을 상대로 분풀이를 하는 사례가 많다는 분석도 있습니다.

어쨌든 국민의 공분과 여론에 힘입어 국회는 국회대로 불공정거래를 막고 경제민주화를 실천하기 위한 법률 제개정을 서두르고 있답니다. 그러나 제도를 개선한다고 될 일만은 아닙니다. 성숙한 시민 문화가 확산되어야죠.

어떤 작가는 "두려운 것은 낯선 것이 아니라 익숙한 것이다"라고 말한 바 있습니다. 그렇습니다. 세상이 변하고 있는데 과거의 관행에 익숙해져 있는 것, 그리고 그것을 깨닫지 못한 것이야말로 불행의 원천입니다.

주종의 관계가 아닌 동반의 관계가 상생의 길입니다. 협업이 되어야 경쟁력도 제고됩니다. 남을 존중해야 나도 존중받는다는 배려의 문화가 있어야 더불어 살 수 있습니다.

_ 2013년 06월 07일

# 이 어둠의 세력은 누구입니까

이병완

무더위를 식힐 요량으로 책을 빼들었습니다. 우리 고장 소설가 공선옥 씨가 쓴 『그 노래는 어디서 왔을까』라는 소설이었습니다. 50여 년 전은 됨직한 우리 동네 이야기였습니다. 그런데 이런 대목에 눈길이 멈췄습니다.

국민학교를 졸업하면 화숙이, 경심이는 마산으로 가고, 막동이는 인천으로, 옥택이는 서울 구로공단으로 가게 돼 있고 공장도 학교도 못 간 아이들은 새마을사업 울력에 동원되었다.

다시 박 대통령 시대입니다. 이른바 산업화 시대의 신화들이 재현된 듯한 세상입니다. 산업화의 역군들을 재조명하는 일부 매체들이 신났습니다. 나쁘다고는 생각지 않습니다.

그런데 과연 산업화의 진정한 역군들이란 누구였을까요? 산업화 역군들을 대량 배출한 지역은 어디였을까요?

기억을 기록하다

이 소설의 한 대목이 보여 줍니다. 한 동네에서 공장을 찾아 마산으로 인천으로 서울로 뿔뿔이 흩어졌던 화숙이 경심이 막동이 옥택이가 그들입니다.

산업화 시대 지역별 인구 변화를 보면 전라도가 산업화 시대의 인력 창고였음이 드러납니다. 1966년부터 1980년까지 15년 동안 전라도 인구는 660만 명에서 600만 명으로 60만 명이 줄어듭니다. 그 기간 중 전라도만 빼곤 모든 지역의 인구가 급증하고 전국 인구도 2900만 명에서 3700만 명으로 800만 명이 늘었습니다.

기술도 자본도 없던 시절 산업화는 노동자의 땀과 눈물이었습니다. 그 바닥을 우리 고장 사람들이 받치고 있었습니다. 보수니 우익이니 하는 극단 세력들이 5·18을 폄훼하더니 국정원 인터넷 공작에, 전라도를 비하하는 욕설이 난무했답니다.

산업화 시대 인력 자원의 보급창이었고, 보릿고개 시절을 넘기게 한 식량 기지였고, 민주화 시대를 연 5·18의 이 고장을 이토록 욕되게 짓이기는 세력들은 도대체 어떤 세력들입니까? 한국인 맞습니까?

폭염보다 화가 솟구치는 여름입니다.

_ 2013년 07월 18일

# 사회 지도층의 허상

이병완

  우리는 가끔 유명한 사람이 무슨 잘못이라도 하면 사회적 지도층이 그럴 수 있냐고 비판합니다. 신문이나 방송에서 자주 쓰다 보니 사회적 지도층이란 용어가 익숙해졌습니다.

  사회적 지도층이란 규정이 있거나 기준이 있는 것은 아닙니다. 사회적으로 모범이 될 만한 학식과 도덕성과 명망을 지닌 사람을 흔히 사회적 지도층이라고 부를 뿐이죠. 사회적 지도층으로 불리려면 법을 준수하고 국방과 납세 의무 등 국민의 의무를 다하는 것은 기본일 것입니다. 또한 국민적 상식에 맞는 합리적 사고를 지녀야 할 것입니다.

  하지만 실상은 꼭 그렇지만은 않습니다. 한마디로 사회적 유명인사나 영향력 있는 부류의 사람들을 뭉뚱그려 사회적 지도층이라고 부르고 있습니다. 요즘엔 공인이라는 표현도 쓰고 있습니다. 정치인, 법조인, 언론인, 종교인, 교육자, 고위 공직자는 물론이고 유명 연예인에 이르기까지 부르기 나름인 것이 사회적 지도층인 것 같습니다.

그런데 이들이 납득하기 어려운 이런저런 핑계로 군대를 면제받고, 유학 보낸 자식의 국적을 바꿔 군대를 회피했다면 과연 진정한 지도층이 맞을까요? 그래서 사회적 지도층은 조그만 잘못에도 사회적 지탄을 받습니다. 그런 위치에 가기까진 일반 서민들과 달리 사회적·국가적 혜택을 입었다고 보기 때문입니다.

재벌들의 단체인 전경련 회장을 역임하고 유명 대학의 총장을 지낸 분이라면 일반적 기준에선 사회적 지도층이라고 부를 것입니다. 그런 분이 "간첩이 날뛰는 세상보다 차라리 유신 시대가 더 좋았다"고 합니다. 5·16과 유신을 비판하는 사람들을 무지한 사람들이라고 일갈했습니다. 그분의 위치에서 만나기 힘들 게 뻔한 서민들이 그런다고 핑계를 댔습니다. 10·26을 맞아 박정희 대통령의 업적을 칭송하려 했다 하더라도 국민적 상식을 부정하고 대한민국 민주주의 역사와 헌법 정신을 훼손하는 짓입니다.

이런 계층이 사회적 지도층이라면 자라나는 세대들이 무엇을 배울지 두렵습니다. 박근혜 정부의 청와대 홈페이지에도 5·16은 쿠데타라고 되어 있습니다. 혁명이 아니라 무력으로 정권을 탈취함을 뜻하는 쿠데타라고 쓰여 있습니다.

_ 2013년 10월 31일

# 디케의 눈과 저울

나희덕

    법을 수호하는 여신 디케는 한 손에는 저울을, 다른 한 손에는 칼을 들고 있습니다. 저울은 법의 공정성을, 칼은 정확한 처벌을 상징하지요. 그리고 외부의 어떤 압력에도 영향을 받지 않도록 디케의 두 눈은 가려져 있습니다. 만일 법적 판단과 집행을 맡은 주체가 특정한 편견이나 이해관계에 얽매이게 되면, 저울과 칼은 그대로 엄청난 폭력의 도구가 되어 버리기 때문이지요.

    저울의 생명은 정확성과 균형감에 있습니다. 잣대가 임의로 바뀌거나 중심추가 어느 한쪽으로 기울어져 있을 때 저울은 제 역할을 잃어버리게 됩니다. 물건을 재는 저울만이 아니라 사회적인 문제를 법적으로 처리할 때도 마찬가지입니다. 어떤 사안에 대해 공과를 가리는 기준 역시 공정성과 일관성을 철저히 유지해야 합니다.

    그런데 최근 국정원의 부정선거 개입 사건과 관련된 수사 과정이나 인사 조치를 보면, 중립성은 고사하고 최소한의 균형감마저 잃어버린 것 같습니다. 수사를 주도해 온 채동욱 전 검찰총장을 확인되지도 않은 사생활을 집요하게 문제 삼아 스스로 물러나게 하더니, 이번엔 여주지청장에 대한 중징계를 법무부에 청구했다고 합니다. 오히려 수사를 축소하려는 외압 의혹을 받던 서울중앙지검장은 증거 불충분으로 징계를 면했지요. 검찰 내부에서도 그 부당함을 지적하는 목소리가 나올 정도이니, 이런 식으로 가다가는 어용 검사들만 남아 국정원에 대한 수사가 제대로 이루어질지 의문입니다.

법과 원칙을 지키고 양심에 따라 공무를 수행한 사람은 처벌을 받고, 법을 어기면서까지 자신의 출세나 권력 집단의 이해관계를 위해 타협한 사람은 보호를 받는 나라. 이런 비상식적인 전횡을 앞으로도 얼마나 더 지켜보아야 합니까? 국민의 공복으로서 소신 있게 일하고 원칙을 지키는 사람이 설 자리가 없다면, 그런 공직 사회에는 희망도 없습니다.

법학을 공부해서 검찰과 정부의 요직에 오른 검사와 공직자 여러분, 법을 어떻게 이용할까만 궁리하지 마시고 디케의 눈과 저울을 다시 생각해 보시기 바랍니다.

_ 2013년 11월 14일

# 안녕들 하십니까

오수성

 어디선가 크리스마스 캐럴이 들려오니 또 한 해가 지나간다는 실감이 납니다. 한 대학생이 쓴 "안녕들 하십니까"로 시작하는 대자보가 파문을 일으키고 있습니다.

 침묵과 무관심을 강요받는 세대였기에 단 한 번도 스스로 고민하고 목소리 내기를 요구받지 않았습니다. 그렇게 살아도 별 탈 없으리라 믿었죠. 그리고 우리에게 묻습니다. 정치적 불의와 사회적 비창의 시대에 모두 안녕들 하시냐고.

 대학생 심지어는 고등학생까지 안녕하지 못하다는 600여 개의 대자보 릴레이가 이어지면서 젊은 세대의 정서를 대변하며 깊은 공감과 뜨거운 호응을 받았습니다.

 대자보 파문이 확산되는 것은 우리 현실이 학생들의 눈으로 보기에도 인내의 한계를 넘어설 정도로 잘못 되어가고 있었다는 반증입니다. 파업에 참가했다고 8,000명 가까운 노동자를 직위해제하고, 주민이 음독 자살을 하면서 반대하였는데도 송전탑 건설을 강행하고,

국가 기관이 나서서 대대적으로 선거에 개입하는 것이 너무 심하다고 느낀 것입니다.

그런데도 정부는 자신들에게 불리하면 종북으로 몰고 대통령 사퇴를 주장했다고 국회의원을 제명하면서 기본적인 표현의 자유마저 억압하고 있습니다.

대자보는 살벌한 생존경쟁의 정글 속에서도 옳음에 대한 용기와 자유에 대한 감수성이 살아 있음을 감동적으로 보여 주었습니다. 그들이 정치·사회적 문제를 자기 문제로 인식하기 시작하였습니다. 안녕하지 못한 많은 대학생이 철도 파업 노동자 집회에 참여한 것은 억압된 사회적 약자와 더불어 살아가야 한다는 연대의식을 보여 주는 것입니다.

학생들의 주장에 사실 왜곡이니 선동이니 하는 딱지를 붙이기 전에 그들이 쏟아내는 내면의 목소리에 귀를 기울여야 합니다. 이번 대자보 파문을 계기로 좀 더 마음 편하고 안녕한 사회를 만드는 데 힘을 모으는 것을 고민해 보는 연말연시가 되었으면 좋겠습니다.

_ 2013년 12월 24일

# 의료 법인의 영리화에 대하여

이병훈

이번 시간에는 의료 영리화와 신자유주의에 대한 이야기를 하고자
합니다. 의료 영리화는 신자유주의적 정책의 일환입니다. 신자유주의
는 정부의 규제를 철폐하고 시장의 자유를 확대해서 효율성을 추구
하는 것입니다. 그런데 시장이 만능이라는 신자유주의적 발상이 강
조되면 매우 위험한 분야가 있습니다. 바로 의료 분야입니다.

지난 12월 정부는 '보건의료분야 투자활성화 대책'을 발표했습니
다. 의료 기관이 영리 사업을 목적으로 하는 자회사를 설립하거나 의
료 기관의 인수합병 등을 허용하는 것이 주요 내용이었습니다. 정부
는 "만성적인 적자에 허덕이는 병원이 영리 사업을 통해 적자를 보전
하고, 의료 분야 투자를 유치해서 의료의 질을 높이기 위한 정책"이
라고 설명했습니다.

이 발표에 찬성과 반대 측의 의견은 극명하게 갈렸습니다. 먼저 병
원의 이사장과 원장 등 경영진은 찬성 입장을 내놨습니다. 영리가 가
능한 자회사를 통해 병원의 만성적인 적자를 해소하고 의료 서비스

를 개선할 수 있다는 것이었습니다. 대부분의 의료계 단체는 반대 입장을 내놨습니다. 병원의 적자 문제를 해결하기 위해서는 의료비의 75퍼센트에 불과한 의료보험 수가를 조정하고, 제도를 손보는 등의 원칙적인 해결책이 필요합니다. 그런데 영리 행위가 가능한 자회사를 설립해서 그 돈으로 적자를 메우라는 것은 의료의 공공성을 해치는 행위라는 이유였습니다. 대한의사협회 회장은 정부의 발표에 대해 "마치 택시 요금을 원가에도 못 미치게 설정해 놓고 부족한 부분은 손님에게 껌 팔아서 채우라는 것과 같다."고 이야기했습니다.

여기서 의료는 왜 비영리인가 생각을 해볼 필요가 있습니다. 우리나라는 국민의료보험제도를 채택하고 있고 모든 병원은 영리 활동이 금지돼 있습니다. 대한민국 국민이라면 누구나 동등한 수준의 의료 혜택을 받게 하기 위해서입니다. 병원이 자회사를 통해 영리 사업을 시작하면 적자의 보전을 넘어서 수익 사업에만 몰두하기 쉽습니다. 그러면 의사들은 경영진의 눈치를 보느라 환자들에게 불필요한 의료 서비스를 권해야 하는 상황이 올 것이고, 이는 곧 의료비 증가를 불러올 것입니다.

이렇게 되면 서민들의 의료비 부담은 더욱 가중될 것입니다. 정부는 재정 적자를 줄이기 위해 의료 행위를 영리와 연계시켜서는 안 됩니다. 의료는 곧 국민의 생명과 직결되기 때문입니다.

_ 2014년 01월 28일

# 스무 살의 노동

나희덕

　막 스무 살이 된 아이가 겨울방학 동안 처음으로 아르바이트를 했습니다. 아르바이트 할 시간에 책을 읽는 게 낫다는 생각이 들었지만, 사회를 경험하고 독립심을 기르는 기회가 될 것 같아 본인의 생각을 존중해 주었습니다. 그런데 그 과정을 곁에서 지켜보면서 부모인 제가 우리의 노동 현실에 대해 보고 느낀 바가 적지 않았습니다.

　아이가 처음 일하게 된 곳은 편의점이었습니다. 일자리에 비해 구직자 수가 월등히 많으니 그것도 일주일 이상 애써서 얻어 낸 자리였지요. 그 편의점의 임금은 시간당 2500원에 불과했습니다. 그나마 처음 사흘은 '교육'이라는 명목으로 하루 다섯 시간씩 일하고 한푼도 받지 못했구요. 그 '교육'이라는 것에 최저임금이 얼마인지, 노동자의 권리는 무엇인지 등은 전혀 포함되어 있지 않았습니다.

　며칠 지나지 않아 법적 최저임금 기준이 5210원이라는 사실을 알게 된 아이는 고민하기 시작했습니다. 부당한 대우를 받으면서 계속 일할 것인가, 최저임금 기준을 요구하고 장렬하게 해고당할 것인가를 두고 말이지요. 후자를 선택한 아이와 저는 마주앉아 임금협상을 위한 가상토론을 해보았습니다. 성년이 된 자식에게 노동인권을 가르칠 수 있는 절호의 기회라고 생각했지요. 예상대로 다음날 최저임금을 요구하고는 5분 만에 쫓겨났습니다.

그다음에 하게 된 감자탕집 서빙은 일이 고된 만큼 시간당 5000원은 받았지요. 하지만 주인은 예약 손님에 따라 노동 시간대를 수시로 바꾸고, 손님이 없으면 그냥 돌려보냈습니다. 일정한 노동 조건을 보장하지 않고 오분대기조처럼 자기 편의대로 사람을 부리는 것이지요. 스무 살이 되어 처음 겪게 된 노동 현실과 처음 만난 어른들의 모습은 이러했습니다. 앞선 세대로서 참 부끄럽고 참담했습니다.

청소년의 노동인권을 지키기 위해 '청소년유니언'이 2014년 3월에 설립 신고를 했다고 합니다. 청년유니언, 노년유니언에 이어 또하나의 세대별 노조가 생긴 것이지요. 비정규직이 대부분인 청소년 노동인권이 가장 심각하게 침해당하고 있다는 반증일 것입니다.

_ 2014년 03월 17일

# 서비스의 천국에서

## 나희덕

　한국에 정착한 외국인들은 한국을 '서비스의 천국'이라고 말합니다. 평소에는 당연하게 여기던 서비스를 저도 새롭게 실감할 수 있는 기회가 있었는데요. 몇 해 전 영국에서 연구년을 보내기 위해 집을 구하고, 이주 신고를 하고, 은행 계좌를 만들고, 가구를 장만하고, 인터넷과 전화를 신청하고…… 정착에 필요한 기본적인 일들을 해결하는 데만 두 달이 넘게 걸렸습니다.

　영국의 행정 처리나 서비스는 정말 경악할 수준이었습니다. 침대나 가구를 주문하면 도착하는 데 한 달 반이 걸렸고, 은행 계좌를 트는 데 최소한 두 주, 인터넷을 개통하는 데 한 달은 기본이었습니다. 영국을 '성장기를 지난 늙은 개'에 비유하는 이유를 알 것 같았습니다. 처음엔 도무지 이해가 안 가고 울화가 치밀 때가 많았는데, 점차 그 느리고 불친절한 서비스에 적응하게 되고, 그것을 미리 감안해 일정을 조정하고 대책을 세우게 되더군요.

　영국의 생활방식과 속도에 어느 정도 적응이 될 무렵 한국에 돌아왔더니, 오히려 모든 게 어찌나 빠르고 친절한지 어리둥절할 정도였습니다. 휴대전화기를 사는 즉시 개통이 되고, 물건을 주문하면 하루 만에 배달되는 세상이 있다니! 가스 연결이든 전화 개통이든 바로바로 해결되는 걸 보며 한국은 정말 서비스의 천국이구나 싶었습니다.

그런데 그 편리함이 점점 수상쩍게 여겨졌습니다. "사랑합니다, 고객님"으로 시작되는 전화 안내원의 목소리는 부담스럽게 느껴졌고, 설치나 배달 직후에 이어지는 서비스만족도조사는 철저한 감시 시스템을 실감케 했습니다. 그 보이지 않는 규율 속에서 서비스업 종사자와 노동자가 겪어낼 고충이 만만치 않으리라는 짐작이 들었습니다.

어떤 이는 한국의 높은 서비스 수준이 예의범절과 겸양의 덕을 강조하는 전통문화 덕분이라고 말하지만, 과연 그럴까 싶습니다. 언제부턴가 '친절'이나 '봉사'라는 말보다 '서비스'라는 용어가 보편화된 것도 모든 관계가 돈과 계약으로 맺어졌기 때문입니다. 그런 의미에서 '서비스의 천국'이라는 말은 '관계의 지옥'이라는 말로도 표현될 수 있을 것입니다.

_ 2014년 04월 14일

# 상황별 위기관리 시스템이 필요하다

윤택림

 2014년 4월 16일 오전, 전남 진도 앞바다에서 발생한 참사를 보면서 이 사건이 우리나라 안전 문제에 대한 우리 사회 전반의 수준을 대변하는 것 같아 너무나 안타까웠습니다. 이렇게 되기까지의 배경에는 안전 불감증이 낳은 위험하기 짝이 없는 선박 운항과 미숙한 재난 대처가 있습니다.

 먼저, 무리한 개조에 의한 무게중심의 변형이나, 화물의 과적, 화물 결박 장치의 구조적 문제, 안전관리 부실 등 지금까지 언론에 보도된 원인이 될 만한 사항들만 보아도 우리나라 선박 운행의 위험성을 단적으로 보여 줍니다. 안전사고를 막기 위해서는 안전관리 규정이나 매뉴얼을 잘 만들고 꼭 실천할 수 있도록 관리 감독하는 것이 무엇보다 중요합니다.

 둘째, 미숙한 재난 대처도 꼭 짚고 넘어가야 할 부분입니다.

 세계 10위권 경제 대국이면서 선진국 진입을 꿈꾸는 우리나라에서 여객선 침몰로 수백 명의 목숨을 잃고, 그걸 제대로 수습하지 못해 우왕좌왕하는 모습을 전 세계에 보여 준 것은 그동안 쌓아 온 대한민국에 대한 신용을 많이 잃게 한 사건입니다. 재난을 효과적으로 극복할 수 있는 지휘 체계를 갖추고, 각 분야 상황별 위기관리 시스템을 마련하여, 평소에 훈련을 하고 있었어야 했습니다.

이번 사건을 보면서 제가 4년 전에 우리나라 국공립 의료 기관들 가운데 최초로 국제의료기관 인증을 받기 위해 준비했던 과정들이 떠올랐습니다. 의료 사고가 발생할 수 있는 상황에 대한 병원의 대비책을 세우고 여러 매뉴얼을 만들고 전 직원들에게 교육하고 확인했던 일이었습니다. 또한 군중이 많이 모인 곳에서 테러에 의한 대량 살상 환자들이 발생할 가능성을 시나리오로 만들고, 응급실과 병원 병실이 부족한 상황을 가정해서 병원에서 훈련을 하면서 좋은 매뉴얼을 만들고 이에 따른 교육이 얼마나 중요한지를 깨달았습니다.

세월호의 참사를 보면서 바다 위에서 재난이 발생할 가능성을 염두에 두고 그동안 대비 훈련을 해왔더라면 상황이 달라졌을 수도 있었겠다는 생각이 들어 많은 아쉬움이 남았습니다. 이번 참사를 계기로 선진국형 안전 시스템과 상황별 위기관리 시스템을 만들 수 있도록 훈련해 가는 길만이 이번 참사에서 희생된 분들의 영령을 위로하는 길일 수 있겠다는 생각을 해봅니다.

_ 2014년 05월 02일

# 구조적 비리가 낳은 불완전한 사회

이병훈

해양경찰청 1년 예산 1조 원 중 안전관리 예산은 200억 원도 안 된다고 합니다. 해경은 단속과 수사 등 소위 잿밥에만 관심이 있었지, 국민의 안전을 지키기 위한 노력에는 관심이 없었던 것입니다.

세월호의 기형적 증축을 편법 승인해 준 의혹을 받고 있는 한국선급이나, 과적을 묵인하는 등 출항 전 안전점검을 부실하게 한 해운조합도 해수부나 해경 간부가 퇴직 후 자리를 보장받는 곳이랍니다.

이렇다 보니 출항 전의 안전점검이나 사고 당시 황금 같은 구조 시간을 놓치는 것은 우연이 아닙니다. 국민의 안전과 관련된 정부 기관의 구조적 비리는 해경에만 국한되지 않습니다. 이것뿐이 아닙니다. 정부 기관 이외의 정부 산하 단체도 마찬가지입니다.

원전 비리의 경우가 그것입니다. 사고시 엄청난 인명피해를 초래할 원전의 부품을 중고로 납품하고 수억 원 대의 뇌물을 받은 것이 기억에 새롭습니다.

후쿠시마 원전 사태에서 보듯 원전 사고는 지구촌 전체에 피해를 주는 가공할 파괴력을 가지고 있는데 말입니다. 부품 제조업체는 검수업체의 성능 시험을 위조하고, 주무 기관인 한수원은 검은 돈을 받고 묵인해 준 이런 구조적 비리를 우연으로 받아들일 수 있겠습니까?

가스 안전 검사도 철저히 따져 보아야 할 일입니다. 가스 안전 검사는 한국가스안전공사가 전담하지만, 실제 현장에서 1차 안전 검사를 맡는 곳은 61개 민간 회사입니다. 정부는 정부대로, 민간 단체는 단체대로 믿을 수가 없습니다. 기득권과 비리, 무능이란 삼박자가 결합해 대한민국은 믿을 수 없는 불안전한 사회가 돼 버린 것입니다.

이제는 두 눈을 부릅뜨고 국가 개조를 해야 합니다. 안전에 대한 국가 아젠다는 다른 어떤 것보다 철저하게 관리해야 합니다. 시간이 걸리더라도 하나하나 따져보고 원칙이 바로 서는 나라를 만들어야 합니다. 그러기 위해선 검은 돈으로 국민의 안전을 위협하는 행위는 극형에 처해야 합니다. 전체적으로 시스템을 재정비해야 합니다. 그리고 항시적인 감시 기능을 강화해야 합니다.

_ 2014년 05월 20일

# 우리 사회의 자살 현상과 그 해법

박중환

최근 우리 사회는 자살률의 증가와 그 예방 대책에 대한 우려가 높습니다. OECD 통계에 의하면 우리나라는 세계에서 가장 자살률이 높은 나라 가운데 하나입니다. 우리나라 사람들의 자살률이 특별하게 높은 데는 몇 가지 해석이 있어 왔습니다. 입시나 취업 등 사회 구성원 간의 심한 경쟁 구조, 높은 물가와 같은 경제적인 고통을 지적하기도 합니다. 다른 사람의 시선을 너무 민감하게 의식하는 문화에서 그 원인을 찾기도 합니다.

전통적으로 자살에 대한 연구는 심리학의 분야였고 자살의 원인도 당사자 자신의 심리적인 요인 때문이라고 보았습니다. 이 경우 자살의 책임은 주로 당사자 개인의 것이 됩니다. 이러한 흐름 속에서 여러 사회 집단별로 자살률이 크게 차이가 나는 사실에 주목하고 그 원인이 사회에 있다는 견해를 제시한 사람이 프랑스의 사회학자 에밀 뒤르켐입니다. 그가 이 연구를 처음 발표했을 때 많은 학자들은 의아해했습니다. 개인적인 현상인 자살의 원인을 어떻게 사회적으로 규

기억을 기록하다

명할 수 있느냐는 것입니다. 하지만 사회 구성원 간의 결합이 약한 사회에서 자살률이 높게 나타난다는 그의 이론으로 자살 연구의 중심은 심리학에서 사회학 쪽으로 이동하게 됩니다.

자살이라는 비극을 줄이려면 우리 사회의 경쟁 구조를 개선하고 일자리와 주택공급을 늘리는 것과 같은 제도적 개선이 필요합니다. 하지만 무엇보다 절박한 고통과 절망에 빠져 있는 이웃을 돌아보고 먼저 말을 건네고 그들의 말에 귀를 기울여 주는 관심이 무엇보다 필요합니다. 자살은 개인의 문제가 아니라 우리 사회의 문제라는 생각을 하는 것이 더 이상의 슬픔을 줄이는 출발점이 될 것입니다.

_ 2014년 08월 21일

# 진정한 복지

오수성

　오죽 힘들었으면 스스로 목숨을 끊었을까? 혼자서 얼마나 외로웠을까? 대구에서 지적장애 1급인 30대 언니를 돌보며 살아왔던 동생이 스스로 목숨을 끊었습니다. 어릴 때 부모를 잃은 그녀는 비정규직 아르바이트를 전전하며 장애인 시설에 있는 언니를 돌보다 함께 살고 싶다는 언니를 자신의 월세 방으로 데려 왔다고 합니다. 안정적인 직업도 갖지 못한 채 장애인 언니의 뒷바라지까지 감당해야 했으니 그녀의 심신의 고통이 얼마나 컸을지 짐작이 갑니다.

　그녀의 유서에는 할 만큼 했으니 지쳐서 그런다, 내가 죽더라도 언니를 좋은 시설 보호소로 보내 주고 장기를 다 기증하고 월세 보증금도 사회 시설에 환원하기 바란다고 적혀 있었습니다. 힘든 삶 속에서도 마지막 순간까지 자존감을 잃지 않으려 애썼을 그녀를 생각하니 가슴이 아픕니다. 동생은 숨지기 전 장애인 언니와 함께 세상을 떠나자고 자살을 여러 번 시도했으나 그들에게 우리 사회는 아무런 도움도 주지 못했습니다.

기억을 기록하다

연합뉴스는 "정말 도움이 필요한 복지 시각지대부터 챙겨야"라는 기사를 통해 전반적인 복지는 이제 나라의 재정 문제가 걱정될 정도까지 확대됐다며 이번 사건의 원인을 그나마 자리 잡은 보편적 복지 제도 탓으로 돌렸습니다. 과연 그녀의 죽음이 보편적 복지의 확대 탓일까요? 복지 재정 위기에 대한 불만을 보편적 복지 제도의 탓으로 돌려 빈곤층을 점점 복지로부터 밀어 내는 정부 정책을 문제 삼아야 하지 않을까요?

지난해 송파 세 모녀 사건에 이어 우리 사회가 진짜 문제 삼아야 하는 빈곤 정책의 적폐가 무엇인지 직시해야 할 때입니다. 정부는 증세 없는 복지라는 헛구호만 외칠 것이 아니라 고통받는 국민의 실상부터 똑바로 바라봐야 할 것입니다.

너무나 무겁게만 살아온 그녀가 하늘에서는 삶의 무게 없이 자신의 행복만 생각하며 살아가길 바랍니다.

_ 2015년 02월 25일

# 함께 보호되어야 할 감정노동자와 시민

박중환

밭에서 두 마리의 소를 몰아 쟁기질하는 농부의 모습을 구경하던 나그네가 물었습니다. "어느 쪽 소가 일을 더 잘합니까?" 밭을 갈던 사람이 그 말을 듣고 잠시 생각하더니 쟁기질을 멈추고 그 나그네 옆으로 다가와서 귓속말로 이야기했습니다. "왼쪽 소가 더 잘합니다."

조선 세종 때의 명재상 황희 정승이 젊은 시절에 경험했다는 이 이야기는 집에서 기르는 가축조차도 더불어 살아가는 동료로 대하고 그들의 감정을 다치지 않고자 세심하게 대했던 우리의 오랜 전통을 보여 줍니다.

감정노동이라는 말이 일반화되었습니다. 인간의 노동을 육체노동과 정신노동으로 나누던 이분법적 분류로부터 정신노동 가운데에서도 이지적인 활동과는 다른 감성적인 피로도와 소모의 정도에 주목한 것입니다. 감정노동이란 다른 사람의 감정을 고려하고 상대방을 배려하고자 하는 섬세한 노력입니다. 배려심이 상대적으로 예민한 사람이 더 높은 노동 강도를 겪게 됩니다.

하지만 요즈음 성업 중인 전화를 통한 금융 상품이나 통신 상품의 판매 방법과 이 때문에 겪고 있는 일반 시민들의 불편을 보면 감정 노동에 종사하는 노동자들의 일자리와 고통뿐 아니라 일반 시민들의 일상도 보호되어야 할 필요를 느낍니다. 바쁜 업무에 매달리고 있는 불특정 다수의 사람들에게 원치 않는 시간에 전화를 걸어 상대방의 입장을 고려하지 않고 상품의 구입을 권유하는 지금과 같은 전화 영업 방식은 영업 종업원과 시민들 사이에 갈등을 일으킬 수 있습니다. 이러한 방식의 전화 영업이 어느 정도까지 용인되어야 하는지에 대해서는 사회적인 논의와 합의가 필요합니다. 감정노동자의 그것 못지않게 다수 시민들의 일상과 감정도 보호되어야 하기 때문입니다.

_ 2015년 06월 29일

# 다른 생각을 억누르는 나라에는 미래가 없다

오수성

 

가을이 깊어 가고 있습니다. 날씨가 쌀쌀해지면서 몸이 움츠러들기 시작합니다. 그러나 나라가 국정교과서 문제로 회오리에 휩싸인 듯하여 우리들의 마음도 움츠러듭니다.

독일에 있을 때 베를린에 있는 비워진 도서관을 가본 적이 있습니다. 그곳은 1933년 나치가 독일 사상에 배치되는 수만 권의 책을 불태운 것을 기억하고자 세운 기념관입니다.

당시 나치는 우리가 잘 알고 있는 에밀 졸라, 토마스 만, 프란츠 카프카, 카를 마르크스 등의 저술들을 불태웠습니다. 이 기념관은 광장 바닥에 놓인 조그만 유리창 아래로 내려다보이는 빈 서가가 전부입니다. 비워진 공간을 통해 사라진 책들의 의미를 생각하게 하는 침묵의 공간입니다.

나치는 책을 불사르면서까지 독일의 사상을 통제하려 했지만 13년 만에 무너졌습니다. 박근혜 대통령과 정부는 자신들의 역사관만이 정상이고 자신들과 다른 역사관은 비정상이라고 생각하는 것 같습니

기억을 기록하다

다. 그러기에 자신들의 역사관과 어긋나는 지금의 역사 교과서를 자신들의 생각대로 바꾸려고 합니다. 자기의 입맛에 맞는 역사 교과서만이 올바른 역사 교과서라는 것은 독선입니다. 올바른 역사 교과서란 존재할 수 없습니다. 역사에는 정답이 없습니다. 관점에 따라 견해가 다를 뿐입니다. 같은 시대를 살면서 같은 것을 보았다고 해서 기억이 모두 같은 것은 아닙니다. 다른 입장에서 보았다면 기억도 다른 것입니다. 무엇을 보았느냐보다 어디에서 보았느냐가 더 중요하고, 그보다는 어떻게 기억하느냐가 더 중요합니다.

역사는 우리 사회 구성원들이 함께 만들어 가는 것이고, 그에 대한 해석 역시 구성원의 몫입니다.

국정교과서는 단일한 교과서일 뿐 올바른 교과서가 될 수 없습니다. 전국 대학 교수들의 역사 교과서 반대 성명이 이어지고, 야당이 길거리 반대 시위에 나서고, 심지어 중고생들까지도 촛불을 들었습니다.

이러다가는 정권 교체 때마다 교과서가 개편되는 것이 아닌가 두렵기까지 합니다. 나치의 책을 불태운 행위에서 역사의 교훈을 되새길 때입니다. 국정교과서는 박물관에 유물로 전시되어야 합니다.

생각이 다른 사람과 함께 살아가는 지혜가 민주주의입니다. 다른 생각을 억누르는 나라에는 미래가 없습니다.

_ 2015년 11월 04일

기억을 기록하다

# 백남기 사망과 국가 폭력

오수성

동료 농민들과 함께 민중총궐기 집회에 참여했다가 경찰이 쏜 물 대포에 맞아 중태에 빠졌던 백남기 농민이 317일 만에 사망하였습니다. 경찰은 아무런 폭력 행위를 저지르지 않았던 예순아홉 살 맨손의 노인을 직접 겨냥해 고압 물대포를 쏘았습니다. 경고 방송도 없었고, 직사 살수 때는 가슴 아래를 겨냥해야 한다는 안전 지침을 무시한 채 가까운 거리에서 바로 머리를 겨냥했습니다.

이것은 명백한 국가 폭력입니다. 그런데도 사과하거나 책임지는 사람이 없습니다. 정부 책임자 누구도 사과는커녕 가족을 찾아 위로 하지도 않았습니다. 백남기 농민이 세상을 뜬 날까지도 변함이 없었 습니다. 이 참극의 총책임자인 강신명 경찰청장은 피해자 유족들에 게 사과를 거부하면서 "다치거나 사망했다고 무조건 사과하는 것은 적절치 않다"고 말했습니다.

국가 폭력에 의한 살인 책임자가 이렇게 뻔뻔스러울 수 있는 민주 주의 국가가 또 있을까요? 경찰은 막상 시간이 지나 사망하니 그가 외인으로 죽은 것이 아니라는 것을 입증하기 위해 부검을 실시하려고 부검영장을 신청했습니다. 또한 한국 최고 의료 기관인 서울대병원은 그가 외인사가 아니라 병사라고 진단하였습니다.

우리는 경찰, 검찰 더불어 전문가의 직업윤리도 일거에 무너진 어이없는 세상에 살고 있습니다. 오죽하면 서울대 의과대 학생과 동문들이 나서서 "외상의 합병증으로 질병이 발생하여 사망했으면 외상후 아무리 오랜 시간이 지나더라도 외인사"라고 하였습니다. 전국 의과대학 학생과 의학전문대학원 학생들도 "외인사가 명백한 고 백남기 농민의 죽음에 대한 잘못된 진단서로 의사 전체에 대한 신뢰가 무너졌다"고 지적하였습니다. 여당의 유승민 의원도 "백씨 사건은 공권력이 과잉 진압해서 한 시민을 죽음으로 이르게 한 사건이다. 보수진영 논리를 떠나 인간의 존엄과 가치를 생각한다면 국가가 과잉진압으로 인한 죽음에 대해 사과해야 한다"고 말했습니다.

지금이라도 늦지 않았습니다. 정부 당국자의 책임 있는 사과와 특별검사를 통해 철저히 수사하여 진상규명을 하여야 합니다. 국가 폭력을 폭력으로 규정하지 않고 법이라는 이름으로 합리화할 때 우리 사회의 가치가 전도됩니다. 그렇게 되면 다시 그런 일이 되풀이됩니다.

국가 폭력이 얼마나 잔인하며, 개인과 관련된 사람들에게 얼마나 심각한 위험을 초래할 수 있는가를 깨닫게 해야 합니다. 그래야만 다시는 그런 일이 이 땅에서 일어나지 않게 됩니다.

_ 2016년 10월 11일

기억을 기록하다

# 용서에 대한 질문

이화경

수용소에 갇힌 한 유대인 죄수가 수용소 밖 병원으로 강제 노역을 하러 가는 길에 전쟁 중에 죽은 독일 군인들의 묘지를 바라봅니다. 무덤에는 해바라기가 한 그루씩 심어져 있습니다. 죄수는 죽은 군인들을 부러워합니다. 그들 모두는 이 세상과 연결되는 해바라기 한 그루씩을 갖고 있는데, 정작 자신이 죽게 되면 파묻히게 될 구덩이의 어둠 속에 햇빛을 가져다 줄 해바라기는 없을 것이기 때문입니다. 그는 심지어 죽은 자를 부러워하기까지 합니다. 그는 홀로코스트 속에서 이미 여든아홉 명의 일가친척을 잃었고, 언제든지 죽음을 당할 수 있는 비참한 존재였기 때문입니다.

어느 날 그는 강제 노역을 하던 병원의 임종실에 느닷없이 불려가게 됩니다. 그곳에서 그는 스물한 살의 나치 친위대가 얼굴과 온몸을 붕대로 감은 모습과 마주하게 됩니다. 곧 죽게 될 스물한 살의 독일 장교는 마음 편히 죽고 싶다고 고백합니다. 그는 애초부터 타고난 살인자가 아니었으며 죽기에는 이른 스물한 살에 불과하다고 말합니

다. 하지만 임종 직전에야 비로소 자신은 유대인 학살에 참여했다는 죄의식에 고통스러워하고 있으니 유대인을 대표하여 자신을 용서해 달라고 요청합니다. 유대인 죄수는 어떻게 했을까요?

이전에 전혀 만난 적이 없는 두 사람이 운명의 힘에 이끌려 몇 시간 동안 만나게 된 상황에서 유대인 죄수는 아무 말 없이 그 자리를 떠납니다. 드디어 자유의 날이 찾아왔고, 그는 비극과 고난으로부터 가까스로 벗어난 뒤에야 나치의 범죄를 조사하는 위원회에 몸을 담게 됩니다. 하지만 그는 예기치 못한 상황을 맞이하게 됩니다. 성직자들과 박애주의자들과 철학자들이 만행을 저지른 나치를 용서하자고 세계를 향해 탄원하고 나서는 것을 보게 됩니다. 한 번도 남에게 뺨을 맞아본 적도 없는 주제에, 수백만의 무고한 사람을 죽인 살인자를 동정하는 이타주의자들을 보면서 그는 조롱을 받는 느낌에 휩싸입니다.

기억을 기록하다

나치 살인자들이 대부분 한때는 예의 바른 청년이고, 정말 착한 아들이며, 법 없이도 살아갈 평범한 인간들이었다는 사실에 경악합니다. 그는 묻습니다. 과거에 만났던 스물한 살의 나치 친위대를 용서해야만 했을까? 병상 곁에 앉아 끝까지 침묵을 지킨 것은 옳은 일이었을까? 아니면 틀린 일이었을까? 그가 처한 딜레마의 핵심은 바로 용서에 대한 질문이라고 말합니다. 용서는 의지의 문제이고, 용서를 하고 안 하고를 결정할 수 있는 사람은 바로 고난을 당한 장본인뿐이라고 말합니다. 이 윤리적인 질문을 던진 책은 바로 시몬 비젠탈의『해바라기』입니다.

국정원은 세월호 참사를 '여객선 사고'라고 부르며 경기 침체의 주요인으로 꼽는 보고서를 청와대에 올렸다고 합니다. 새누리당의 4·13 총선 비례대표 공천자는 세월호 유가족들이 거지 근성으로 시체 장사를 하고 있다는 막말을 SNS에 버젓이 올리기도 했습니다. 최근에는 세월호 참사 당일 대통령을 진료했느냐는 기자의 질문에 어떤 의사는 긍정도 부정도 아닌 "기억이 나지 않는다"는 답변만 되풀이했습니다. 이들은 어떤 상황에 직면해야 진실해질 수 있을까요? 도대체 어떤 끝을 마주해야만 악행을 참회할 수 있을까요?

_ 2016년 11월 29일

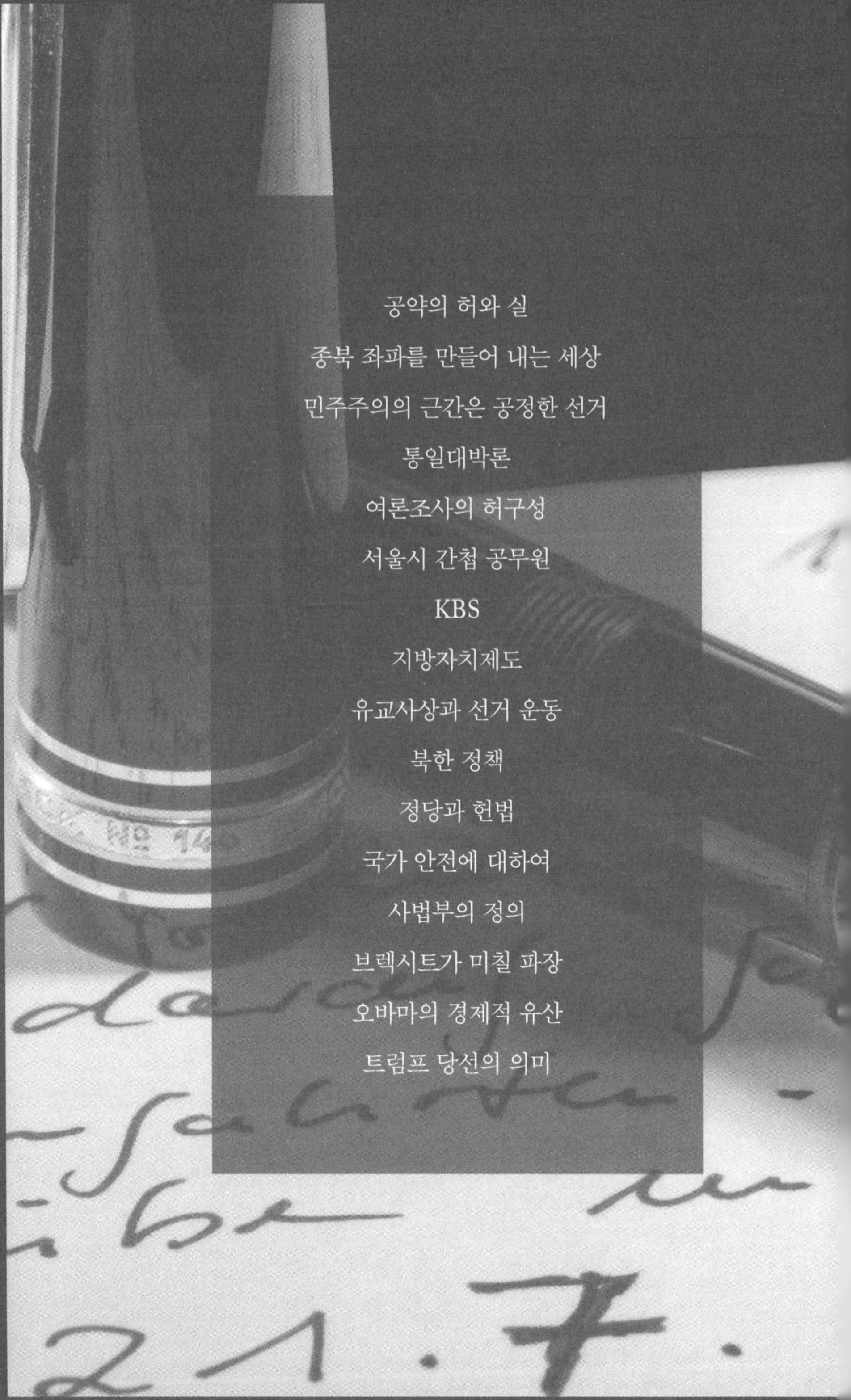

공약의 허와 실

종북 좌파를 만들어 내는 세상

민주주의의 근간은 공정한 선거

통일대박론

여론조사의 허구성

서울시 간첩 공무원

KBS

지방자치제도

유교사상과 선거 운동

북한 정책

정당과 헌법

국가 안전에 대하여

사법부의 정의

브렉시트가 미칠 파장

오바마의 경제적 유산

트럼프 당선의 의미

3 ——

# 우리에게
# 진정 필요한 것은?

## 정치

들어가며

인간은 정치적인 동물이다. 혼자 살아갈 수 없기에, 사회를 이루고, 국가를 이루고, 더불어 살아갈 수밖에 없기에 인간은 태생적으로 정치적인 동물이다.

정치는 인간이 생존을 위해 만들어낸 발명품이다. 허나 어느 순간 정치가 인간을 이용하고 억압하고 있다. 선거 때만 되면 국민의 심부름꾼이 되겠다고 하더니 막상 당선되면 언제 그랬냐는 듯 국민을 내려 본다. 사익을 추구하기 위해 정치 권력을 탐하고, 정치적 신념보다는 자신에게 유리한 것을 찾아 정당을 선택한다. 정치권력은 재벌과 결탁해 끝 모를 부정부패를 저지르고, 서민과 약자는 가중되는 혼란과 불안 속에서 희망의 끈을 잃은 채 살아간다.

이 장에는 우리나라 정치의 현주소를 짚어 보는 글들을 모았다. 낡은 이념 논쟁에 사로잡혀 자신과 다른 생각을 하는 사람을 억압하는 우리나라 정치권력의 실태를 고발하고, 남과 북이 화해하고 상생해도 모자랄 판에 '통일은 대박'이라며 통일을 단지 경제 논리로만 해석하는 천박함도 도마 위에 오른다.

정치의 꽃은 선거다. 그리고 선거에서 가장 중요한 것은 공정성이다. 기울어진 운동장에서는 공정한 경기가 펼쳐질 수 없다. 한쪽이 정보와 권력을 쥐고 있는 상황에서는 공정한 선거가 이루어질 수 없다. 그것을 방지하기 위하여 법이 있지만, 법마저 강한 자의 손아귀에 놓여 있는 실정이다.

세상의 흐름은 변하고 있다. 영국이 유럽연합에서 탈퇴했고, 미국에는 어디로 튈지 모르는 트럼프가 대통령이 되었다.

우리나라에 정치라는 게 있기는 할까? 권력은 누구에게 있을까? 대통령마저 꼭두각시로 전락한 나라에서 정치라는 게 의미를 가지기는 할까?

어쩌면 지금 우리에게 진정으로 필요한 것은 바로 '정치'일지도 모른다. 진정한 정치의 회복이야말로 우리 사회가 해결해야 할 과제일 것이다.

# 공약의 허와 실

이병완

선거 때마다 장밋빛 공약이 난무합니다. 선거가 끝나면 공약에 대한 시비도 난무합니다. 747 공약, 한반도대운하 공약 등은 우리 기억에 새롭습니다.

공약이란 선거에서 후보자나 정당이 유권자에게 하는 공적인 약속을 말합니다. 공약은 당연히 실천을 전제로 합니다. 부득이 사정이 생겨 바꾸거나 지키지 못할 때는 당연히 사과하고 유권자의 이해를 구하고 설득하는 민주적 절차가 선행되어야 합니다.

기초연금 20만 원 지급 공약에 대한 시비가 분분합니다. 중요한 것은 어떻게 유권자를 설득하느냐입니다. 대통령과 정부의 자세를 지켜 볼 대목입니다.

광주 시내 곳곳에 자동차 100만 대 기반 구축의 선거 공약을 지키라는 플래카드가 걸려 있습니다. 시장 선거 때도 나왔던 구호인 것 같습니다.

과연 타당한 내용일까요? 기아자동차는 민간 기업입니다. 민간 기

업은 자기 경영 전략과 시장 원리에 따릅니다. 공기업이나 정부와 달리 기업의 사활이 걸릴 수도 있는 문제입니다. 그런데 민간 기업이 하는 일을 어떻게 정치적으로 할 수 있을까요? 불합리한 약속이고 주장입니다.

이런 말이 있습니다. "정치인들은 강도 없는데 다리를 놔주겠다고 하는 사람들이다." 무조건 이기고 보자는 정치인들의 허풍을 비꼬는 말입니다.

유권자들을 홀리는 정치인들의 공약이 사라져야 합리적이고 상식이 통하는 민주 사회가 됩니다. 그에 못지않게 시민들도 정치인들의 공약을 꼼꼼히 따져 선택해야 할 책임이 있습니다. 그렇지 않으면 표를 도둑맞는 것이나 다름 없기 때문입니다.

_ 2013년 09월 26식

# 종북 좌파를 만들어 내는 세상

이병훈

1950년대 미국 공화당 상원위원이었던 J.R. 매카시는 "국무성 안에 205명의 공산주의자가 있다"는 발언을 했습니다. 자신과 반대되는 사람을 모두 공산주의자로 몰아 공격했고, 그 결과 공산주의자로 몰린 사람들이 실직하는 등 엄청난 피해가 발생했습니다. 그런데 매카시는 끝내 공산주의자가 누군지 밝혀내지 못했습니다. 여기서 '매카시즘'이라는 말이 나왔습니다.

이처럼 매카시즘은 근거 없이 민감한 이슈를 이용해 반대 세력에 공산주의자라는 낙인을 찍어 억압하고 제거하려는 것을 말합니다. 그런데 이 매카시즘이 대한민국 곳곳에서 나타나고 있습니다.

얼마 전 국회 청문회에서 여당 의원이 당시 수사를 지휘한 경찰에게 "광주 경찰이냐?"라고 묻는가 하면, 온라인에서 자기와 반대되는 입장을 보이면 '빨갱이', '종북좌파'라며 몰아붙이는 일이 빈번히 발생하고 있습니다. 5·18은 북한 소행이라는 말도 안 되는 주장을 하기도 합니다.

심지어 한 대학교에서는 『자본론』을 가르친다는 이유만으로 그 수업을 들은 적도 없는 학생이 강사를 국정원에 신고하는 일까지 발생했습니다.

일부 언론에서는 야권 후보를 압도적으로 지지했다는 이유로 "전라도는 종북 세력의 온상이다"라는 주장까지 하고 있으니 이러다 반공 이데올로기가 판을 치던 1970년대로 돌아가는 것 아닌가 하는 두려움까지 듭니다.

우리 사회에 정말로 혼돈을 일으키려는 세력이 있다면 그것은 분명 잘못된 일이고 막아야 합니다. 하지만 지금 대한민국의 권력은 과연 종북 세력을 막으려는 것인지 '종북'이라는 낙인을 찍어 정치적 이익을 취하려는 것인지 냉정하게 판단해야 합니다. 냉전이 종식된지 20년이 넘게 지났음에도 아직도 나와 다르면 '종북'이고 '빨갱이'라는 정치 논리가 계속되어야 되겠습니까?

사회는 다양한 의견이 공존해야 발전합니다. 이 원칙을 무시하고 자기 이익을 위해 다름을 인정하지 않는다면 그 사회는 결국 곪아 터지고 퇴보할 것입니다. 우리 사회가 매카시즘에 빠져 역사가 후퇴하는 어리석음을 범해서는 결코 안 될 것입니다.

_ 2013년 11월 07일

# 민주주의의 근간은 공정한 선거

이병완

대부분 우리 국민은 우리 헌법의 다른 것은 몰라도 헌법 1조는 잘 알고 있다고 생각합니다. 우리 헌법 1조는 "대한민국은 민주공화국이고 모든 권력은 국민으로부터 나온다"고 되어 있습니다.

이 조항은 나라의 주권이 국민에게 있다는 주권재민의 원칙을 선언하고 있습니다. 이 정신은 일찍이 1919년 상해 임시정부가 공포한 헌법(헌장)부터 시작하여 1948년 제헌헌법으로 이어졌습니다. 헌법 1조는 이처럼 대한민국 민주주의의 출발을 알리는 조항입니다. 이승만 대통령 시절에도 헌법의 이 조항은 온존되어 왔습니다.

그런데 이 헌법 조항이 무너진 것은 1972년 11월 21일이었습니다. 바로 유신헌법이 공포된 날입니다.

"모든 권력은 국민으로부터 나온다"는 내용이 "국민은 그 대표자나 국민투표에 의하여 행사한다"로 바뀐 것입니다. 국민이 직접 주권을 행사할 수 없고 대리인을 통해 행사해야 한다는 것입니다.

그전까지 국민의 직접투표를 통해 뽑았던 대통령을 통일주체국민

기억을 기록하다

회의 대의원을 통해 뽑도록 한 체육관 선거가 되었습니다.

국민의 대표인 국회의원도 3분의 1은 대통령이 임명하도록 했습니다. 유신 체제의 서자인 전두환 군부도 이 조항을 이어받아 체육관 선거로 뽑혔습니다.

11월 21일은 우리 헌법 역사에 있어서 오욕의 날입니다. 결국 이 조항은 부마항쟁과 10 · 26, 그리고 5 · 18 광주민주항쟁과 87년 6월 항쟁이라는 피의 대가를 치르고서야 다시 복원되었습니다.

모든 권력이 국민으로부터 나오기 위해선 국민의 대표를 뽑는 선거가 공정해야 합니다. 국가정보원 등 국가 기관의 대통령 선거 개입 사건이 갈수록 커지고 있습니다. 민주주의 질서와 약속이 제대로 작동되고 있는가에 대한 의구심도 날로 확산되고 있습니다. 정말 부끄러운 일입니다.

이를 해소하기 위해선 집권 세력으로부터 먼저 민주주의 수호의 결단이 나와야 합니다. 국민이 원하는 것은 더 이상 민주주의 질서가 훼손되지 않는 확실한 재발 방지 장치일 것입니다.

_ 2013년 11월 26일

# 통일대박론

오수성

　박근혜 대통령이 통일대박론을 이어 가고 있습니다. 신년 기자회견에서 통일이 되면 경제가 도약하는 기회라며 통일대박을 처음 제기한 데 이어 스위스 다보스포럼에서는 한걸음 더 나아가 통일이 한국에서만 대박이 아니라 동북아 주변국 모두에게도 대박이 될 수 있다고 하였습니다. 그동안 통일을 지지하는 여론이 해마다 줄어드는 상황에서 통일에 대한 관심이 높아진 것은 사실입니다.

　그러나 통일에 이르는 과정을 생략한 채 결과로서의 통일만을 강조했다는 점에서 북한의 붕괴와 흡수통일을 염두에 둔 것이 아니냐는 분석도 나옵니다.

　평화통일은 교류·협력이 전제되고 점진적인 경제·사회 통합을 바탕으로 정치·군사적 통합에 합의하는 것입니다. 민족공동체를 형성하기 위한 노력이 지속적으로 이루어지지 않으면 통일은 다가오지 않습니다.

　해방은 도둑처럼 왔지만 통일은 도둑처럼 와서는 안 된다고 했던

기억을 기록하다

함석헌 선생님의 말씀은 오늘날에도 유효합니다.

독일 통일도 어느 날 갑자기 도둑처럼 찾아온 것이 아닙니다. 동독 국민들이 통일을 선택한 이유는 자신들의 미래를 보장해 줄 것으로 믿었기 때문입니다. 그런 믿음도 갑자기 온 것이 아닙니다. 30년 이상의 오랜 교류와 상호 이해의 결과입니다. 어떻게 통일에 이른 것인가 하는 과정에 대한 언급이 없이 결과만을 갖고 말해서는 설득력이 없습니다.

동북아 정세의 격랑 속에서 우리의 목소리가 영향력을 확보하려면 우선 남북 간에 소통을 하여야 합니다. 소통 없이 등을 지고 돌아앉아 있는 한 우리의 목소리에 힘이 실릴 수 없습니다.

남북 간의 소통이 이루어질 때 우리가 한반도 문제의 손님이 아니라 주인으로서 발언권을 확보할 수 있습니다.

지금 통일대박론보다 더 중요한 것은 민족공동체를 형성하기 위한 소통과 공존에 대한 노력입니다. 실제 휴전선보다도 서로의 마음속에 그려진 휴전선이 거두어질 때 통일은 성큼 다가올 수 있습니다.

_ 2014년 01월 29일

# 여론조사의 허구성

오수성

주위에서 박근혜 정권에 대하여 부정적인 의견을 말하는 사람이 많습니다. 일부 보수적인 사람들까지도 박근혜 정권의 정책을 비판하고 있습니다. 그런데도 박근혜 정권은 여론조사에서 어째서 줄곧 50퍼센트가 넘는 지지율이 나오는지 궁금합니다.

여론조사는 통계학이 빚어 낸 산물입니다. 극소수 표본의 생각에서 거대한 모집단의 생각을 유추해 냅니다. 적절한 표본과 설문, 인터뷰 방식, 정교한 분석이 전제되어야만 그 결과를 신뢰할 수 있습니다. 그러나 현실은 그 전제조건을 충족시키지 못하고 있습니다.

우선 적절한 표본의 확보가 어렵습니다. 실제로 대부분의 여론조사는 전화를 통해 이루어집니다. 그러나 연령대에 따라 소통의 수단과 방식이 다양합니다. 일부 젊은 층에겐 여론조사 기관의 접근조차 불가능한 경우도 있습니다. 대표성이 결여된 1,000명이 4,000만 명의 생각을 대변하고 있습니다. 표본이 적절하지 못하다면 그 여론조사는 현실을 반영할 수 없습니다.

낮은 응답률도 신뢰도를 떨어뜨립니다. 저희 집에도 여론조사 기관에서 전화가 가끔 옵니다. 그러나 거기에 응답한 적이 없습니다. 그냥 끊어 버리지요. 최근 언론에 공표되는 정치 관련 여론조사의 응답률은 10퍼센트 대가 주를 이룬다고 합니다. 열 명 중에서 한 명만이 전화를 통해 여론조사에 응답한다는 것입니다.

미국 언론은 응답률이 30퍼센트 미만인 여론 자료는 보도하지 않는 것을 원칙으로 한다고 합니다.

언론과 방송의 여론조사는 응답률이 낮은 데도 불구하고 그것이 실체인 양 보도, 기정사실화하고 있습니다. 한국 정치를 지배하는 숫자의 마술이 끼치는 피해가 큽니다. 박 대통령의 오만도 대표적인 폐해의 하나입니다. 국민들의 지지율을 믿고 비판을 받는 정책들도 밀고 나가는지도 모릅니다. 어쩌면 최면 효과일 수 있습니다.

정치판이 제대로의 역할을 하지 않고 숫자 놀음에 빠진 모습이 안타깝습니다. 허상이 지배하는 정치는 위험합니다. 무릇 정치는 산술의 세계가 아닙니다. 진정성이 요구되는 시대입니다.

_ 2014년 02월 04일

# 서울시 간첩 공무원

오수성

　서울시 공무원 간첩 사건과 관련해 경찰이 제출한 증거가 조작된 것으로 드러나 논란이 되고 있습니다.

　1심에서 검찰이 국정원 수사를 토대로 제시한 증거들이 인정받지 못하고 조작 또는 허위로 판명나서 무죄 판결을 받았습니다. 항소심에서 검찰이 결정적 증거라며 제출한 문서마저 조작이라는 사실이 밝혀졌습니다.

　이런 조작 사건과 연관되어 강기훈 유서 대필 조작 사건이 생각납니다.

　1991년 명지대생 강경대 씨가 시위 도중 경찰의 쇠파이프에 맞아 숨진 사건이 발생했습니다. 이에 항의하여 전국민족민주운동연합 사회부장이었던 김기설 씨가 정권 퇴진을 외치며 분신하였습니다. 검찰은 김 씨의 유서를 본인이 쓴 것이 아니라 동료 간부인 강기훈 씨가 대신 써주고 자살을 방조했다며 공안 정국으로 몰아갔습니다.

　강기훈 씨는 대법원에서 징역 3년을 확정 선고받아 복역 후 만기

출소하였습니다. 그가 아무리 아니라고 외쳐도 묵묵부답이었던 사법부는 23년 만에 사건의 진실에 귀를 기울였습니다. 재심 재판부는 강씨에게 유서 대필자라는 낙인을 찍었던 당시 재판의 증거가 대부분 믿을 수 없다고 판단했습니다.

하지만 스물아홉 살 청년이었던 강 씨는 동료의 유서를 써주고 스스로 목숨을 끊게 했다는 자살 방조자라는 손가락질을 20년 넘게 받으며 살아왔습니다.

강기훈 씨는 판결 이후 단 하나의 바람이 있다고 담담하게 이야기했습니다. 자신에게 유죄를 내린 수사, 재판 관계자들이 유감의 표시라도 해달라는 것이었습니다. 하지만 그 누구도 입을 여는 사람은 없었습니다.

강기훈 씨는 잘못했다는 한마디 말을 듣고 싶어 했습니다. 그는 그 말로 그들을 용서하고 자신도 23년간 악몽과도 같았던 그 사건으로부터 벗어날 수 있었을 것입니다.

과거사진상규명위원회에서 몇 십 년이 지난 많은 사건들이 조작이라고 밝혔습니다. 그렇다면 당연히 검찰과 사법 당국은 이에 대해 사과나 유감을 표명해야 합니다. 그것이 인간의 도리이고 정의이기 때문입니다. 민주 검찰과 중립적인 사법 당국을 기대하는 것은 요원한 일일까요?

_ 2014년 03월 28일

# KBS

오수성

청와대가 세월호 사건 관련 KBS 보도에 구체적으로 개입했다는 정황이 드러났습니다. 김시곤 전 KBS 보도국장은 기자협회 총회에서 한창 구조 작업이 진행되고 있으니 해양경찰 비판은 나중에 하더라도 자제했으면 좋겠다는 요청이 있었다고 폭로하였습니다. 또 그는 길환영 KBS 사장이 직접 청와대에서 해양경찰에 대한 비판을 하지 말아 달라는 지시가 있었다고 했다고 말했습니다.

KBS 보도본부 부장들은 20년 이상 뉴스 현장에서 보낸 우리는 지금 보람이자 긍지여야 할 KBS가 날개도 없이 추락하는 것을 바라보고 있다면서 책임을 지겠다고 전원 보직 사퇴를 하였습니다. 그리고 KBS 사장의 사퇴를 요구하는 초유의 사태가 벌어졌습니다.

KBS 노동조합(1노조)은 조합원 2,455명(94.3퍼센트)이 참여한 총파업 찬반투표에서 2,041명(83.1퍼센트)이 찬성해 파업을 가결했고, 그에 앞서 기자·PD 중심의 전국언론노조 KBS본부(2노조)는 94.3퍼센트가 찬성해 파업을 결정했습니다.

기억을 기록하다

이 폐해의 핵심은 이명박 정권 때부터 계속된 권력의 방송 장악과 통제입니다. 중도 보수 성향의 중진급 방송학자들을 포함한 232명의 방송학자들이 KBS 사태의 해결을 촉구하는 성명서를 내놓았습니다. 학자로서 미래의 방송인을 양성하고 방송계 발전을 이끌어 나가야 할 임무를 다하지 못해 국민 앞에 부끄럽고 죄송하다고 사과하기도 하였습니다.

KBS를 장악하여 입맛대로 주무르려는 청와대와 권력의 꼭두각시 노릇을 자청하는 하수인에 대한 분노가 봇물처럼 터져 나오고 있습니다. 그런데도 박근혜 대통령은 대국민 담화에서 국민의 분노가 집중된 KBS 문제에 대해 일언반구도 하지 않았습니다. 박 대통령이 진정으로 국정을 쇄신하겠다면 마음을 비우고 방송을 손아귀에서 놓아야 합니다. 지금의 구조 아래서 KBS 사장은 청와대의 꼭두각시 구실을 벗어날 수 없습니다. KBS의 공공성과 독립성을 보장하기 위한 지배구조의 개혁 작업이 조속히 이루어져야 합니다.

_ 2014년 05월 28일

# 지방자치제도

빈도림

6월 4일 지방선거가 다가오니 옛날 생각이 납니다. 제가 1974년 처음 한국에 왔을 때 친절하고 도와주기 좋아하는 백성의 정반대가 공무원이었습니다. 우체국, 경찰서, 구청이나 면사무소를 찾아가면 누구나 판사 앞에 선 범인 같았습니다. 아니, 하나님 앞에 선 죄인이었어요! 그 당시에는 부정부패가 만연하여 오히려 정상적인 현상이었습니다. 각종 증명서, 허가증이나 확인증은 관청의 당연한 봉사가 아니라 끝까지 버티다 마지못해 던져 주는 은혜였습니다. 그 은혜를 얻으려면 아첨하는 몸부림으로 충분한 제물을 바쳐야 했습니다. 어떤 요청이건 공무원의 본능적인 답변은 일단 "없어요", "안 돼요"였습니다. "다음에 오세요" 하며 대화를 끊는 공무원은 예외적으로 친절한 사람에 속했지요. 한마디로 말해서 관청을 찾아가는 일은 치과 가는 일과 마찬가지였어요. 정말 마지못해 끌려가는 꼴이었지요.

그러다가 1980년대부터 지방자치제도가 도입되었습니다. 갑자기 "다음에 오세요"가 "어서 오세요"로 변했고, "안 돼요"가 "잠깐 기다

기억을 기록하다

리세요"가 되었습니다. 어제는 "버스 세 정류장 떨어진 문방구에서 수입인지 사오세요" 하더니 오늘은 "카드도 됩니다" 합니다. 구청장이나 군수나 도지사가 투표에 의존하니까 하루 아침에 우리 모두가 인간 대접을 받고, 관민 사이에 너그러운 태도가 벌어졌어요. 작은 원인이 큰 효과를 가져다 줄 수 있습니다.

이번 지방선거에는 한 사람도 빠짐 없이 참석하여 유능한 사람을 뽑도록 노력합시다! 정치인을 무조건적으로 규탄하는 현대 사회의 경향은 투표권을 잘못 이해한 겁니다. 유권자의 책임은 혈연, 지연에서 벗어난 지혜로운 선택을 하는 것이고, 당선자의 책임은 후보 시절 내세운 공약을 반드시 지키며 임기 중 국민을 무시하지 않는 문화를 만드는 것입니다.

_ 2014년 06월 02일

# 유교사상과 선거 운동

빈도림

19세기 중반까지만 해도 국어사전에서조차 찾아볼 수 없었던 단어 '개혁', '혁신', '변화'는 현대인의 일상생활어가 되었습니다. 이번 6·4 지방선거에서도 "새롭게 하겠습니다", "바꾸겠습니다"란 말이 좌에서 우까지 하나도 빠짐 없이 모든 정당의 필수 슬로건으로 등장했습니다.

과거 어느 대통령은 선거 운동을 할 때 "새 한국 1년"이란 표현까지 사용했습니다. 그럼 이제 선거할 때마다 새 나라를 창조하고, 4년마다 개천절, 현충일을 새로 정해야 합니까? 한편으로는 단군이 조선을 세웠다고 하면서 다른 한편으로는 대통령이 바뀔 때마다 새로운 공화국이라 부릅니다.

조선시대 후기에는 당파 싸움과 예송 분쟁으로 정상적인 정치나 경제 활동이 마비되면서 국력이 크게 약화되었습니다. 과거 지향적인 세계관과 맹목적인 전통 고집이 복지부동과 부정부패의 원인이 되었습니다. 결국 민심을 잃고 나라가 벼랑 끝까지 왔어요. 아마도 이

기억을 기록하다

런 과거가 요즘 사람들의 성장, 개선과 변화의 욕구를 부채질하고 있는지 모릅니다.

자꾸만 새 모델로 바꾸는 것보다 이미 있는 조직을 제대로 이용하고, 기존의 규정을 현명하게 집행하고, 잘못된 부분을 현실에 맞게 고치는 것이 나을 겁니다. 기관을 해체하거나 비현실적인 공약을 내세우면 부정부패나 복지부동이 없어지기는커녕 오히려 예측하지 못했던 새로운 문제가 발생하게 됩니다.

_ 2014년 06월 05일

# 북한 정책

## 빈도림

오랫동안 북한 정책이 없습니다. 김대중, 노무현 대통령 때에는 정상회담도 있었고 조약도 맺었습니다. 물론, 지속적인 효과는 없었습니다. 도로와 철도는 이어졌는데 교통이 결과적으로 이루어지지 못했습니다. 개성공단, 금강산 관광도 한동안 만발했지만 역시 꽃이 지고 말았습니다.

북한이 믿지 못할 상대자인 것은 사실입니다. 오늘 우호조약을 맺어도 내일 핵전쟁으로 피바다를 만들겠다고 협박하는 것이 북한 정권의 오래된 악습관입니다.

그러나 우리는 무엇을 하고 있습니까? 연속적으로 반응만 했습니다. 한 번이라도 먼저 주도적인 역할을 하면 어떨까요? 북한 측이 연달아 위협하거나 협상을 제안하고 우리는 계속 반응만 해야 합니까? 북한은 피하지 못할 형제가 아닙니까? 어떠한 협상이나 협력을 제의해서 만일에 거절당하면 그렇게 기분 상할 일입니까?

이제는 우리가 제의할 때가 왔습니다. 예를 들어, 독도를 지키는 남

기억을 기록하다

북 합동 해군 훈련을 제안하면 어떨까요? 북한 어선을 남쪽으로 초대하고 같이 게잡이를 나가면 어떨까요? 산업 공단이 너무 복잡하면 농업단지를 공동 운용하면 어떨까요? 쌀과 비료만 보내지 말고 직접 농사 지으면 어떨까요? 북한이 여러 나라에서 음식점을 하고 있는데 서울, 대전, 부산에서도 북한 냉면집을 차리면 어떨까요?

북한 측에서 이러한 제안에 응할지는 모르나 거절의 과정을 거쳐야 마침내 성공의 과실을 얻을 수 있습니다.

주도하는 자가 언제나 강한 자입니다! 북한 정부가 바로 그것을 우리보다 더 잘 알고 있습니다.

_ 2014년 11월 14일

# 정당과 헌법

빈도림

자유민주주의 체제에서 국민이 누리는 기본권을 보장하고 보호하는 법률은 헌법입니다. 하지만 자유권의 한계도 정하고 있습니다. 예를 들어 모든 국민이 자기의 신앙을 마음대로 선택할 수 있는 종교의 자유가 기본권 중 하나입니다. 그러나 종교 활동에 있어서 남을 해치거나 위협하거나 모욕한다면 자유를 악용하는 것으로 판단되고 처벌받게 됩니다.

정당 활동도 마찬가지입니다. 모든 사람이 정치 이념의 자유를 누리지만 헌법에 명시된 틀을 벗어나는 정치 활동은 용납되지 않습니다. 특히 개인을 국가로부터 보호하는 인권이나 국회의 결정권이나 권력 제도를 변경시키거나 없애는 행동은 "위헌 행위"로 금지되어 있습니다. 이런 경우에 정부가 헌법재판소에 해당 정당의 해산을 청구할 수 있습니다.

그러나 정당 해산은 악용의 위험이 크므로 매우 조심스럽게 다루어져야 합니다. 독일 정부가 2001년도에 극우파 정당인 NPD를 해

기억을 기록하다

산시키려고 헌법재판소의 심판을 청구한 바가 있습니다. 당시 청구는 기각되었습니다. 언론에서 많은 관심을 끈 재판 과정에서 그 정당의 지도부 인사 중에 독일 정보부의 비밀수사관이 많았다는 사실이 드러났기 때문에 제출한 증거를 받아 주지 않았습니다. 작년부터 정부가 또다시 해산 신청을 검토하고 있는데 또 실패할까 봐 걱정이 많습니다. 정적을 대하는 과정에서 위헌 기소는 언제나 마지막 수단이고, 무죄 추정의 원칙이 엄격히 적용되어야 합니다.

_ 2014년 12월 02일

# 국가 안전에 대하여

빈도림

　현대 정부의 역할은 매우 다양합니다. 근로자는 일자리를 요구하고 기업은 경기를 향상시키는 경제 정책을 바라고 있습니다. 노인은 노후 대책, 젊은 사람은 교육을 원합니다. 교통수단이나 의료 시설은 국민 모두가 바라고 있습니다. 그리고 안전 대책입니다. 식품, 약, 가전제품, 건축, 전기 공급 등을 안전하게 통제하는 것은 국가의 의무입니다. 무시할 수 없는 또 한 부분은 국내 치안 및 대외 보안입니다. 이 모든 것은 국가 행정의 책임이고 정부의 과제입니다.

　그러나 모든 업무가 똑같이 중요한 것은 아닙니다. 1960년대부터 우리나라에서 최우선은 군사 방위입니다. 예산의 제일 큰 항목은 언제나 국방에 들어갑니다. 외교 노력보다 무력 억지가 늘 인기 대책이었습니다. 국방에 비하면 나머지 분야는 천대받고 있습니다. 노후 보장은 아직 빈곤 대책에 머물고 있고 의료 혜택은 기초 단계에 불과합니다.

　하지만 제일 큰 문제는 재해입니다. 우리나라에서는 원자력 발전소가 시한 폭탄입니다. 만일 한반도에 쓰나미가 닥친다면 일본보다 피해가 훨씬 클 겁니다. 잔잔한 근해에서 천천히 가라앉는 세월호를 보면서도 멀쩡한 학생들을 구하지 못했습니다. 그 이후 정부의 역할은 사실을 은폐하고 희생자 대신 책임자를 보호한 것이었습니다. 이번 전염병 발생도 마찬가지입니다. 사실을 숨기고 덮어씌우기만 하다가 때를 놓치고 허겁지겁하고 있습니다.

사고나 재해는 기본적으로 예보나 방지가 어렵습니다. 하지만 발생 후에는 신속하고 올바른 조치를 해야 합니다.

그것이 안전의 시작입니다.

_ 2015년 06월 11일

# 사법부의 정의

오수성

1991년 강기훈 씨가 전민련 사회부장 김기설 씨의 분신을 사주하고 유서를 대신 써주었다는 '유서 대필 사건'을 아십니까? 부패와 부정, 3당 합당으로 위기에 몰린 노태우 정권이 위기 타개책으로 조작한 사건입니다.

국가 권력이 무고한 한 청년에게 듣도 보도 못한 엉뚱한 죄목으로 옥살이를 강요했습니다. 그는 유서를 대신 써주고 자살을 방조한 혐의로 징역 3년을 살았습니다. 대법원은 최근 강기훈 씨에 대한 재심에서 무죄를 선고하였습니다. 청년이 누명을 벗는 데 24년의 세월이 걸렸습니다. 그 20대 청년은 어느새 50대 중년이 되었습니다. 그 세월 동안 강기훈 씨의 몸과 마음은 망가졌습니다. 그는 지금 간암으로 고통스러운 투병 생활을 하고 있습니다. 억울함과 분노로 얻은 병입니다.

역사적 판결이 내려지던 날 정작 강기훈 씨는 법정에 나타나지 않았습니다. 국가 기관의 조직적인 폭력 앞에서 인생을 송두리째 짓밟힌 그의 참담한 심정을 어찌 짐작이나 하겠습니까? 그는 그 사건 이

기억을 기록하다

후 단 한 번도 좋았던 적이 없었고, 특히 그 사건이 터진 5월만 되면 몸과 마음이 다 아프다고 하였습니다. 강기훈 사건은 사법 역사상 가장 치욕적인 사건으로 기록될 것입니다. 국가 기관들이 손잡고 한 인간에게 파멸의 길을 강요한 불법이 확인된 마당에 검찰도 법원도 과거의 잘못에 대해 어떠한 말도 하지 않았습니다. 강기훈 씨는 무죄가 확정되고 사흘 만에 자신의 심정을 털어 놨습니다. "이제 역사적 판단과 책임이 필요할 때가 됐다. 진정한 용기는 잘못을 고백하는 것이다" 라고요.

인간은 누구나 잘못을 저지를 수 있습니다. 그러나 더 중요한 것은 자기의 잘못을 반성하고 다시는 그런 일을 저지르지 않는 것입니다. 사전적 뜻풀이에 의하면, 정의란 사회나 공동체를 위한 옳고 바른 도리입니다. 법의 정신을 생각하며 법조인을 꿈꾸던 검사와 판사들이 반성하지 않는다면 어디에서 정의를 찾을 수 있을까요.

다시 한번 법의 정의를 생각하게 됩니다.

_ 2015년 06월 15일

# 브렉시트가 미칠 파장

박종구

영국의 유럽연합 탈퇴, 소위 브렉시트 결정으로 지구촌이 시끌시끌합니다. 뉴욕, 런던, 프랑크푸르트 등 주요 나라의 증시가 출렁였습니다. 미국 등 주요국의 적극적인 시장 개입으로 사태 초반의 혼란은 진정되었지만 브렉시트 충격의 여진은 여전한 상황입니다.

영국민이 브렉시트를 선택한 이유는 크게 세 가지로 요약될 수 있습니다. 첫째로, 밀려 들어오는 이민자에 대한 반감입니다. 작년에만 33만 명의 외국인이 영국으로 유입되었습니다. 특히 무슬림의 유입에 대한 우려가 컸습니다. 프랑스 파리 테러 사건, 미국 플로리다 올랜도 총기 난사 사건 등으로 무슬림에 대한 위기감이 증폭되었습니다. EU 회원국으로 있는 한 엄격한 이민자 규제는 쉽지 않은 문제입니다. 이러한 반이민 정서가 브렉시트를 선택하게 만들었습니다.

둘째로, 급속한 세계화에 따른 양극화와 불평등 심화 때문입니다. 세계화는 중산층과 저소득층의 경제적 지위를 약화시킨 반면 상위 1퍼센트, 상위 10퍼센트 등 상위층의 소득은 빠른 속도로 늘어났습

기억을 기록하다

니다. 이에 따라 세계화의 최대 피해자가 된 중장년 근로자층이 브렉시트를 많이 지지했습니다. 세계화 혜택을 많이 누려온 런던 주민이 잔류를 지지한 반면 낙후된 지방은 탈퇴를 지지했습니다.

셋째로, EU 관료주의에 대한 반감입니다. 감자칩과 바나나의 크기나 맛까지 규제하는 EU에 대한 반감이 커졌습니다. 브뤼셀 EU 본부에서 일하는 과장급 직원의 급여가 데이비드 캐머런 영국 총리보다 높다고 합니다. 24개 회원국 언어로 공식 문서를 번역하는 데만 1,750명의 언어학자와 600명의 번역가를 채용하고 있습니다. 주요 의사결정이 막후에서 은밀히 이루어져 유권자들의 의사가 제대로 반영되지 못했습니다. EU의 규제와 관료주의, 불투명한 의사결정 시스템이 이번 사태를 초래한 것입니다.

브렉시트는 유럽과 지구촌에 광범위한 파장을 몰고 올 것입니다. 우선 영국의 금융 산업이 위축될 가능성이 큽니다. 금융 부문은 영국 국내총생산(GDP)의 12퍼센트를 차지하고 100만 명을 고용하고 있습니다. 회계, 법률, 컨설팅 등 연관 산업에 종사하는 사람도 100만 명에 달합니다. 닛산, 도요타 등 글로벌 제조업체의 영국 탈출 움직임도 예상됩니다. 다음으로 영연방의 분열 가능성을 배제할 수 없습니다. 이번 국민투표에서 잔류를 지지한 스코틀랜드와 북아일랜드의 불만이 큽니다. 각자도생을 모색할 확률이 높습니다.

유럽의 안보를 책임지고 있는 북대서양조약기구(NATO)도 영향을 받을 것입니다. 유럽의 통합과 안정이 미국의 대 유럽 정책의 근간인데 브렉시트로 균열이 생겼습니다. 니콜라스 번스 미국 하버드대학교 교수는 유럽이 새로운 전환점에 도달했으며 독일에게 보다 적극적인 안보 및 경제 리더 역할을 요구할 것이라고 예상합니다. 브렉시트는 푸틴 러시아 대통령에게 기대치 않았던 선물이라는 주장은 시사하는 바가 큽니다. 반세계화, 고립주의 심화는 무역 의존도가 높은 우리나라 경제에 새로운 도전이 되고 있습니다. 구조개혁을 서두르지 않으면 직격탄을 맞을 수 있습니다. 유비무환의 자세가 필요합니다.

_ 2016년 07월 15일

기억을 기록하다

# 오바마의 경제적 유산

박종구

오바마 미국 대통령의 임기가 2017년 1월 20일 만료됩니다. '변화와 희망'을 캐치프레이즈로 내걸고 대통령에 당선되어 격동의 세월속에서 8년간 대통령직을 수행하고 퇴임합니다. 오바마가 남긴 경제적 유산은 무엇일까요?

오바마는 2009년 1월 세계 굴지의 투자은행인 리먼 브러더스 파산으로 글로벌 금융위기가 심화된 상황에서 취임했습니다. 매달 80만 명 이상의 실업자가 속출하고 경제는 끝없이 추락했습니다. 경제 살리기와 일자리 창출을 위해 8,000억 달러 규모의 예산을 투입했습니다. 저금리 정책을 실시해 민간 기업의 투자 촉진과 비용 부담 경감을 유도했습니다. 2011년 이후 경기가 서서히 살아나 민간 부문에서 약 1,500만 명 이상의 고용이 창출되었습니다. 실업률이 2009년 10월 10.1퍼센트에서 4.9퍼센트까지 떨어졌습니다. 경제가 다시 살아났습니다.

파산 위기에 몰린 제너럴모터스와 크라이슬러를 지원해 벼랑 끝에 몰린 미국 자동차 산업을 살려냈습니다. 미국 자동차 산업은 유가 인상, 판매 격감, 유동성 부족 등으로 도산 가능성이 매우 높았습니다.

총 818억 달러의 구제금융을 지원해 자동차 산업을 살려낸 겁니다.

의료보험 개혁이야말로 오바마의 최대 업적이 될 것입니다. '오바마 케어'로 불리는 건강보험개혁법 제정을 통해 2,000만 명 이상이 신규로 의료보험의 혜택을 받게 되었습니다. 걱정하던 보험료 폭등 현상도 발생하지 않았습니다. 지난 5년간 의료비 지출이 2.6조 달러나 절감됐다고 합니다. 보험이 없어 병원 근처에도 못 간 가난한 흑인과 히스패닉 등이 커다란 혜택을 받았습니다.

2008년 금융위기의 주범인 월가의 금융 개혁에 착수해 도드·프랑크 금융개혁법을 제정했습니다. 투기적 성격의 투자 행위, 파생 금융상품에 대한 규제가 강화됐습니다. 금융 기관에 대한 안정성 평가와 임원 급여 제한 조치도 실시되었습니다.

기후변화 정책도 커다란 의미가 있습니다. 지구온난화를 막기 위해 자동차의 의무 연비를 2025년까지 대폭 높이도록 했습니다. 석탄을 쓰는 발전소는 단계적으로 폐쇄하는 청정 발전 계획도 시행했습니다. 2025년까지 탄소 배출량을 2005년 수준 대비 26~28퍼센트 줄이는 UN 기후변화협약도 공식 비준했습니다. 중국과 인도도 비준을 해 지구온난화에 대한 국제 공조가 대폭 강화될 전망입니다.

오바마 대통령은 뛰어난 연설가입니다. 사람의 심금에 호소하는 연설로 국민들을 설득하고 통합하는 역할을 수행했습니다. '우리는 할 수 있다'는 구호를 역설하며 사회적 약자와 소외된 자들의 지위 향상을 위해 노력했습니다. 이러한 오바마 대통령의 진정성은 퇴임 후에도 높게 평가받을 것입니다.

_ 2016년 10월 18일

# 트럼프 당선의 의미

박종구

도널드 트럼프가 미국의 제45대 대통령으로 당선되었습니다. 그는 트럼프 타워, 트럼프 호텔, 트럼프 골프 클럽 등을 경영하는 뉴욕 맨허튼의 부동산 거부입니다. 기업인 출신이 미국 대통령에 당선된 것은 1928년 허버트 후버 이래 처음입니다. 만 70세로, 역대 대통령 당선자 중 최고령입니다. 결혼을 세 번 한 것도 독특한 이력입니다.

대부분 사람들의 예상을 깨고 힐러리 클린턴에게 승리를 거둔 요인은 무엇일까요? 주요 언론은 투표 직전 3~5퍼센트가량 그녀의 우세를 점쳤습니다. CNN 방송은 투표 전날 91퍼센트의 당선 확률을 예측했습니다. 첫 번째 요인으로는 미국 유권자들이 느끼는 경제적 불안감입니다. 세계화와 기술 발전으로 상당수의 근로자가 일자리를 잃거나 소득이 줄어드는 고통을 겪었습니다. 특히 2008년 금융위기 이후 상황은 더욱 나빠졌습니다. 제조업 일자리가 1979년~2015년 사이 700만 명이 줄어들었습니다. 실업률이 2010년 10퍼센트 선에서 최근 4.9퍼센트까지 낮아졌지만 근로자들의 체감 경기는 싸늘

하기만 합니다. 이런 불안 심리를 트럼프가 파고들었습니다. '미국을 다시 위대하게make America great again'라는 단순한 구호가 유권자, 특히 저학력 백인 유권자들의 표심을 자극했습니다. 대졸 이하 백인 유권자들이 압도적으로 트럼프를 선택했습니다. 백인 유권자 비중이 높은 중서부의 오하이오, 펜실베이니아, 미시건 등에서 트럼프는 승리하였습니다.

둘째로 많은 유권자들이 워싱턴의 기득권 정치와 월스트리트의 경제력 지배에 분노를 느껴 왔습니다. 변화를 주도할 새로운 인물에 목말라 했습니다. 정치 초년생인 트럼프가 새로운 변화의 바람을 몰고 올 아웃사이더로 받아들여졌습니다. 지난 사반세기 미국 정계를 좌지우지한 클린턴은 구시대의 인물로 유권자 마음에 각인되었습니다.

셋째로 백인 중심의 인종 정치가 먹혀들었습니다. 흑인, 히스패닉 계층의 부상에 백인 사회의 마음이 편치만은 않았습니다. 2043년에는 비백인 인구의 비중이 50퍼센트를 넘어선다고 합니다. 트럼프는 소수 인종으로 전락할 처지에 빠진 백인의 자존심을 건드렸습니다. 무슬림 입국 금지를 주장하고, 1,100만 명에 달하는 불법 이민자 추방을 공약했습니다. 무엇보다도 직설 화법으로 백인 근로자의 정서에 교묘하게 어필했습니다.

당선자 트럼프에게는 많은 난제가 기다리고 있습니다. 무엇보다도 선거 과정에서 분열된 국론을 통합하는 일이 시급합니다. 그의 거침없는 발언으로 많은 흑인, 여성, 히스패닉 등이 상처를 입었습니다. 그들의 상실감을 치유해 주는 일이 시급합니다. 일자리 창출도 당면 과제입니다. 그가 당선 수락 연설에서 도로, 항만, 철도 등 1조 달러

규모의 인프라 투자를 강조한 것도 이 때문입니다. 오바마의 흔적을 신속히 지우는 것도 불가피합니다. 오바마의 건강보험 개혁 폐지, 환태평양동반자협정 폐기, 멕시코 국경 담 쌓기 등 선거 공약을 이행해야 합니다. 그러나 야당, 언론, 시민단체 등의 반발이 만만치 않을 전망입니다. 트럼프의 일거수일투족에 지구촌의 관심이 뜨겁습니다.

_ 2016년 11월 15일

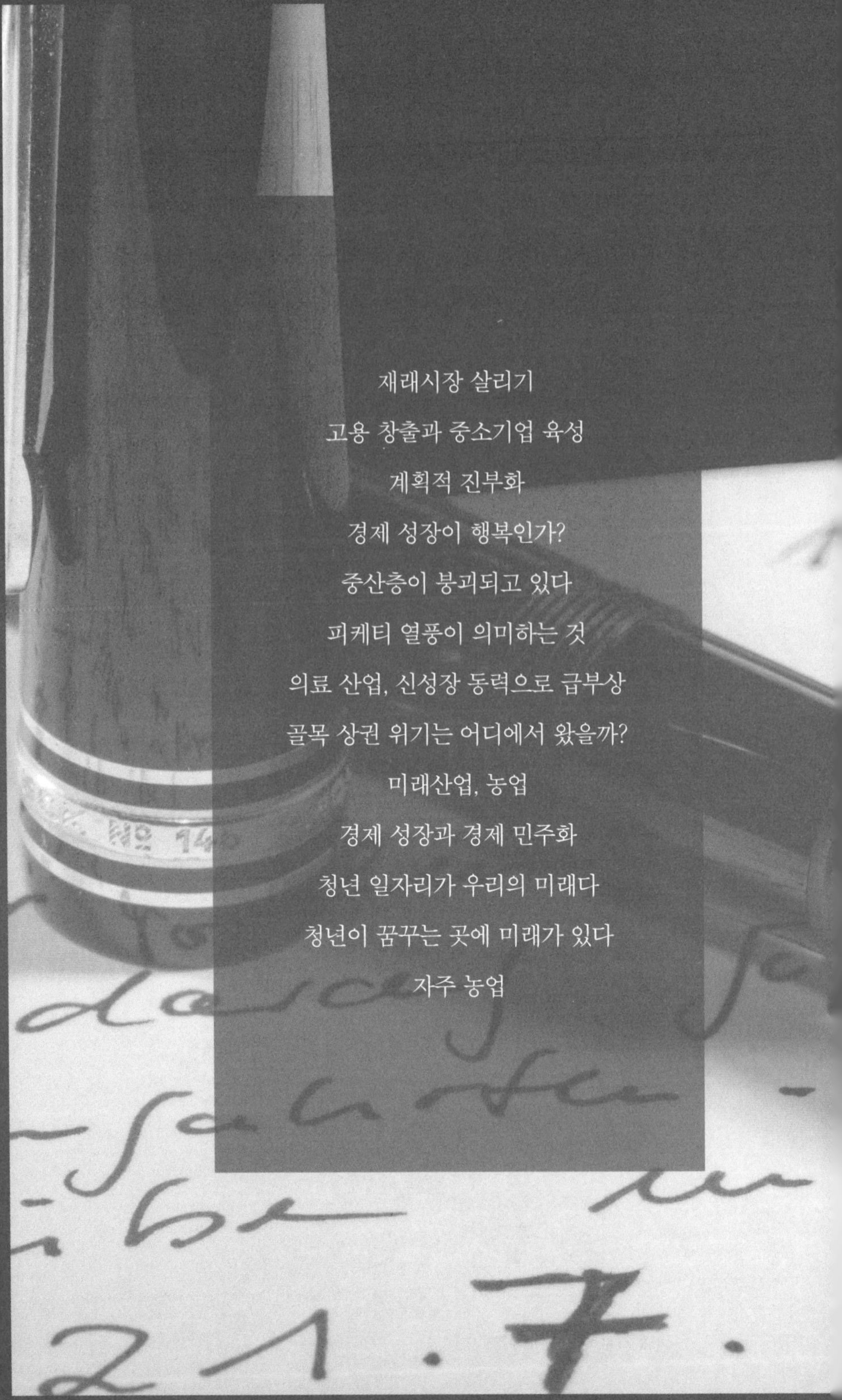

재래시장 살리기

고용 창출과 중소기업 육성

계획적 진부화

경제 성장이 행복인가?

중산층이 붕괴되고 있다

피케티 열풍이 의미하는 것

의료 산업, 신성장 동력으로 급부상

골목 상권 위기는 어디에서 왔을까?

미래산업, 농업

경제 성장과 경제 민주화

청년 일자리가 우리의 미래다

청년이 꿈꾸는 곳에 미래가 있다

자주 농업

# 4 ——

# 삶의 질은
# 무엇에 좌우되는가?

## 경제

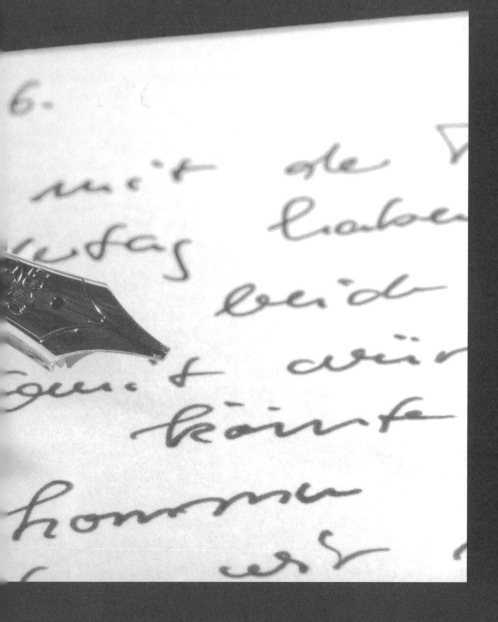

들어가며

경제 성장은 국민의 행복을 가져다줄까? 가파르게 상승하는 그래프와 높아가는 수치가 국민 경제의 안정적인 성장을 증명하는 것일까? 국민소득 2만 달러의 시대, 우리는 과연 경제적으로 안정된 삶을 살고 있을까? 세계적인 흐름이라는 평계 속에서 빈부격차와 고용불안은 심해지고 있다. 기업은 전례 없을 정도로 막대한 보유금을 가지고 있는데, 노동자의 월급은 당최 오를 줄 모른다. 대기업의 문어발식 경영은 빵집, 꽃집, 분식집까지 뻗어가고 있다.

우리 삶에 가장 직접적인 영향을 미치는 경제에 대한 이 장의 내용은 어둡기만 하다. 세계 경제의 흐름은 둘째 치고, 아무도 견제하지 않는 재벌의 폭주에 서민 경제가 속절없이 무너지고 있기 때문이다. 이미 전 국민의 절반 이상이 계약직 노동자이며 청년의 70퍼센트가 실업자 신세다. 누구나 청년 일자리를 이야기하지만, 정작 청년들이 일하고 싶은 자리는 없다. 과도한 근무 시간과 부족한 월급, 불안한 고용 형태, 창의성을 허락하지 않는 경직된 분위기에서 일하고 싶어 할 사람은 없다.

경제를 이야기하는 이 장에서 공통된 흐름은 중산층의 붕괴다. 소수의 부자와 다수의 가난한 사람으로 우리 사회가 재편되고 있음을 안타까워한다. 대형 마트의 기세에 눌려 재래시장은 위축되고 있으며, 중소기업의 설 자리는 좁아지고 있다. 각종 경제 수치는 높아지지만 서민의 삶은 나아지기는커녕 더 팍팍해진다. 경제 성장의 낙수 효과는 없다는 것이 이미 증명되었지만, 경제 정책을 바꾸지는 않는다.

토마 피케티의 해석대로 앞으로 경제적 불평등은 더욱 심해질 것이다. 노동의 속도는 결코 자본의 속도를 따라잡을 수 없다. 그 결과 남는 것은 사회적 불안뿐이다. 성장과 분배라는 해묵은 이분법의 논리를 극복해야 한다. 성장과 분배는 양립하는 개념이 아니다. 분배가 잘 이루어져야 성장할 수 있다. 그래야 살아남을 수 있다. 경제적 불평등을 해소하는 방법은 어쩌면 정교하게 잘 짜여진 조세제도에 있을 것이다.

# 재래시장 살리기

나희덕

광주에 살면서 제가 즐겨 찾는 장소 중 하나는 남광주시장입니다. 재래시장에 가면 산지에서 올라온 싱싱한 해산물과 채소를 싼값에 살 수 있고, 흥청거리는 시장 분위기에 사람살이의 정을 느낄 수 있지요. 하지만 갈수록 경기가 침체되면서 재래시장을 찾는 발걸음이 줄어서 장사하기가 쉽지 않다는 말씀을 많이 하십니다.

얼마 전 전경련 회장이 재래시장을 찾아 '일일 상인 체험'을 했다는 뉴스를 보았습니다. 재벌 회장님이 앞치마를 두르고 과일을 담는 모습은 그야말로 뉴스 거리가 되기에 적합했지요. 이런 체험을 통해서 서민 경제를 이해하고 재래시장을 살리는 데 대기업이 나서겠다는 취지는 좋습니다. 하지만 몇 시간의 시장 체험이 얼마나 많은 것을 이해하고 변화시킬 수 있을지는 의문입니다. 모쪼록 '고양이가 쥐 생각한다'는 말처럼, 일회적인 제스처로 끝나지 않기를 바랍니다.

시장 체험 뒤에 그분이 내놓은 재래시장 활성화 방안을 보아도 역시 고양이가 쥐를 이해하기는 어려운 일이 아닌가 싶습니다.

기억을 기록하다

시설의 현대화, 특화 상품 개발, 다양한 마케팅 방안 등이 과연 재래시장에 맞는 대책이 될 수 있을까요? 재래시장 앞에 버티고 있는 대형 마트와 골목 상권까지 접수해 버린 기업형 슈퍼마켓이 늘어나는 한, 재래시장이 설 자리는 좁아질 수밖에 없습니다. 6,700개의 편의점과 240여 개의 슈퍼마켓을 갖고 있는 그룹 총수의 재래시장 방문이 쓸쓸한 것도 그래서입니다.

재래시장은 단순히 물건을 사고파는 장소 이상의 공간입니다. 재래시장이 사라지면 그곳에서 전해 내려오던 문화와 전통, 인간적 가치들도 자유경쟁 체제 속에 묻혀 버리게 되겠지요. 우리 주부들이라도 '재래시장에 한 번 더 가기'를 실천하면 좋겠습니다.

_ 2013년 06월 12일

# 고용창출과 중소기업 육성

이병훈

청년 실업률이 좀처럼 줄어들지 않고 있습니다. 통계청이 지난 6월 발표한 고용 동향에 따르면 청년 실업률은 7.9퍼센트에 달하고, 청년 실업자 수는 72만 명에 달합니다.

청년 실업 문제를 해결하기 위해서는 어떻게 해야 할까요? 청년 실업 문제는 단순히 일자리 늘리기만으로는 해결할 수 없습니다. 구직자들이 원하는 좋은 일자리를 늘리는 것이 중요합니다. 그렇게 하기 위해서는 중소기업의 육성이 무엇보다 중요합니다.

우리나라 경제에서 중소기업이 차지하는 비중은 엄청납니다. 중소기업은 전체 사업체 수의 99퍼센트를 차지하고 있는데, 전체 고용의 88퍼센트를 담당하고 있습니다. 이렇게 중소기업의 규모가 큰데도 청년 실업자들이 늘어나는 현실, 그것은 '중소기업이 제공하는 일자리는 좋은 일자리가 아니다'라는 인식 때문입니다.

대부분의 구직자들은 대기업과 공기업을 선호합니다. 대기업과 공기업에 들어가기 위한 스펙을 키우려고 날밤을 새우며 가슴앓이 하

기억을 기록하다

는 청년들이 많습니다. 그것은 대기업과 공기업이 상대적으로 임금이 높고, 복지 혜택이 좋으며 안정된 일자리라는 인식 때문입니다.

이제 대기업과 공기업의 일자리 창출 노력과 더불어, 좋은 일자리를 제공할 수 있는 중소기업을 적극 육성해야 할 때입니다. 그러기 위해선 중소기업이 경영난을 겪지 않고 건실한 기업이 될 수 있도록 제도적인 뒷받침이 있어야 합니다. 중소기업의 규모와 성격에 따른 맞춤식 지원도 필요하며, 성장 단계별 지원책을 마련하는 것도 중요합니다. 또한 대기업과 중소기업의 관계 개선도 적극적으로 해결해야 합니다.

세계적인 기술 강국 독일의 기초과학 발전 이면에는 100년 이상 운영되고 있는 수많은 중소기업이 있고, 이 중소기업들이 기술 발전을 주도하고 있다는 사실을 눈여겨 볼 필요가 있습니다.

튼튼한 중소기업, 소위 '강소기업'이라 불리는 중소기업이 늘어날 때 '중소기업은 불안하다'는 인식도 바뀔 것이며, 질 좋은 일자리가 늘어나고 청년 실업 문제도 해결될 것입니다.

_ 2013년 07월 29일

# 계획적 진부화

빈도림


    1924년 12월에 세계 주요 전구 생산 회사들이 스위스 제네바에서 회의했습니다. 그 회의의 목적은 전구의 수명을 당시 기준인 2,500 내지 3,000시간에서 1,000시간으로 줄이자는 내용이었습니다. 1,000시간 이상 쓸 수 있는 전구를 생산하는 회사는 벌금을 내도록 했어요. 이 카르텔은 결국 1953년 미국에서 금지됐지만, 제품의 수명을 고의적으로 줄이는 습관은 현재까지 많은 품목에서 계속됩니다.

    전문 용어로 '계획적 진부화'라고 합니다. 최근 화제가 된 컴퓨터 프린터가 그 사례 중 하나입니다. 인쇄 기계가 멀쩡하게 작동하다가 일정한 기간 후 갑자기 멈춥니다. 기계가 고장 난 것이 아니라 프로그램에서 정한 수명이 다한 것입니다. 고장이 아니니 수리도 불가능합니다. 멀쩡한 기계를 버릴 수밖에 없습니다.

    물론 우리 일반 소비자도 어느 정도 알고 있죠. 물건이 빨리 고장 나야 기업이 돈 번다, 물건을 많이 팔아야 경제가 돌아가고 일자리가 생기고 우리가 다 잘 산다, 그것은 경제 성장론입니다.

그러나 기업에 유리한 것이 반드시 나라에 좋은 것이 아니고, 나라에 좋은 것이 반드시 지구에 도움 되는 것이 아닙니다. 유행을 따라다니면서 필요 이상으로 자꾸만 새로운 옷, 자동차나 휴대폰을 구입하거나 수명이 짧은 물건을 사용하면 그만큼 지구가 손해를 봅니다.

쓰레기가 벌써 산더미처럼 쌓여 있고 토양과 지하수를 오염시키고 있습니다. 그 많은 물품을 생산하느라 지하자원도 고갈되고 있습니다. 구리 값이 세 배나 뛰었으니까 전선 도난 사건이 등장해요. 이런 식의 자원 낭비는 현재 선진국에서 특히 심하지만 앞으로 후진국들까지 이에 동조한다면 지구가 어떻게 되겠습니까?

절약과 자제는 더 이상 몽상자의 소요지가 아니라 우리 모두의 과제입니다!

_ 2013년 08월 07일

# 경제 성장이 행복인가?

이병훈

우리나라는 세계에서 가장 가난한 나라에서 불과 60년 만에 (2013년 기준으로) 1인당 국민 소득이 2만 5,000불을 넘어선 세계 10위권의 경제 대국이 되었습니다. UN에서 발표한 선진국 지수에 따르면 세계에서 열두 번째로 잘사는 나라이고, GDP 기준으로는 세계 15위를 기록하고 있습니다.

하지만 '국민행복지수'에 따르면 우리나라는 OECD의 34개 회원국 중 최하위인 33위를 기록하고 있습니다. 국민 대다수가 행복하다고 느끼지 못하는 것입니다. 우리나라는 세계 최고 수준의 양육비 때문에 출산율이 낮고, 낮은 취업률과 높은 소득 격차 그리고 제도적인 복지의 미비로 인해 자살율이 세계 최고 수준이며, 직장인 평균 근로 시간이 세계에서 가장 긴 나라입니다. 그럼에도 불구하고 매일 쏟아져 나오는 정치계 소식은 당리당략에 치우쳐 국민을 짜증나게 할 뿐입니다.

국민들이 가장 행복하다고 느끼는 나라는 부탄입니다. 부탄은 1인당 국민 소득이 2,800불에 불과하고, GDP 순위로는 전 세계 110위인 인구 70만 명의 작은 나라입니다. 하지만 전 세계에서 최초로 '국민행복지수(GHN)'라는 것을 만든 나라입니다. 다른 나라들이 경제적인 성장에 몰두할 때 부탄은 국민들의 가치 있는 삶에 초점을 맞췄고, 국민들이 행복하게 하기 위해 건강, 시간 활용, 커뮤니티 활력, 심리적 안정 등 9개 영역 33개에 달하는 '국민행복지수' 지표를 통해 정책을 결정합니다. 인위적인 개발보다 전통을 중시하며, 외적 성장보다 국민의 행복을 중시하기 때문에 국민의 행복에 반하는 것이라면 무리하게 사업을 추진하지 않습니다. 정책 결과보다 과정을 중요시하는 것입니다.

이런 이유로 천혜의 자연조건을 갖췄지만, 부탄에 들어올 수 있는 외국인 관광객의 연간 총수를 제한하고 있으며, 가난하지만 구걸하는 사람이나 노숙인을 찾아볼 수 없습니다.

나라마다 특수성이 있기 때문에 부탄의 사례를 무조건 받아들이는 것은 문제가 있을 수 있습니다. 하지만 국민의 행복을 정책의 최우선으로 삼는 것은 배울 필요가 있습니다. 정책 앞에 '행복'이라는 단어만 붙인다고 되는 것이 아닙니다. 행복한 창조 도시 광주도 마찬가지입니다. 서울시는 시민들의 행복을 고려한 정책을 만들기 위해 부탄에서 국민의 행복을 위한 연구를 수행하는 부탄연구원과 교류협력협정을 체결했다고 하니 기대가 됩니다. 이러한 노력이 국가적인 차원으로 확대되어 정책 수립 과정부터 국민의 행복을 최우선으로 고려하는 정부가 되어야 합니다.

_ 2014년 03월 25일

# 중산층이 붕괴되고 있다

이병훈

　최근 통계청이 가계동향조사를 토대로 산출해 발표한 자료에 따르면 우리나라 전체 가구 중 중산층 비중은 65.6퍼센트라고 합니다. 우리나라 중산층 비중은 해가 갈수록 높아지고 있고, 전반적으로 경기가 살아나는 사회로 변화하고 있다고 합니다. 정말 그럴까요?

　장기화된 경기 침체로 가계부채가 역대 최대치를 기록하고 있고, 실업률이 사상 최대를 기록하고 있다는 뉴스가 연일 계속되는 것을 보면 이 발표를 믿을 수가 없습니다. 지난 6월 현대경제연구원에서 발표한 조사를 봐도 마찬가지입니다. 설문조사 결과 중산층이라고 생각하는 사람은 45퍼센트에 불과했고, 나머지 55퍼센트는 자신이 저소득층이라고 생각한다고 답했다고 합니다.

　그렇다면 중산층에 대한 인식의 괴리는 왜 생기는 것일까요? 그것은 통계청에서 조사 발표하는 자료의 항목에 문제가 있기 때문입니다. 통계청의 수치는 벌어들이는 수입만을 기준으로 할 뿐, 자산이나 부채 등은 포함되지 않습니다.

즉 벌이는 중산층 기준이지만 부채가 많아 다달이 이자를 내기도 버거운 사람도 중산층으로 분류되는 문제가 있는 것입니다. 중산층이 서민층으로 떨어지고 있는데도 중산층으로 분류되는 현 상황에서는 제대로 된 경제 정책을 만들기 어려울 것입니다. 경제가 제대로 돌아가려면 수출을 늘리는 한편, 내수시장을 살리는 것도 중요합니다. 내수시장을 움직일 중산층의 현황도 제대로 파악하지 못한 상태에서 경제를 살리겠다는 것은 어불성설입니다. 중산층이 늘어나야 내수시장이 활성화되고 경제가 제대로 돌아가게 됩니다. 중산층이 늘어나야 빈부 소득격차가 줄어들고 사회적 갈등이 완화될 것입니다.

이명박 정부에서는 대기업과 부자가 잘 되면 낙수 효과가 생겨 경제가 성장한다고 부자 감세를 추진한 바 있습니다. 참으로 잘못된 정책임을 우리는 기억하고 있습니다. 정부는 실패한 이 정책을 거울삼아 중산층과 서민을 위한 경제 활성화에 힘써야 할 것입니다.

_ 2014년 06월 24일

# 피케티 열풍이 의미하는 것

이병훈

최근 전 세계적으로 열풍을 일으키는 사람이 있습니다. 프랑스의 젊은 경제학자인 토마 피케티인데요, 그가 저술한 『21세기 자본』이란 책 때문입니다. 이 책에서 피케티는 '불평등'과 '양극화'로 가득 찬 경제 구조의 원인을 지적하고 그 해결 방안을 내놓았습니다.

『21세기 자본』의 핵심은 이렇습니다. 자본이 돈을 버는 속도가 노동이 돈을 버는 속도를 앞질러 불평등이 더 심각해질 것이며, 이에 대한 대비가 필요하다는 것입니다. 그리고 성장과 분배는 양립할 수 없다는 인식을 깨고, 분배가 잘 돼야 성장할 수 있다는 주장을 하고 있습니다.

우리는 흔히 분배를 주장하면 좌파, 성장을 주장하면 우파라는 이분법에 익숙해져 있습니다. 피케티는 불평등을 해소할 수 있는 방법을 조세 정책에서 찾고 있습니다. 부자에게 세금을 많이 부과함과 동시에 글로벌 부유세를 도입해 자본 소득 증가율을 낮추자고 주장합니다. 이러한 해법은 우리나라의 불평등 문제를 해결하는 데도 큰 역할을 할 것으로 전망됩니다.

그런데 우리는 먼저 해야 할 일도 많습니다. 우리나라는 아직도 부동산을 포함한 전체 재산을 바탕으로 한 통계 자료가 없는 탓에 '벌어들인 금액'을 기준으로 한 부자는 파악할 수 있으나 '가진 것'을 기준으로 한 부자는 파악하기 힘들다고 합니다. 그리고 경제의 허리라고 할 수 있는 중산층에 대한 기준도 모호합니다.

우리나라는 연소득 1,800만 원에서 5,400만 원이 모두 중산층으로 잡히게 되는데, 이는 현실과는 동떨어진 것입니다. 경제 정책이 실효성을 거두지 못하는 이유도 이러한 경제 현실에 걸맞은 통계가 부실한 데 있을 것입니다. 분배와 성장이란 두 마리 토끼를 잡기 위해서는 정확한 현실 통계와 이에 걸맞은 정책이 필요합니다.

경제민주화를 주장하면서 기실은 대기업이나 부자 중심의 경제 정책을 펴고 있는 현 정부가 제대로 된 경제 정책을 위해 뼈저리게 느껴야 할 대목입니다.


_ 2014년 11월 13일

# 의료 산업, 신성장 동력으로 급부상

윤택림

대한민국 미래의 신성장 동력으로 의료 산업이 떠오르고 있습니다. 그동안 한국 경제를 이끌어 온 제조, 전자 산업의 뒤를 이어 차세대 먹을거리 산업으로 기대되고 있는 것입니다. 서구 선진 국가들이 이미 의료 산업에 집중 투자하고 있는 가운데, 국가간 의료 산업에 대한 경쟁이 치열해지고 있습니다.

이러한 현상은 국제적으로 의료 서비스 수준이 높아지고 있으며, 경제적 여유가 있는 세계 각국의 고객들도 이제 국경을 벗어나 자신에게 맞는 최상의 의료 서비스를 제공하는 곳으로 시선을 돌리고 있기 때문입니다.

우리나라도 국제적인 추세에 발맞춰 지난 2009년 '외국인 환자 유치에 대한 등록법'을 신설하면서 의료 관광객 유치를 위한 경쟁력을 키워 가는 등 의료 관광 산업을 본격화하기 시작했습니다.

의료법 개정으로 외국인 환자 유치가 허용된 이래 메디컬 비자 도입, 의료 기관의 숙박업 및 부대 사업 인정 등 다양한 지원 정책에 힘입어 의료 관광객 수가 꾸준히 늘어 가고 있습니다.

특히 의료 관광은 체류 기간이 길고, 체류 비용이 커서 차세대 고부가가치 산업으로 주목받고 있습니다.

우리 지역에서도 전남대병원 등 대학병원과 지자체가 활발한 협의를 통해 외국인 환자 유치를 위한 노력을 꾸준히 해오고 있습니다. 전남대병원의 경우도 매년 외국인 환자의 수가 늘어나고 있는 추세입니다. 특히 우즈베키스탄과 카자흐스탄, 중국 등에서 우리 지역 의료 서비스를 제공받기 위해 먼 길을 마다하지 않고 찾아오고 있는 실정입니다.

의료계 일부에서는 외국인 환자 유치에 신경쓰다 보면 국내 환자에 소홀해지는 것 아니냐는 우려의 시각도 있습니다. 하지만 외국인 환자에 최상의 의료 서비스를 제공하기 위해서는 국제 수준의 의료 능력을 갖춰야 하기 때문에 그만큼 의료 역량이 강화되고, 국내 환자에게도 더 수준 높은 진료를 제공하게 되는 일석이조의 효과를 거둘 것입니다.

또한 의료 산업은 노동집약적 산업입니다. 그래서 고용 창출이 높고, 부가가치가 있는 산업으로 손꼽히고 있는 것입니다. 광주시에서도 민선 6기를 맞아 의료 관광 활성화와 마이크로 의료 로봇 육성 등 의료 산업을 신성장 동력 산업으로 집중 육성한다는 전략을 세우고 있는 것으로 알고 있습니다. 국가와 지자체, 대학병원 등이 꾸준한 노력으로 의료 산업을 지원 육성한다면 의료 한류의 중흥기가 머지않아 도래할 것으로 기대됩니다.

_ 2015년 01월 22일

# 골목 상권 위기는 어디에서 왔을까?

박중환

　지난 휴일 옷가지 몇 개를 사기 위해 가족들과 함께 마을 근처에 있는 시장으로 갔습니다. 하지만 동네를 한 바퀴 돌고 난 뒤 결국은 자동차를 타고 도심 속의 대형 할인매장으로 향할 수밖에 없었습니다. 찾고자 하는 물건들이 없었고, 동네 시장들은 모두 불황의 악순환에 빠져 있는 듯했습니다. 그렇게 찾아간 외국계 기업인 듯한 도심 속의 대형 의류 매장은 우선 규모부터 컸고 다양한 디자인과 색상과 치수의 옷들이 풍부하게 진열되어 있었습니다. 그리고 발디딜 틈 없이 북적였습니다. 대형 매장들이 그렇게 번영을 구가하고 있는 동안 우리 동네의 가게들과 그로부터 생활을 유지해 왔던 우리 이웃의 삶은 어떻게 되어 가고 있는 것일까요?

　지난 4월 국립나주박물관과 영암군이 함께 마련한 월출산 특별전에는 영암 구림마을에 전해 내려오는 구림 대동계의 문서들이 선을 보였습니다. 구림 대동계는 동네에 큰일이 있을 때 힘을 모으는 것뿐 아니라 마을의 어느 구성원이 어려움을 겪게 되면 온 동네 사람들이

기억을 기록하다

나서서 함께 돕는 공동체 정신이 담겨 있는 규약입니다. 가까운 이웃의 생활을 함께 걱정하고 마을의 공동 번영을 모색했던 우리 고유의 전통이었던 것입니다.

소득 불평등과 분배 정의에 대한 논의가 많습니다. 골목 상권의 위축이 재래시장의 낙후된 영업 방식과 환경 때문이라는 주장도 있습니다. 하지만 우리 자신과 우리 이웃의 풀뿌리 일자리인 동네의 가게들을 시들게 한 것이 유행과 화려함만을 추구해 왔던 우리의 중심 지향적 소비 성향 때문은 아니었는지 한번 생각해 볼 일입니다. 조금 불편하지만 우리 이웃의 풍요로운 삶의 터전과 자족적인 마을 공동체를 되살리기 위해 가까운 마을의 가게들을 돌아보아야 하지 않을까요?

_ 2015년 05월 27일

# 미래산업, 농업

김명룡

출퇴근길에 가을걷이가 끝나가는 들녘을 보니 겨울이 오고 있다는 것을 느낍니다. 지난 한 해 농사짓느라고 수고하신 어르신들이 이젠 좀 쉬시겠구나 했는데, 요즘은 하우스 재배가 활성화되어 겨울 농사도 바쁘다는 이야기를 듣고 세상이 참 많이 변했다는 생각을 했습니다. 예로부터 우리나라는 농사가 천하의 가장 근본이 되는 일이라고 해서 매우 중시하여 왔습니다. 산업화를 거치면서 국민총생산에서 차지하는 농업의 비중이 줄기는 했지만, 아직도 그 중요성은 크다고 하겠습니다.

업무차 국외 출장을 다니다 보면 선진국이라고 불리는 나라에서도 농업을 대단히 중요하게 생각하고 있다는 것을 느낄 수 있습니다. 세계적인 투자가 짐 로저스는 지난해 연말 서울대 경영대학원 강연에서 이런 말을 했다고 합니다. "교실을 나가 넓은 농장으로 가라. 여러분이 은퇴할 시점에는 농업이 가장 유망한 사업이 될 것이다." 그에게 선진화된 투자 기법을 전수받으려고 참석했던 사람들은 이 이야기를 듣고 조금 당황했다고 합니다. 짐 로저스는 앞으로 농작물 재고량이 줄어들어 곡물과 농지 가격의 상승이 이루어질 것이라 예견하고 농업이 미래 투자가치가 뛰어난 사업이라 했다는 것입니다. 얼마 전에 "창조농업과 힐링의 세계"라는 주제로 2015 국제농업박람회가 나주에서 성황리에 개최되어 70만 명이 넘는 사람들이 다녀갔다고 합니다. 저희 진흥원도 박람회에 홍보 부스를 운영하여 박람회가 성공하는 데 일조했다는 보람도 있었고, 농업을 좀 더 이해하는 계기가 되기도 하였습니다. 처음에는 저희 진흥원과 농업 박람회가 무슨 상관이 있을까 싶었는데, ICT 기술을 기반으로 하는 농업의 새로운 패러다임인 스마트팜이 생각 이상으로 관심을 받고 있었습니다. 스마트팜은 농업, 정보통신기술, 친환경 에너지를 결합해서 노동력 절감과 함께 고품질의 농산물을 수확할 수 있는 신기술입니다. 스마트팜을 통해 농업은 이미 새로운 형태로 변해 가고 있는 것입니다. 세계는 이미 화폐 전쟁에서 식량 전쟁으로 나아가고 있습니다.

미래에는 식량을 얼마나 안정적으로 확보할 수 있느냐가 국가의 생존 문제와 직결된다고 합니다. 이러한 농업의 중요성을 되새기기 위해 매년 11월 11일을 법정기념일인 '농업인의 날'로 지정해서 기리고 있습니다. 그러나 이 날을 농업인의 날이라고 기억하는 분은 많지 않습니다. 우리 모두가 "농자천하지대본"이라는 옛말을 되새기며 농업의 중요성을 일깨우는 계기로 삼아야 하겠습니다.

_ 2015년 11월 12일

# 경제 성장과 경제 민주화

김진봉

산업화 및 경제 성장이 고도화됨에 따라 필연적으로 소득 불균형, 소득 양극화, 인간성 황폐화 현상이 심해지는 것 같습니다. 이런 갈등 구조의 해소는 우리만의 과제가 아니라 지구촌 공통의 고민인 듯합니다.

우리나라는 정부 차원에서 국민 경제의 균형 성장, 안정과 분배, 시장 지배력 남용 방지라는 경제 민주화에 관한 법적 규제와 조정안을 마련해 놓고 있습니다. 경제 성장의 목표는 산업 경쟁력 강화를 통한 재화의 창출과 소득의 극대화에 있습니다. 이 과정에서 필연적으로 발생하는 소득 불균형과 계층 갈등을 어느 수준에서 조절 유지하는 것이 사회 안정과 성장에 적절한지는 사람마다 입장이 다르고 합의도 어려운 것이 현실입니다.

기회의 제공, 소득의 분배, 권리와 의무 부여 등 인간 활동의 범위는 항시 적확한 균형을 요구합니다. 균형이 깨지면 갈등과 반목이 심화되고 결국 파국을 맞게 되지요. 경제 사회의 구성 요소인 재물, 성장, 분배, 안정, 자유는 방향성과 기준도 시시각각 달라 절대적 균형

기억을 기록하다

값은 알 수 없습니다.

자연과학의 절대적 진리인 열역학 개념으로 비교해 보면 안정을 추구하면 자유가 제한되고, 성장을 추구하면 균등 분배를 포기해야 합니다. 그런 의미에서 자연은 극단적 선택을 하지 않습니다. 안정과 자유의 절묘한 분배를 통해 항시 균형을 이루고, 똑같은 분배가 아닌 조화로운 분배를 통해 변화와 성장을 지향합니다. 조화롭다는 것은 자연이 선택한 오묘한 분배법이라 할 수 있습니다. 흔히들 균형 성장을 이야기합니다. 균형은 정체를 의미하고 성장은 변화를 의미합니다. 성장은 안정과 균형을 깨고 오히려 불균형과 긴장을 증폭시키는 과정이지만 창조적 진화를 위한 자연의 법칙입니다. 성장은 변동성과 무질서 그리고 양극화도 수반되기에 적절히 제어하지 않으면 폭발이라는 파괴 현상으로 악화될 수도 있습니다. 인간의 경제 활동도 이와 유사한 과정으로써 성장과 재화의 창출이 커질수록 성장통이라 불리는 불균형, 양극화, 무질서, 인간성 황폐화의 부작용을 피하기 어렵습니다.

성장의 선순환 구조인 자연 생태계는 식물이 태양 에너지를 저장하고 상위 동물이 순서대로 저장 에너지를 분배 소비하면서 조화롭게 진화하는 수억 년의 공존 생태계를 만들어 가고 있습니다. 이러한 자연의 황금분할, 나눔의 지혜는 인간 사회에도 예외가 아닙니다. 경제 성장과 경제 민주화가 순조롭게 양립할 수 있는 조건은 성장과 분배, 안정과 자유라는 상반된 개념의 극단적 선택이 아닌 절묘한 균형에 그 분명한 답이 있을 것입니다.

_ 2016년 02월 24일

# 청년 일자리가 우리의 미래다

박종구

대학 졸업 시즌입니다. 많은 학생들이 4년간의 힘든 학업을 마치고 사회에 첫발을 내디디려 하고 있습니다. 맘껏 축하해 주어야 하지만 현실은 그렇지 못합니다. 심각한 청년 실업 문제 때문입니다.

정부가 발표한 지난 1월 15~29세 청년의 실업률은 9.5퍼센트로 작년 11월의 8.1퍼센트, 12월의 8.4퍼센트보다 크게 높아졌습니다. 1월 통계 기준으로 16년 만에 가장 높은 수치라고 합니다. 작년 청년 실업률 평균은 9.2퍼센트로 청년 실업자 100만 명 시대가 되었습니다. 작년 청년 고용률도 사상 처음 30퍼센트대로 떨어져 경제협력개발기구(OECD) 회원국 34개국 중 29위를 기록했습니다. 2014년 대졸 취업률은 평균 67퍼센트로 공학계 73.1퍼센트, 의학계 80.8퍼센트, 인문계는 63.9퍼센트로 나타났습니다. 인문계의 낮은 취업률은 인문계 위기론을 더욱 증폭시키고 있습니다.

정부도 문제의 심각성을 깊이 인식하고 청년 일자리 50만 개를 창출하여 2017년까지 청년 고용률을 47.4퍼센트로 끌어올리겠다는 계

기억을 기록하다

획을 발표한 바 있습니다. 공공 부문의 일자리를 늘리고 해외 취업을 활성화해 청년 고용 절벽을 막기 위한 노력을 다각도로 기울이고 있습니다.

청년 실업 문제를 풀기 위해서는 고용의 주체인 기업의 보다 적극적인 역할이 필요합니다. 하워드 슐츠 스타벅스커피 최고경영자는 "청년 실업 문제를 제대로 해결하지 못하면 훨씬 더 심각한 사회적 문제가 발생할 것"이라고 경고한 바 있습니다. 우리나라는 대기업과 중견 기업의 고용 창출 기여도가 상대적으로 낮습니다. 청년 일자리야말로 희망의 사다리라는 인식의 전환이 시급합니다. 또한 고용 시장의 유연성을 높여 기업이 보다 신축성 있게 고용을 조절할 수 있는 길을 열어 주어야 합니다. 우리나라가 비정규직 비율과 청년 실업률이 다른 나라보다 높은 이유는 노동 시장이 경직되고 왜곡돼 있기 때문입니다. 임금 피크제 확대, 호봉제 폐지 등 고용 구조를 선진화하기 위한 노력을 통해 청년 일자리 창출을 가로막는 제도적 장벽을 제거해야 합니다. 근로자의 73퍼센트가 임금 피크제를 찬성한다는 한국 고용노사관계학회의 조사 결과도 나와 있습니다.

청년들도 눈높이를 낮추어 자신의 능력에 걸맞은 일자리를 찾아야 합니다. 현실을 직시하는 지혜가 필요합니다. 삼성전자, 현대자동차, 한전 같은 초우량 기업만 고집해서는 일자리의 부조화가 해소될 수 없습니다. 스스로 전문성과 인문학적 소양을 겸비한 융합형 인재가 되도록 노력을 기울여야 합니다. 융합형 시대에는 개별 부문의 지식만으로 복잡한 문제를 해결하는 데 한계가 있기 때문입니다. 최근 대기업은 과도한 스펙이나 지원자 자격을 없애고 인성과 전문성을 갖춘 인재를 선발하는 경향을 보여 줍니다. 한마디로 '잘 가공된 보석'보다 '잠재력 있는 원석'을 찾고 있습니다. 삼성의 스펙 초월 열린 고용, KT올레 스타 오디션, 현대차 5분 자기 PR 등이 대표적인 사례입니다.

청년 일자리가 늘어야 미래가 열립니다. 고용이 최상의 복지입니다. 청년 일자리를 만드는 데 우리 모두 힘을 모아야 할 때입니다.

_ 2016년 02월 24일

기억을 기록하다

# 청년이 꿈꾸는 곳에 미래가 있다

이상무

요즘 우리 경제 지표 중에는 소득격차와 가계부채 등 반갑지 않은 통계들이 많습니다. 그중에서도 유독 마음을 짓누르는 것이 있습니다. 청년들과 관련된 수치들입니다. 12퍼센트를 넘어선 청년 실업률은 체감으로는 20퍼센트가 넘는다고 합니다. 공식적인 청년 실업자와 취업 준비생만도 100만 명을 넘어서고 있습니다. 인생에서 가장 열정적이고 희망이 넘쳐야 할 시기에 일자리를 찾지 못해 방황하고, 미래에 대한 원대한 꿈보다는 안정적인 직장을 찾아 고시원으로, 도서관으로, 학원으로 모여드는 것이 지금 청년들의 현실입니다.

몇 달 전 정부 청사에 침입해 공무원 합격자 명단을 조작한 어느 공무원 준비생이 저지른 황당한 범죄가 있었습니다. 개인의 범죄로 치부하기에는 우리 사회에 던지는 반향이 너무 큽니다. 또한 이 시대를 살아가는 청년들이 겪고 있는 불안을 함축하고 있기도 합니다. 청년들이 꿈을 꿀 기회와 여유가 부족한 사회에 밝은 미래를 기대하기란 어려울 것입니다. 옛날에는 더 힘들고 어려웠다는 과거 회상주의와 내 자식만 경쟁에서 이기면 그만이라는 시각으로 외면해서는 안될 일입니다.

청년 문제에 대한 공감과 소통이 필요한 때입니다. 이들이 우리의 미래이자 희망이기 때문입니다. 농어촌공사는 공사의 미래 사업 전략과 비전을 수립하는 데 '메가루키'라는 이름으로 입사한 지 3년이 안 된 신입사원들을 참여시키고 있습니다. 경험은 부족할지 몰라도 미래의 주인공인 젊은이들이 직접 고민하고 토론하며 앞날을 꿈꾸어보라는 의미입니다. 젊은 직원들은 기대보다 훨씬 더 창의적이고 참신한 아이디어로 회사의 미래를 설계했습니다. 젊은이들의 가능성과 상상력이 기업은 물론 국가와 사회에 크나큰 에너지가 될 수 있음을 실감한 사례였습니다.

지금 청년들이 처한 현실은 청년뿐 아닌 우리 모두의 과제입니다. 스승보다 나은 제자를 '청출어람'이라고 합니다. 젊은 청년들이 더 많은 꿈을 실현하며 어른 세대를 넘어설 수 있도록 함께 공감하고 소통하고, 고민했으면 좋겠습니다. '청출어람'이 많을수록 우리 사회는 나날이 발전할 수 있을 테니까요.

_ 2016년 07월 18일

# 자주 농업

강용

올해는 무더위에 지치기는 했지만 태풍 한번 없이 농사가 잘 되었습니다. 언제나 그렇듯 논둑길을 걷다 보면 아직은 약간 초록을 머금은 황금색 들판이 황금보다 더한 풍요로움과 평화를 가져다줍니다. 그러다 낭만도 잠시, 문득 풍요마저 고통이 되어 가려는 농업의 현실은 눈앞에 펼쳐진 들판의 황금색이라도 보고 느끼려는 만족과 행복을 이내 밀어내고 맙니다. 작년에 이어 올해도 대풍이 예상되고, 재고쌀과 수입쌀 탓에 저장할 창고도 부족할지 모른다고 합니다. 이 슬픈 현실 앞에서 태풍이라도 와서 수확량이 좀 줄었으면 어땠을까 하는 못된 생각도 들곤 합니다.

진흙으로 만든 쿠키를 먹는 어린이의 사진으로 세상을 안타깝게 했던 아이티는 지구상에서 기아 인구가 가장 많은 나라입니다. 하지만 1980년까지는 쌀 자급률 100퍼센트였던 나라입니다. 아이티 헌법에는 "농업은 국가의 원천적 부이며 주민의 복지를 위한 최후의 담보"라고 쓰여 잇습니다. 그런데 IMF의 요구로 시장이 개방되고 미

국 쌀이 점유율을 높여 나가더니 결국 아이티는 자국의 농업을 포기해야 했습니다. 온전히 자급하던 쌀이 2007년에는 75퍼센트나 미국에서 수입하였습니다. 그런데 결국 수입상들의 쌀값 인상을 비롯해 2008년에는 식품 가격이 50퍼센트나 상승하여 엄청난 혼란에 빠졌습니다. 결국 아이티는 농업 기반과 농촌이 붕괴되어 기아에 허덕이는 빈민국으로 전락하였고, 2010년 최악의 지진으로 국가 기능이 마비되었습니다.

필리핀은 1980년대까지 세계 최대의 쌀 생산국이자 수출국이었으며, 생산 기술 또한 세계 최고로 높았습니다. UN 식량농업기구 산하의 연구기관인 '국제쌀연구소'가 필리핀에 있을 정도로 쌀에 대한 지명도가 높은 나라였습니다. 그러나 세계무역기구를 앞세운 다국적 거대 자본과 부패한 정권의 농업 소외 정책에 의해, 자급률이 하락하고 쌀 생산 기반이 줄어들어 2008년 쌀을 요구하는 민중들과 경찰,

기억을 기록하다

군인이 충돌하는 유혈사태가 벌어지기도 했습니다. 빈 양철 그릇으로 정부 기관의 쇠창살 문을 두드리며 시위하는 그들의 모습에서 마치 빵과 자유를 달라며 시위하던 프랑스혁명 당시의 시민들의 모습이 떠오르기도 하였습니다. 세계 곡물 시장의 약 80퍼센트는 5대 거대 기업이 차지하고 있으며, 이중 가장 큰 업체가 전체의 약 40퍼센트를 장악하고 있습니다. 불행히도 우리 대한민국의 영향력은 그곳엔 전혀 없습니다.

얼마 전 배추 가격이 상승해서 벌어진 소란을 기억해 보십시오. 식량 자급률 25퍼센트 남짓인 우리나라. 그마저도 쌀을 빼고 나면 약 4~5퍼센트에 불과합니다. 국제 식량 자본가들에게 식량은 그저 돈일 뿐 대한민국 국민의 생존과는 상관없을 것입니다. 그것이 바로 우리가 쌀을 지켜야 하는 이유입니다.

_ 2016년 09월 29일

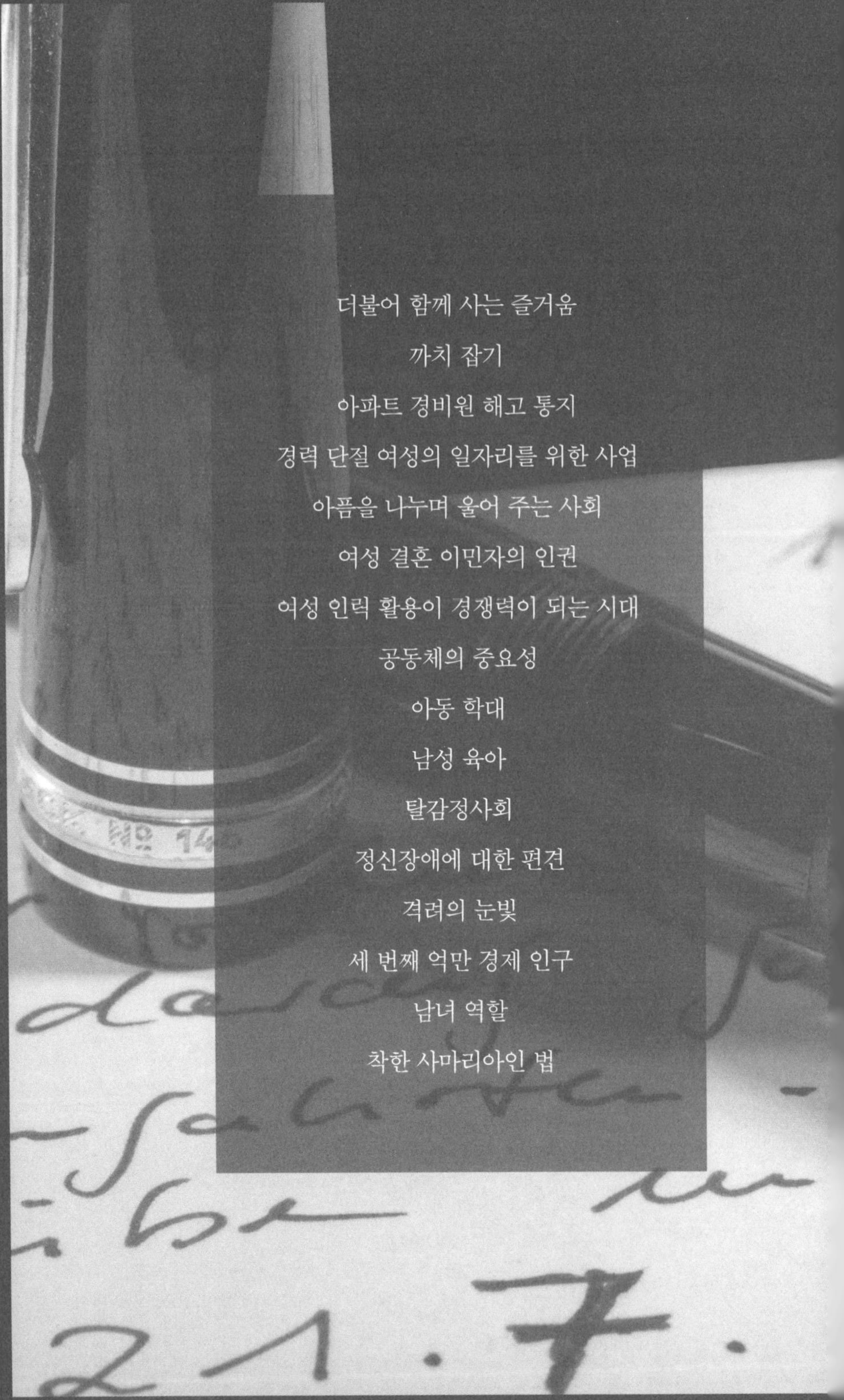

더불어 함께 사는 즐거움

까치 잡기

아파트 경비원 해고 통지

경력 단절 여성의 일자리를 위한 사업

아픔을 나누며 울어 주는 사회

여성 결혼 이민자의 인권

여성 인력 활용이 경쟁력이 되는 시대

공동체의 중요성

아동 학대

남성 육아

탈감정사회

정신장애에 대한 편견

격려의 눈빛

세 번째 억만 경제 인구

남녀 역할

착한 사마리아인 법

# 더불어 행복한 세상은 가까이에

## 공동체

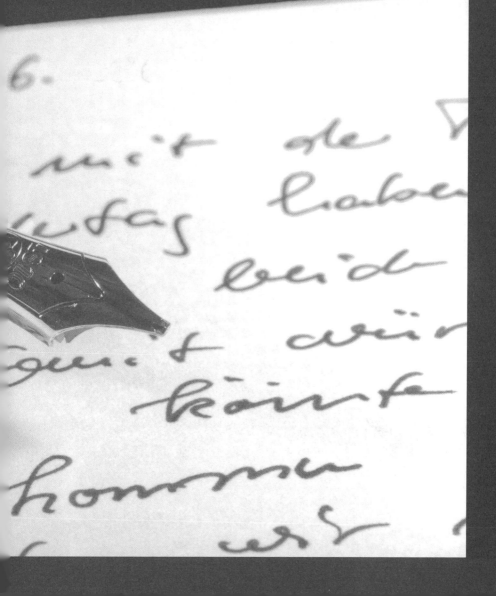

들어가며

각자도생의 시대라고 한다. 정치와 경제가 우리의 삶을 보장하지 않으니 각자 알아서 살 길을 찾아야 한다는 것이다. 이기라고, 승리하라고, 자기 안에 혁명을 일으켜서 남보다 높은 곳에 서라고 이야기한다. 이기지 않으면, 승리하지 않으면, 남보다 높은 곳에 서지 않으면 살아갈 수 없는 탓이다.

각박한 삶을 살아가다 보니 눈치 채지 못한 사이 '공동체'라는 가치를 잃어버렸다. 이 장에서는 여성과 장애인, 다문화가정, 외국인 노동자 등 우리 사회의 구성원이면서도 제 몫의 삶을 누리지 못하고 있는 이들에 대한 이야기를 하고 있다. 이 사회에서 숨 쉬며 살아가고 하루하루 치열하게 땀 흘리며 일하고 있는 이들 모두 우리의 이웃이다. 더불어 살아가야 할 공동체의 구성원이다. 하지만 각자도생의 시대에 상대적으로 약자인 이들을 차별하고 있는 것은 아닌지 반성해야 한다.

까치를 잡으려면 큰 망에 다른 동네 까치 한 마리만 넣어두면 된다고 한다. 그러면 그 까치를 쫓아내기 위해 동네 까치들이 망 안에 몰려들어 한번에 잡을 수 있기 때문이다. 다른 이를 배척하고 혐오하는 것은 결국 자신의 삶까지 위협한다. 우리나라에는 수많은 외국인 노동자와 결혼 이민자가 있다. 이들을 공동체의 일원으로 받아들이지 않으면 우리는 또 다른 사회 문제를 맞게 될 수밖에 없다.

공동체 정신을 회복하기 위해선 아픔에 공감하고 약자를 배려하는 마음을 가져야 한다. 여성이 처한 현실에 남성이 공감하고, 아동이 처한 현실에 어른이 공감하고, 장애인의 현실에 비장애인이 공감해야 한다. 공감은 공동체로서 느끼는 보편적 감정이다.

# 더불어 함께 사는 즐거움

이정선

흡혈박쥐의 생태에 관한 이야기입니다. 짐승의 피를 빨아먹는 흡혈박쥐는 여러 날 동안 먹이를 구하지 못하면 굶어 죽을 수밖에 없다고 합니다. 그런데, 죽어가는 동료를 살리기 위해서 먼저 먹이를 먹은 동료 박쥐가 자기가 빨아 먹은 피를 토해서 상대를 도와준다고 합니다. 동료가 같은 처지에 처하면 다른 동료가 은혜를 되갚아서 같이 살아갑니다. 생존과 종족 보존을 위한 본능적 행동이라지만 혼자만 배불리 먹지 않고 서로를 도와주는 박쥐의 삶이 아름답게 보이는 이유입니다.

제주도 어느 해녀가 인터뷰한 기사를 본 적이 있습니다. "왜 아직도 힘들게 물질을 하는가?"라는 질문에 대한 답변입니다. 장비를 현대화하여 산소통을 메고 오랫동안 잠수를 하면 더 많은 해산물을 딸수 있지만 그렇게 하면 다른 해녀들은 무엇을 딸 것이며, 경쟁에서 이겨서 얼마를 더 번다고 개인적으로 삶이 크게 달라지지 않는다는 것이었습니다. 다른 사람보다 돈이 좀 있다고 해서 그것을 투자해서

기억을 기록하다

어느 정도 이익을 더 얻을 수는 있지만 결국 해산물을 남획하게 되고, 결과적으로 지속적으로 잡을 해산물이 없어지기 때문에 오히려 손해라는 것입니다. 다른 동료 해녀들과의 관계를 고려하여 전통적인 방법을 고수하는 것이 오히려 서로에게 미덕이 된다는 것입니다.

남의 행복을 통해서 내가 행복해지는 것, 남과 더불어 행복해지고자 하는 것이 곧 아로파 정신의 실천입니다. 더 많은 풍요와 자기의 이익을 극대화하기 위하여 타인의 처지는 아랑곳 않는 많은 사람들의 삶에 비추어 보면 참으로 가슴 뭉클한 이야기들입니다. 하물며 미물인 박쥐조차도 자신의 전부를 털어 남을 살리는데, 자연에 순응하며 살아가는 해녀들도 나의 손해를 통해 타인과 더불어 살아가는데, 더 많은 것을 가지고 있는 우리들에게 더불어 함께 살아가는 가치를 말해 무엇하겠습니까? 오늘날 많은 사람들이 도덕을 이야기할 때 그 끝은 타인에 대한 배려라고 말합니다. 우리도 작은 것에서부터 타인에 대한 배려를 통하여 더불어 사는 삶의 즐거움을 맛보아야 할 것입니다.

_ 2013년 07월 19일

# 까치 잡기

한신애

복날 삼계탕을 먹으면서 나눈 이야깁니다. 함께 간 지인이 어렸을 때 집에서 닭을 키웠답니다. 한 우리에 서너 마리씩 닭을 가두고 있다가 복날에 닭 두 마리를 잡고 한 마리만 남기고 새로 사온 닭 두 마리를 우리에 넣어 주었더니 먼저 살고 있던 한 마리가 새로 들어온 닭들을 쪼아 상처투성이를 만들곤 하였답니다. 닭을 새로 넣을 때마다 그런 일이 반복되어 결국 닭장을 좁게 나누고 한 닭장 안에 있는 닭을 잡을 때마다 모두 잡고 다시 새로 넣어 주었답니다. 집단 안에서 새로 들어온 존재에 대해 매우 배타적인 자세를 취하고 있다는 것이죠. 그러자 다른 분이 까치에 대한 비슷한 이야기를 해주었습니다. 까치를 잡으려고 하면 큰 망을 만들고 그 속에 다른 동네 까치를 잡아 넣어 두면 다른 동네에서 온 그 까치를 잡으려고 동네 까치가 그 망으로 들어온답니다. 다른 동네 까치를 쫓아내려고 정신 팔리고 있을 때 망에 들어온 까치를 다 잡는다는 이야깁니다.

닭과 까치들의 황당한 이야기를 들으면서 웃다가, 갑자기 우리 한

기억을 기록하다

국에 들어와 있는 이주민들에 대한 우리들 선주민의 태도가 언뜻 생각났습니다. 2014년 국내 외국인들이 165만 명에 210개 국가를 넘어서고 있습니다. 국제 결혼 다문화 가정도 많아지고 외국인 근로자, 유학생, 외국인 여행자를 이제는 쉽게 만날 수 있습니다. 우리나라도 다문화 사회로 진입하고 있다고 하지만, 아직 우리 국민들은 외국인들 누구나와 편하게 지낼 자세는 덜 갖추어진 느낌입니다. 세계의 여러 민족과 인종이 불편하지 않게 살아가는 방법도 배우고 경험도 하면서 피부색, 언어, 생활관습, 음식문화 등 살아가는 방식이 다르더라도 이해하고 수용하는 태도가 더 많이 필요한 시기가 되었습니다.

'다르다는 것을 알아, 이해해요' 하고 생각하는 것만으로는 불편함이 쉽게 해소되지 않을 것입니다.

외국 문화를 경험하고 외국어를 배우고 이웃의 외국인과 이야기도 해보면서 타문화 사람들에 대한 우리들의 시선이나 태도가 편안하게 고쳐야 할 것이라고 생각합니다.

_ 2014년 08월 01일

# 아파트 경비원 해고 통지

오수성

    지난달 서울 압구정동 한 아파트 단지에서 입주민의 상습적인 폭언과 멸시를 참다 못한 경비원이 분신해 사망한 사건이 일어났습니다. 그 아파트는 용역업체를 바꾸기로 결정했다며 경비원 106명 모두에게 해고 통보를 보냈다고 합니다.

    아파트 측은 표면적으로는 계약 만료에 따른 용역업체 변경이라고 해명하였습니다. 보통 용역업체가 바뀌어도 경비원 등 기존 인력을 계속 유지하는 것이 관행이라고 합니다. 그런데도 해고 통보를 한 것은 분신·사망 사건을 둘러싸고 아파트의 이미지가 훼손되었기 때문이라고 합니다.

    이 아파트에서는 사람의 목숨보다 아파트의 명예를 더 소중히 생각하고 사람의 생명보다 아파트의 이미지를 중요하게 여기는 것 같습니다. 이 어처구니없는 일에 많은 네티즌이 분노하고 있습니다.

    경비원의 열악한 처우 문제와 인격모독이 비단 이 아파트에서만 벌어지는 일은 아닐 것입니다. 광주 시민의 반 가까이가 아파트에 살

기억을 기록하다

고 있습니다. 저도 아파트에 살고 있습니다. 경비원 아저씨들은 아파트의 주거 환경과 입주민의 편의를 위해 온갖 허드렛일을 마다하지 않고 하고 있습니다.

그러나 저 자신 경비원 아저씨들이 최저임금은 받고 있는지, 얼마나 인격적 모독 등 열악한 환경에 있는지 생각해 본 적이 없습니다.

내년부터 경비원에게도 법정 최저임금이 적용돼 임금이 오르게 되자 입주민 대표회의와 용역업체 측이 비용 경감을 이유로 해고의 칼날을 휘두르고 있다고 합니다.

커피 한 잔 값 정도의 추가 부담만 내면 그들이 안정적으로 계속 일할 수 있게 됩니다. 세태가 아무리 모질고 사나워도 늘 얼굴을 마주치는 경비원 아저씨한테 이 정도의 인정은 베풀 수 있지 않을까요? 현실을 방관한 우리 모두가 미안합니다. 경비원 아저씨들 수고가 많습니다. 힘내세요.

_ 2014년 12월 01일

# 경력 단절 여성의 일자리를 위한 사업

한신애

얼마 전 경력 단절 여성들에 대한 일자리 창출 사업 공모가 있어서 브리핑을 갔습니다. 짧은 시간의 브리핑이기에 설득력 있게 설명하는 것이 쉬운 일이 아닌데, 얼핏 떠오르는 것이 저 자신의 경력 단절 경험이었습니다.

대학을 졸업하고 공채를 거쳐 직장에 들어갔지만 제가 일하는 곳은 결혼을 하면 그만두어야 하는 회사였습니다. 결혼하고 아이 셋을 기르면서 틈나는 대로 사회 활동을 하면서 지내다가 둘째 아이가 대학에 입학하면서 재취업이 필요하여 자격증을 취득할 수 있는 대학원에 원서를 냈습니다. 그런데 직장인들은 면접 가산점도 있고 장학금도 받을 수 있었습니다. 그 사실을 알고 속상하기도 했지만 저는 합격하고 재미있게 공부하고 졸업을 하였습니다.

졸업 후 복지관에 취업하게 되었는데 급여를 책정하면서 다시 전업주부의 한계를 느꼈습니다. 제가 23년 동안 가사노동을 하고 아이 셋을 양육했던 것은 전혀 인정받을 수 없는 경력이었습니다. 그런데 남자 직원들은 군대 다녀온 경력을 인정받고 있는 것 같았습니다.

그 후 다른 복지관으로 옮기면서 저는 '아들을 세 명 키워 대한민국 군대도 보내고 훌륭한 노동 인구를 만들었는데 자녀 한 명당 1호봉씩 더 해주면 어떻겠냐'고 제안을 하였습니다.

물론 받아들여지지는 않았습니다. 그리고 제가 센터장이 되고 저희 직원들 중에 그런 경력 단절을 겪었던 직원들이 있지만 여전히 경력 인정을 해주지 못하고 있습니다.

결혼을 앞둔 여성들이 불안해하는 것은 경력 단절 여성들이 자신이 일하던 업종에서 다시 일하기 어렵다는 것과 경력 인정에 따른 급여 보상도 제대로 받을 수 없다는 것 때문입니다. 육아휴직 제도도 있지만 모든 직장에서 다 허용되는 것이 아니고 휴직 후 복귀하는 과정에서 나타나는 어려움도 걱정되기 때문입니다. 경력 단절 여성을 위한 좋은 일자리 창출 같은 제도와 사회의 인식 변화와 함께 여성 스스로도 자녀 양육 기간 동안 자기 계발을 위한 노력을 병행해야 할 것입니다.

_ 2015년 04월 07일

# 아픔을 나누며 울어 주는 사회

이천영

며칠 전 동생이 학교로 찾아왔습니다. 형이 보고 싶어 왔다고 합니다. 초라한 행색에 술 냄새가 풍겨 왔습니다. 동생은 알코올의존증 환자입니다. 그는 50년을 아무렇게나 살아왔습니다. 화나면 아무나 붙잡고 싸움질하고, 돈이 없어도 우선 먹고 떼를 쓰니 대책이 없었습니다.

그래서 어머니는 평생을 가슴앓이로 살았습니다. 7남매 중 동생만 아니었으면 부모님은 평안한 여생을 보냈을 것입니다. 알코올의존자 요양원, 정신병원을 보내봤지만 나오면 그대로였죠. 결국 부모님이 피신하기에 이르렀고, 형제자매도 동생이 싫고 무섭다며 연락을 끊고 삽니다. 부모님이 사시던 집을 홀로 차지해 살다 보니, 외로움에 깊은 밤 어머니를 부르며 운답니다.

그러나 불쌍한 생각이 들지 않았습니다. 그동안 고통으로 가슴이 메말라 버린 거죠. 그런 동생이 까만 비닐봉지에 뒤틀어진 수박을 가져와 먹으랍니다. 그러고 하는 말이 엄마 한 번만 만나게 해달라고 했습니다. 하지만 바쁜 일정에 쫓겨 차비를 쥐어 주며 설득해 보냈습

기억을 기록하다

니다. 비틀거리며 돌아서는 모습을 보며 가슴으로 울었습니다.

옛날에 안질로 고생하는 왕이 있었습니다. 찌르는 듯 눈이 아팠지만 백약이 무효였습니다. 그러던 어느 날 한 사람이 찾아와 왕의 눈병을 고치겠다며 나섰습니다. 왕은 그를 따라 궁궐 밖으로 나가 백성들이 사는 마을로 들어갔습니다. 왕이 생각했던 것보다 백성들의 삶은 비참하기 이를 데 없었죠. 그때 슬픈 통곡 소리가 들려왔습니다. 찾아가 보니 쓰러져 가는 오막살이 단칸방에 누더기를 걸친 시체가 있고, 어린 자식 셋이 통곡하고 있었습니다. 처참한 정경에 왕도 눈물이 터져 통곡을 했습니다. 얼마 후 진정한 왕은 깜짝 놀랐습니다. 눈의 통증이 사라졌기 때문이죠.

우리 시대는 눈물이 메말라 가고 있습니다. 정치도, 사회도, 교육도, 가정도 눈물이 메마른 안질에 걸려 있습니다. 사랑으로 '너'를 보듬는 정도 메말라 가고 있습니다. 통곡하는 어린 삼형제와 함께 아픔을 나누며 울어주는 사회가 필요하지 않을까 생각해 봅니다.

_ 2015년 05월 06일

# 여성 결혼 이민자의 인권

한신애

5월에는 광주에서 세계인권도시포럼이 열립니다. 특히 올해는 이주민의 복소리로 듣는 인권이라는 주제도 있었고, 저도 토론자로 참여하면서 국내 여성 결혼 이민자들의 인권을 다시 생각하는 기회를 가졌습니다. 인권은 정치 · 경제 · 사회 · 문화 · 환경 등 폭넓은 영역에서 차별받지 않고, 자유롭고 인간다운 공동체의 주인으로 살아갈 권리라고 합니다.

우리 사회에서 흔히 여성 결혼 이민자들을 소외 계층으로 보는데, 그만큼 인권이 허약하다고 보기 때문이죠. 사실 그것도 편견일 수 있어 조심스럽습니다.

한국 남성과의 결혼을 통해 들어온 이주 여성들의 결혼 생활은 한국 여성들의 결혼 생활과는 분명 다른 게 있습니다. 친정에 가고 싶어도 쉽게 갈 수 없고, 주민센터에서 주민등록등본도 혼자서 발급받기 어렵습니다. 한국 국적을 취득하기 전까지는 체류 기간도 제한적입니다. 그 이유가 상당 부분 한국을 위해 만든 것이어서 인권 관점

기억을 기록하다

에서 고려될 필요가 있습니다.

국제결혼이 결혼 당사자들의 개인 생활의 선택임에도 불구하고 사회가 관심이 너무 많은 것도 문제입니다. 끈끈한 한국 가족문화나 공사 구분을 못하는 이웃의 시선들도 간섭이 되는 경우가 있습니다. 시집 보낸 지 많은 시간이 지났는데도 여전히 경제적으로 의지하는 친정도 그들을 힘들게 합니다.

그렇게 열심히 살면서도 자신이 살고 있는 한국 사회 안에서 소외되고 있는 것도 인권 차원에서 풀어야 할 숙제입니다.

여성 결혼 이민자들이 인권을 지켜 나가기 위해서는 자존감에 근거한 힘이 필요합니다. 힘은 교육에서 얻을 수 있습니다. 한국어 교육이나 사회 교육과 상담 등은 여성 결혼 이민자들의 인권 증진에 중요한 수단입니다. 그래서 여성 결혼 이민자들이 쉽게 참여할 수 있는 다양한 교육 프로그램이 계속 요청되는 것입니다.

_ 2015년 05월 28일

# 여성 인력 활용이 경쟁력이 되는 시대

이상무

올해 인구통계에서 여성 인구가 남성 인구를 앞질렀다고 합니다. 출생 성비에서도 남녀 간의 격차가 점점 줄어드는 추세라고 합니다. 대학 진학률도 여성이 남성보다 많아지고 있으며, 각종 공무원 시험이나 입사 시험에서도 여성 합격자가 더 많다고 합니다. 여성의 사회 진출이 계속해서 활발해지는 것은 분명한 것 같습니다. 시대의 변화에 따라 우리 사회에 뿌리 깊게 박혀 있던 유교적 남존여비 문화, 남아 선호 사상도 옛말이 되어 가고 있습니다.

여성의 사회 참여가 활발해지고 일하는 여성이 늘어나고는 있지만, 여성이 일하기에 좋은 사회라고 말하기엔 아직 이른 것이 사실입니다. 취업 시장에서의 경쟁력이나 신분 보장, 직장에서의 승진이나 고위 관리직을 맡는 경우가 다른 선진국에 비해 결코 높다고 할 수 없기 때문입니다. 지난해 UN이 발표한 여성권한척도에서도 우리나라는 109개 국가 중 61위에 그쳤습니다. 양적 팽창에 비해 질적 수준은 낮다는 것입니다.

앞으로도 정치, 경제, 사회, 문화 등 다양한 분야에서 여성의 비중과 역할은 계속 커질 것입니다. 우리 사회가 남성 우위의 사고와 성역할에 대한 낡은 인식을 바꾸고, 여성 인력을 제대로 활용할 수 있는 제도와 인식을 갖추어야 사회의 지속 가능한 발전을 도모할 수 있을 것입니다.

유연근무제와 재택근무제, 가정과 육아를 위한 복지, 남성 직원의 육아휴직 등 여성 친화적 제도도 점차 다양하고 많아지는 추세입니다. 직장에서나 가정에서나 여성이 자신의 능력을 펼칠 수 있고, 성구분 없이 누구나 가정을 돌보면서 일할 수 있는 환경은 더 이상 구성원에게 지불하는 비용이 아니라 미래를 위한 투자입니다.

이제는 성별과 세대를 막론하고 여성 친화적 사회로 나아가기 위한 고민을 함께해야 할 때입니다. 여성 친화적 사회는 여성만을 위한 사회가 아니라 우수한 인력을 충분히 활용하고 사회 전체의 경쟁력을 키워 가는 사회입니다. 또한 저출산 고령화 시대에 대응하는 해법이자 우리 사회가 보다 성숙하고 지혜로운 사회로 도약하는 길이 될 것입니다.

_ 2015년 10월 26일

# 공동체의 중요성

이천영

어느 마을에 앞이 안 보이는 거지가 살고 있었습니다. 이 시각장애인 거지는 앞이 보이지 않아서 구걸하러 다니기도 힘든 형편이었습니다. 이 딱한 처지를 본 마을 사람들이 시각장애인 거지를 위해 돌아가면서 밥상을 차려 주었습니다. 밭에 일을 나갈 때도 마당 한 귀퉁이에 밥상을 차려 놓고 나갔습니다. 시각장애인 거지는 그다음부터 차례로 집을 돌아가면서 밥을 얻어 먹을 수가 있었습니다. 그런데 어느날부터인가 정해진 집을 찾아가도 먹을 것이 없었습니다. '이상하다 오늘은 실수로 그랬겠지' 하고 그다음 날 정해진 집을 찾아 갔지만 그 집에도 밥이 없었습니다. 분명 누군가 먼저 와서 시각장애인 거지를 위해 차려 놓은 밥상을 먹어 버리는 것이었습니다. 그래서 그다음 날에는 일찍 와서 밥상을 차려 놓은 집에 숨어 밥상 도둑을 기다렸습니다. 얼마 지나지 않아 달그락 달그락 밥을 먹는 소리가 들렸습니다. 이 시각장애인 거지는 밥상이 있는 곳으로 달려가서 그 사람을 덮쳤습니다. 알고 보니 그 사람은 앉은뱅이였습니다. 둘은 한참을

기억을 기록하다

싸우다 생각해 보니 서로가 불쌍했습니다. 그래서 그다음 날부터는 시각장애인 거지가 지체장애인 거지를 업고 집을 돌아가면서 밥을 서로 나누어 먹기 시작했습니다. 이렇게 해서 두 거지는 온전한 공동체를 이루었습니다.

며칠이 지나 지체장애인 거지가 생각했습니다. '아니, 이 친구는 앞이 안 보이는데 좋은 것을 나누어 줄 필요가 있을까?' 그래서 그다음부터는 좋은 것은 자기가 다 먹고, 푸성귀나 찌꺼기만 시각장애인에게 주어서 먹게 했습니다. 시간이 갈수록 시각장애인은 점점 말라가고, 지체장애인은 맛있는 음식만 먹어서 살이 쪄 갔습니다.

마침내 시각장애인은 힘이 없어 쓰러져 죽고 말았습니다. 지체장애인 거지의 이기심으로 인해 온전한 공동체가 깨진 것입니다. 이 지체장애인도 마찬가지로 죽고 말았습니다. 계속 시각장애인의 도움을 받아서 먹고 너무나 살이 쪄서 더 이상 혼자의 몸으로 움직일 수가 없었기 때문입니다. 나만 생각하는 이기적인 마음이 공동체를 파괴시킨 것입니다.

더불어 사는 것이 인생입니다. 오늘 하루만이라도 대한민국, 광주, 아니 나의 삶을 유지시켜 주는 직장과 가정, 지역 공동체의 유익을 위해 타인의 삶을 돌아보시는 것은 어떨까요?

_ 2015년 11월 19일

# 아동 학대

오수성

우리 사회는 아이들을 부모에 딸린 부속품 정도로 여기는 경우가 많습니다. 아이들을 학대하고도 가정교육으로 둘러대면 그것으로 끝입니다. 오히려 관여하면 사생활 참견이고 월권이라고 합니다. 그래서 아동 학대 문제가 끊이지 않습니다.

최근 잇따른 아동 학대 사건에 대한 비난이 홍수를 이룹니다. 그런데 사건의 본질이 뒤바뀐 느낌이 듭니다. 아동 학대 문제는 뒷전으로 가고 계모에 대한 비난이 주를 이루고 있습니다. 새엄마라는 용어가 어느새 잘 쓰지 않던 계모라는 용어로 바뀌었습니다. 계모는 이제 아동 학대의 주범이 되었습니다.

계모는 진정 우리 사회에서 아동 학대 사건의 주범일까요? 아닙니다. 2013년 한 해 동안 보고된 아동 학대 사건은 6,796건으로 1년 전보다 393건 늘었습니다. 아동 학대를 저지른 사람 중 부모가 80.3퍼센트에 달했습니다. 부모 가해자 중 친부에 의한 것이 41.1퍼센트이고, 친모에 의한 것이 35.1퍼센트입니다. 반면 계부모 가해자 중 계모

기억을 기록하다

에 의한 것이 2.6퍼센트, 계부에 의한 것이 2.0퍼센트입니다.

가정에서 자행하는 아동 학대 대부분이 친부모에 의한 것임을 금세 알 수 있습니다. 그런데도 친부모가 아닌 이 땅의 수많은 계모는 아동 학대를 저지른 주범이자 범죄자로 낙인 찍히고 있습니다.

이것은 신문, 방송, 인터넷 매체 등 매스미디어의 형태 때문입니다. 수많은 매스미디어는 울산과 칠곡 사건의 본질이 계모가 아닌 아동 학대인데도 눈길을 끌기 위해 계모를 극단적으로 강조하거나 확대 재생산하고 있습니다. 그 결과 이 땅의 계모들은 전처 자식을 구박하는 잔인한 엄마라는 편견과 차별 그리고 왜곡으로 얼룩진 주홍글씨를 가슴에 새기게 되었습니다.

사회와 가정환경의 급격한 변화에 따른 이혼과 재혼이 늘어 가고 있습니다. 이에 따라 새엄마도 크게 늘었습니다. 아이들을 사랑으로 보듬으려고 노력하는 새엄마들이 많이 있습니다. 그러나 이번 사건으로 이 땅의 수많은 새엄마들은 가슴을 부여잡고 피눈물을 흘리고 있습니다. 매스미디어에 의한 편견이 얼마나 큰 영향력을 주는지를 보여 주는 경우입니다.

_ 2016년 03월 04일

# 남성 육아

김명룡

　최근 몇 년 방송에서 남성 연예인들의 육아 프로그램이 큰 인기를 얻고 있습니다. 그만큼 아빠들의 육아가 아직은 큰 사회적 관심 거리이고 드물기 때문에 대리 만족하는 경향이 없지 않나 합니다.

　실제 고용노동부의 조사에 따르면 육아휴직을 사용하는 남성의 비율이 2004년 181명에서 2016년 상반기에만 3,353명으로 크게 늘어났지만, 전체 육아휴직자 4만 5,217명과 비교하면 남성 육아휴직자 수는 100명 중 7명 꼴에 불과하다고 합니다.

　육아휴직이란, 근로자가 만 8세 이하 또는 초등학교 2학년 이하의 자녀를 양육하기 위하여 신청해 사용하는 휴직을 의미합니다. 법으로 명시되어 사용할 수 있는 권리임에도 잘 사용되지 않고 있습니다. 그 이유로는 소득 감소와 직장 내에서 곱지 않은 시선 때문이라는 조사 결과가 있습니다. 이와 같은 현실을 반영한 결과로 최근 정부는 남성의 육아휴직 급여 상한액을 150만 원에서 200만 원으로 상향 조정했습니다.

그럼에도 남성의 육아휴직이 잘 사용되고 있지 않은 이유는 사회적 시선이 곱지 않기 때문일 것입니다. 육아휴직을 신청했다는 이유만으로 '용감한 아빠'라는 뜻으로 '용자'로 불리는 경우가 허다하다고 합니다.

아이는 어렸을 때부터 육아를 통해 아빠와 교감하지 않으면 크는 과정에서도 교감하기 어렵다고 합니다. 우리 시대 중년 남성들이 청소년기 아이들과 교감하기 어려운 이유도 남성 육아라는 개념이 거의 없었던 시대를 살면서 아이들과 교감하는 방법을 익히지 못해서 그런 것입니다.

남성들의 육아를 지원하는 정부 정책이나 사회적 의식이 개선되어 가는 것은 좋은 일입니다. 하지만, 한편으로는 육아에 많은 시간을 쏟지 못하는 남성들이 육아 프로그램의 연예인들처럼 이상적인 아버지가 되지 못하고 있다는 스트레스에 괴로워하는 경우도 많다고 합니다. 부성애가 모성애에 미치지 못한다고 섣불리 판단할 수 없습니다. 그저 그 방법이 서툴고 환경이 허락하지 않아서 그런 경우가 많습니다.

저희 회사에도 육아휴직을 신청하는 남자 직원들이 최근 생겨나고 있습니다. 이들이 '용감한 아빠'도, 이상적인 아빠가 되기 위해 애쓰는 아빠도 아닌, 육아의 즐거움을 느끼고 아이들과 온전히 교감하는 아빠가 될 수 있기를 기대하며, 육아에 힘쓰는 모든 남성분들을 응원합니다.

_ 2016년 05월 11일

# 탈감정사회

이화경

며칠 전, 드라이클리닝이나 다림질을 한 옷들에 딸려온 세탁소용 철제 옷걸이들을 정리했습니다. 얼추 몇 십 개가 넘는 옷걸이들을 분리수거함에 내놓으니 세탁소에 갖다 주면 사장님 내외분에게 얼마간 도움이 되겠다 싶은 기특한 생각이 들었습니다. 살짝 휘어지거나 형태가 틀어진 것들은 빼고서 옷걸이를 가지고 세탁소로 향했습니다. 늘 그렇듯이, 세탁소 사장님 부부는 함께 묵묵히 일하고 있었습니다. 저는 옷걸이를 드리려고 왔다고 불쑥 말씀드렸습니다.

사장님 내외는 하던 일을 멈추고선 제가 느닷없이 가져온 옷걸이 더미를 앞에 두고 약간 놀라는 표정만 짓고는 별 말이 없었습니다. 뭘 이런 걸 다, 아휴 챙기느라 애쓰셨겠네요, 덕분에 옷걸이 살 돈이 절약되겠네요. 이런 호들갑스러운 인사치레까지 기대한 것은 아니었지만, 뒤돌아서 나오는데 어쩐지 무안하기까지 했습니다. 시키지도 않은 괜한 짓을 했나 싶은 후회도 들었습니다.

나는 도대체 뭘 기대했던 걸까? 제 스스로에게 물어봤습니다. 환한

기억을 기록하다

미소? 참기름 바른 듯한 미끈미끈한 감사의 멘트? 세탁소 내외는 제게 그런 과잉 친절을 베풀 하등의 이유가 없었습니다. 그분들은 제게 옷걸이를 달라고 요청하지 않았기 때문입니다. 필요 이상의 감정노동을 해야만 하는 사회 생활에 늘 피곤함을 느꼈던 저마저도 그분들에게 친절이라는 감정을 바랐던 게 아닌가 싶었습니다.

스테판 메스트로비치라는 사회학자는 『탈감정사회』라는 책에서 모든 사람들이 친절하기를 기대받는 타자 지향적인 현대 사회를 고찰하고 있습니다. 현대 사회는 자신의 안전과 생존을 위해 차에서 안전벨트를 매듯이 혹독한 사회 속에서 다치지 않으려고 감정 벨트를 메고 사회가 요구하는 감정만을 교환하고 있다고 스테판 메스트로비치는 비판하고 있습니다. 가짜 상냥함과 포장된 친절함, 넘치지 않는 동정심과 제조된 연민 같은 겉치레 감정들은 죽은 감정이기 때문에 실제 행동으로 이어지지 않는다고 저자는 지적합니다. 그래서 세월호 참사를 둘러싼 슬픔과 연민의 정서가 감정적 피로에 대한 호소로 빨리 바뀌게 된 것인가 봅니다.

멋지게 포장된 감정인 듯하지만 둔감하고 빈곤한 감정은 여전히 배고픔으로 남아서, 진정성과 애틋함이 남아 있는 것처럼 느껴지는 1970~1980년대를 컴백시킨 드라마나 영화에 빠져들게 한다고 합니다. 이 사회에서는 너무 많이 울어서도 안 되고, 너무 오랫동안 슬퍼해서도 안 되고, 너무 지나치게 웃어서도 안 됩니다. 구겨진 감정은 말쑥하게 다림질하고, 우울로 얼룩이 지고 슬픔의 습기로 곰팡내가 나는 감정은 드라이클리닝을 한 뒤에 날마다 세상으로 나가야 합니다. 이 불편한 진실 앞에서 그러면 어떻게 하라는 거냐는 물음에 저자는 더 불편해진 감정을 끝까지 밀고 나아가라고 조언합니다. 깨달음은 머리뿐만 아니라 가슴속에서도 일어나야만 한다고 말이지요.

앞으로도 저는 옷걸이를 모아서 세탁소에 갖다 줄 겁니다. 사실, 전 세탁소 부부의 묵묵한 성실함이 참 좋았거든요.

_ 2016년 06월 22일

기억을 기록하다

# 정신장애에 대한 편견

오수성

저는 14년째 정신재활센터를 운영하고 있습니다. 정신재활센터는 정신병원에서 퇴원한 정신장애인의 사회 적응을 돕는 일을 하는 기관입니다. 퇴원한 정신장애인은 사회적 편견 때문에 사회에 복귀하기가 어렵습니다.

정신재활센터의 회원들은 대부분 조현병입니다. 정신분열증이라는 단어의 부정적인 인상 때문에 악기의 조율이 잘못된 것처럼 이들이 감정 조율이 잘 안 된다고 하여 최근에 조현병으로 바꿔 부르고 있습니다.

저는 정신재활센터의 회원들과 같이 하면서 이들이 너무 순진하고 순수하여 경쟁 사회에 잘 적응을 못한다는 것을 알았습니다. 적응을 못하기는 하지만 맑은 영혼을 가진 사람이라고 생각합니다. 일선 경찰서에서 관할 지역의 정신건강증진센터에 고위험군 정신장애인의 명단 제공을 요청했다고 합니다. 뚜렷한 법적 근거나 당사자 동의 없이 개인의 정보를 수집하는 것인데다 정신장애인을 잠정적 범죄자로

낙인찍을 우려가 있습니다. 일선 경찰서가 고위험군 정신장애인 명단 수집에 나선 것은 지난 5월 강남역 화장실 살인 사건의 후속 조치에 따른 것이라고 합니다. 강남역 살인 사건이 조현병에 의한 범죄라는 발표가 있고 난 뒤 정신장애를 앓고 있는 이들을 향한 비난이 도를 넘고 있습니다. 지금까지 잘 버티고 견뎌 온 조현병 환자와 가족들은 심한 고통을 받고 있습니다. 마치 잠정적 범죄자 취급을 하면서 이상한 시선으로 그들을 바라보고 있습니다.

　정신장애인의 범죄율이 일반인의 범죄율과 차이가 없다는 것은 여러 연구에서 밝혀졌습니다. 살인 같은 극단적인 행동을 하는 경우는 매우 드뭅니다. 그런데도 사람들은 정신장애인은 행동을 예측할 수 없으므로 강력 범죄를 일으킬 수 있다는 공포심을 갖고 있습니다. 정신장애 자체를 범죄의 원인으로 볼 것이 아니라 사회적 고립, 사회적 편견 등이 범죄에 영향을 주고 있다는 것을 고려해야 합니다.

　기억을 기록하다

정신장애는 치료가 필요한 것이지 혐오의 대상이 아닙니다. 정신장애인은 위험한 존재이니 사회에서 격리시켜야 한다는 극단적인 정책이 시행되어서는 안 됩니다. 정신장애를 가진 사람 중 상당수가 제대로 된 치료를 받지 못하고 있습니다. 이들은 격리나 강제 입원의 대상이기에 앞서 좋은 치료를 받을 권리가 있는 사람입니다. 제대로 된 치료가 보장되었더라면 강남역 살인 사건과 같은 불행한 일은 없었을지도 모릅니다. 강남역 살인 사건 같은 일이 다시 일어나지 않기 위해서는 환자들이 제대로 된 치료를 받을 수 있는 환경을 마련해 줘야 합니다. 많은 정신장애인들이 꾸준한 치료와 관리를 통해 큰 문제 없이 사회 생활을 영위할 수 있습니다. 사회적 편견이 없어져 그들도 우리와 같은 인간이라는 인식이 확산되었으면 합니다. 그들이 건강을 회복하고 사회에 복귀하여 인간다운 삶을 누려야 합니다. 그것이 인권이고 건강권입니다.

_ 2016년 06월 29일

# 격려의 눈빛

이화경

그녀는 동네 카페 한구석에 앉아 있었습니다. 주머니를 탈탈 털어 어린 딸에게 먹일 우유 대신 자신을 위해서 진한 커피 한 잔을 시켰습니다. 사실 정부에서 지원하는 생활 보조금으로는 아이의 먹을 것을 대기도 벅찼지만, 뜨거운 커피 한 잔이 그녀에겐 절대적으로 필요했습니다. 슈퍼마켓에서 아이의 기저귀를 훔치고 싶은 마음이 들 만큼 가난했던 그녀는 당장 일터로 나가 돈을 버는 대신 카페로 나가곤 했습니다. 그녀에겐 꿈이 필요했습니다. 빵을 벌려면 역설적으로 빵을 필사적으로 잊어야만 했습니다. 한숨마저 얼어붙게 만드는 임대 아파트의 작은 방 대신 따뜻한 카페 구석에 앉아 커피 한 모금을 아껴 마시며 글을 썼습니다.

그녀는 입술을 깨물며 종이 위에 생의 고통을 풀어 줄 마법사를 펜으로 불러냈습니다. 펜을 쥐지 않은 다른 손으론 아이가 깨지 않도록 다독이면서 말이지요. 부자들의 한 끼 밥값도 안 되는 정부 보조금을 마치 살을 가르듯 떼어내서 마신 핏방울 같은 커피는 그녀의 상상력

기억을 기록하다

을 불타오르게 했습니다. 흰 종이 위를 굶주린 들개처럼 쏘다니며 8만 개의 단어를 물어다 날랐습니다. 드디어 책 한 권을 끝냈습니다.

자갈밭 같은 삶을 곡괭이질하고 삽질하면서 써낸 원고는 열두 군데 출판사에서 거절을 당했습니다. 드디어 열세 번째 출판사에서 연락이 왔습니다. 소년 마법사 해리 포터를 주인공으로 삼은 판타지로 그녀는 꿈에 그리던 작가가 되었습니다. 마침내 카페 한구석을 작업실 삼아 눈치 보며 글을 썼던 그녀는 온전한 자기만의 방을 가지게 되었습니다. 그녀는 바로 조앤 롤링입니다.

그녀는 사무실 2층과 3층 사이의 계단 위에 하얀 손수건을 올려놓고 그 위에 앉아 일을 했습니다. 손수건은 그녀의 사무실이자 작업실이었습니다. 점심시간이면 사무실에서 일하는 친구가 빵을 들고 와 그녀와 함께 계단에 앉아 나누었습니다. 친구는 손수건 위에 앉아 일하는 그녀 때문에 울었습니다. 그녀는 독재 정권의 비밀 스파이를 하라는 강압적인 요구를 거절한 것 때문에 쫓겨났습니다. 사무실 책상을 빼앗긴 그녀는 무단결근을 핑계로 쫓겨나지 않기 위해서라도 기를 쓰고 출근했고, 손수건에 앉아서 일을 계속 했습니다.

그녀는 날마다 모든 가능성을 생각했고, 죽음까지도 각오했습니다. 결국 쫓겨나게 된 그녀는 소설을 쓰기 시작했습니다. 그녀의 작품은 당국의 혹독한 검열을 받았고, 금서 조치로 발이 묶였습니다. 압박을 견디지 못한 그녀는 망명을 단행했습니다. 소련의 강제수용소로 추방당한 경험이 있는 자신의 손수건 이야기를 소재로 삼아 그녀는 소설을 썼습니다. 폭력이 난무해도 결코 없앨 수 없는 아름다움을 손수건에 빗대어 쓴 소설로 그녀는 2009년 노벨문학상을 받았습니다. 상을 받는 자리에서, 그녀는 자신의 어머니가 매일 아침 집을 나서는 그녀에게 물었던 "손수건 있니?"라는 물음을 독자에게 던지는 것으로 수상 연설을 시작했습니다. 그녀는 바로 헤르타 뮐러입니다.

카페 한구석에서, 손수건 위에서, 글을 썼던 두 작가들에게 편안하고 온전한 자기만의 방이 있었으면 어땠을까 생각해 봅니다. 아마 훨씬 안정적으로 자유롭고 활달하게 글을 쓸 수 있었을 것입니다. 가끔 카페에서 노트북이나 공책을 앞에 두고 글을 쓰는 여성분들을 볼 때가 있습니다. 문학에 대해 인색한 풍토에서 씨앗을 뿌리고자 애쓰는 그분들에게 말없는 격려의 눈빛으로나마 응원해 주시길 부탁드립니다. 문학관이라는 건물보다 더 중요한 건 바로 씨앗이 자랄 수 있는 오롯한 자기만의 방일 테니까요.

_ 2016년 07월 01일

기억을 기록하다

# 세 번째 억만 경제 인구

한은미

공대 여학생, 아직도 익숙지 않은 단어인지요? 공학을 전공하는 여학생, 세대에 따라 참 다르게 느껴지는 대상입니다. 공대 전체 입학생 중 열 명도 채 넘지 못했던 시절에 '공순이'라는 달갑지 않은 애칭을 달고 대학을 다녔습니다. 시험 기간이면 짧은 쉬는 시간 동안에 옆 건물 화장실까지 달려갔다 와야 할 만큼 공대의 환경은 남학생들의 전유물이었습니다. 홍일점일 경우가 많다 보니 사회에 나와서도 단체 행사 선물로는 의례 남성용품만 받아 옵니다.

제가 속해 있는 대학의 공대생 수는 4,000여 명, 그중 여학생은 휴학생을 제외하고서도 1,200명 정도이니 이미 공대생 4분의 1을 넘어섰습니다. 40년 전에 비해 600배가량 늘어난 숫자입니다.(1965년 국내 공대 여학생 153명, 2015년 9만 294명) 기하급수적으로 늘어나는 공대 여학생들의 변화를 지켜보면서 그들의 진로 개척에 관심의 끈을 놓을 수가 없습니다. 최근 여성 공학인을 위해 특화된 '공학인재양성사업단' 유치를 위한 준비 과정에서 세계 속 여성 인력에 대한

흐름을 점검해 보았습니다.

2012년에 《옥스퍼드 이코노믹스》가 발표한 '글로벌 탤런트(Global Talent) 2021' 자료에 의하면, 2020년 한국은 공학 및 과학 유망 분야 모두, 필요 인력의 절반도 공급되지 않아 글로벌 인재가 부족한 국가로 분류가 됩니다. 대학 졸업자 32만 명 인력 중 공학 계열은 21만 명, 신규 인력이 11만 명 정도이니, 필요 인력에 비해 절반도 공급되지 않을 것이라는 전망입니다.(2014년) 국가과학기술심의회에서 확정된 '여성과학기술인 육성 계획'에 따라 2018년까지 국내 공대 여학생의 비율을 높이고, 여성 창업자 비율을 10퍼센트 향상시켜서, 우수 여성 인재의 유입과 활용을 촉진하기로 발표하였습니다.

산업 현장의 이공계 여성 인력의 증가는 단순히 여성의 사회 참여 확대를 통한 고용률 상승뿐 아니라 가계소득 증대와 함께, R&D 인력이 부족한 중소기업의 인력난을 해소할 수 있다는 점에서 필수적

기억을 기록하다

인 정책일 것입니다.

다가올 미래 사회에는 제품의 품질과 가격이 경쟁력이 아닌, 여성 연구 인력을 어떻게 활용하는가에 한 국가의 경쟁력이 좌우됩니다. 사회적 인식 개선이 필요한 시점입니다.

이제 (2020년까지) 억만 명의 여성이 처음으로 글로벌 경제에 투입되는 포텐셜을 갖게 됩니다. 인도, 중국의 새로운 억만 경제 인구 다음으로, '세 번째 억만 경제 인구'가 바로 '여성'입니다. 우리 사회가 '젠더의 다양성'을 제도적으로 구현해 가야 하는 이유입니다.

_ 2016년 08월 02일

# 남녀 역할

김희정

수년 전에 어느 여성 단체 대표가 방송에 나와서 우리나라 청소년 교과서에 실린 남녀의 성차별에 관한 이야기를 한 적이 있습니다. 이 대표의 말에 의하면 교과서에 나타난 남녀 역할에 관한 해석이 21세기를 맞이한 오늘까지도 보수적인 유교 관념에서 벗어나지 못하고 있으며, 또 무의식중에 성차별적인 역할을 강조하고 있다는 것입니다. 예를 들자면 교과서에 실린 중요한 사회적 역할은 항상 남자가 주인공으로 나온다는 겁니다.

이 얘기를 듣자니 제 학창 시절이 생각났습니다. 제가 중학교 1학년 때의 일입니다. 중학교 때는 전국의 학생이 똑같이 까만색 웃도리, 치마에 하얀 카라로 된 교복을 입고 다녔습니다. 특히 귀밑 1센티미터 단발머리를 철통같이 지키면서 공장에서 찍어낸 인형 같은 모습으로 학교를 다녔습니다. 겨울이 되면 그 까만 교복 치마 속의 스타킹이 얼마나 추웠는지, 밤이면 밤마다 난로 앞에서 동상 걸린 발을 녹이던 생각이 납니다.

기억을 기록하다

그때는 특수학교를 제외하고는 남학교와 여학교가 따로 있었는데, 남학생은 '기술'이라는 과목을 통해서 '기술'을 연마하고, 여학생들은 '가정'이라는 과목을 통해 '가정의 기술(?)'을 연마했습니다. 이 가정 시간이면 주로 바느질이나 뜨개질을 했는데, 이 바느질 수업도 '창의성'과 '개성'을 최대의 적으로 삼고 있어서, 주어진 과제가 '남색 치마 만들기'인데 '빨간색 치마'를 만들어 가면 감점을 받았습니다. 저도 '하얀색 블라우스 만들기' 과제에서 하얀 블라우스에 무지개색 단추를 달아서 제출했다가 빵점을 받았던 기억이 있습니다.

 또 이 가정 시간엔 윤리를 담당하는 학생주임의 불시검문이라는 게 있었습니다. 선생님이 교실에 갑자기 들어와 가방을 검사하는데, 가방 안에서 만화책이나 담배가 나오면 벌을 받고, 또 실과 바늘, 손수건, 머리 빗과 같은 여성용품이 하나라도 빠져 있으면 복도에서 손들고 벌을 받아야 했습니다.

 중학교 2학년으로 올라가면서는 한술 더 떠서, 여학생으로서 꼭 갖추어야 할 덕목을 검사했는데 그것은 바로 '속옷과 브래지어'였습니다. 요즘 학생들은 성장 속도가 굉장히 빨라졌습니다만, 당시엔 대체로 중학교 2학년 때까지는 앞판이나 뒷판을 구분할 수 없이 밋밋했었는데, 어쨌거나 그 첫 풋내기 가슴을 감싸 주는 우리들의 첫 속옷을 우리는 '학생주임'에게 '안 혼나려고' 단체 구입을 하기도 했습니다.

 저야 어차피 무지개색 단추 달았다가 빵점에 가까워진 가정 점수라 포기하는 심정으로 역사적인 첫 번째 속옷 불시검문에 맨살로 응했습니다. 결과는 당연히 또 빵점. 그런데 가만히 보니까 이 검사라는 게 그래도 기본적인 인권은 지켜 주려는지, 앞면은 보지 않고 '책상

위에 엎드려 차렷!' 자세로 등뒤의 끈만 당겨 보는 것이 아닙니까? 그러니까 끈만 준비하면 빵점은 면하겠구나 싶었죠. 그 이후로 저는 아주 오랫동안 고무줄을 몸통에 감고 학교를 다녔던 기억이 있습니다.

무지개 단추와 노브라 반항, 이렇게 늘 제도권 밖에서 얼쩡거리기만 했던 이유는 아마도 정말 '가정' 수업이 싫었기 때문이었던 것 같습니다. 저는 기계를 만지는 일을 좋아합니다. 쇼핑도 제일 좋아하는 것이 공구 쇼핑입니다. 우리 아시아문화전당에도 훌륭한 여성 기술감독들이 여러 명 있습니다. 남녀의 역할을 나누지 않고 개개인의 개성을 중심에 두어 함께 에너지를 발산하는 그런 사회, 그것이 진정한 문화예술 강국의 바탕이 될 것입니다.

_ 2016년 08월 29일

기억을 기록하다

# 착한 사마리아인 법

이화경

지난 2005년에 전동차와 승강장 틈 사이로 한 노인이 추락한 사건이 일어났습니다. "저 좀 도와주세요." 절체절명의 순간에 외친 사람은 당사자 노인이 아니라, 추락한 모습을 본 다른 사람이었습니다. 그는 전동차를 혼자 밀면서 도와달라고 소리쳤던 것입니다. 바로 그때 한 명, 두 명, 세 명…… 수백 명의 사람들이 힘을 합쳐 전동차를 밀었습니다. 한 사람이 밀 땐 꿈쩍도 하지 않던 30톤이 넘는 쇳덩이 전동차가 기울면서 공간이 생겼습니다. 다행히도 틈에 끼인 노인은 십여 초 만에 안전하게 구조되었습니다. 이 기적의 순간을 담은 동영상은 우리나라뿐만 아니라 전 세계 누리꾼들에게 깊은 감동을 주었습니다. 세상이 아무리 각박해졌다고는 해도, 아직은 우리나라가 인정이 남아 있는, 살 만한 곳이라는 생각을 하게 된 미담으로 다들 기억하시리라 생각합니다.

지난 25일 오전에 공항으로 택시를 몰던 기사가 갑자기 의식을 잃고 앞서 달리던 차를 추돌한 사건이 있었습니다. 택시 기사는 사고 직후 119 구급대에 의해 인근 병원으로 옮겨졌지만 심정지로 결국 숨지고 말았습니다. 택시에는 기사 외에 승객 두 명이 타고 있었는데, 사고 직후 승객들은 다른 택시를 타고 현장을 떠났다는 목격자의 전언이 보도되었습니다. 같이 타고 있던 승객이 의식을 잃은 택시 기사에 대한 응급조치를 할 수는 없었다 하더라도 최소한 119 구급대에 전화 정도는 할 수 있지 않았는지, 아무리 바쁘다고 해도 사람 목숨이 먼저가 아니냐며, 비난 여론이 들끓었습니다. 아울러 우리나라에서도 착한 사마리아인 법을 조속히 시행해야 한다는 목소리들이 터져 나오기 시작했습니다.

착한 사마리아인은 강도를 당한 사람을 보고 측은한 마음이 들어 아무런 대가 없이 도와준 성경 속 인물입니다. 성경에 나오는 인물에서 유래되어 명칭이 부여된 착한 사마리아인 법은 '위험에 빠진 사람을 보고도 그냥 지나친 것이 입증되면 처벌하는 법률'을 일컫습니다. 현재 미국 30여 개 주에서, 유럽 14개 나라에서, 가까운 중국에서도 시행되고 있습니다. 착한 사마리아인 법 조항은 독일에서는 '사랑 조항'이란 별명으로 불린다고 합니다.

현재 우리 국회에는 위험에 처한 이웃을 외면하거나 방관하는 문제 등을 개선하기 위해 '착한 사마리아인 법안'이 발의된 상태라고 합니다. 문제는 그렇게 간단치 않다는 데 있습니다. 사람을 구하기 위해 개입하는 의로운 사람에 대한 보호 장치가 턱없이 부족한 우리나라 현실에서 자칫하면 좋은 일 하다가 낭패를 보는 일이 생길 수 있다는 점입니다. 아울러 착한 일을 하고 안 하고는 개개인의 양심에 관한 문제이기 때문에 법으로 강제할 수 없다는 점을 들어 반대를 표

기억을 기록하다

명하는 분들의 숫자도 만만치 않습니다. 찬성하는 입장은 타인의 불행을 못 본 척하는 것이 현명한 처사로 용인되는 살벌한 사회가 되었는데, 이제는 도덕적 의무를 법으로라도 강제할 수밖에 없다고 주장합니다.

　어찌 되었든, 우리 사회의 구성원들이 이 문제에 관심을 갖고 진지하게 답을 찾아가려는 노력이 필요한 시점인 것만은 확실합니다.

_ 2016년 09월 30일

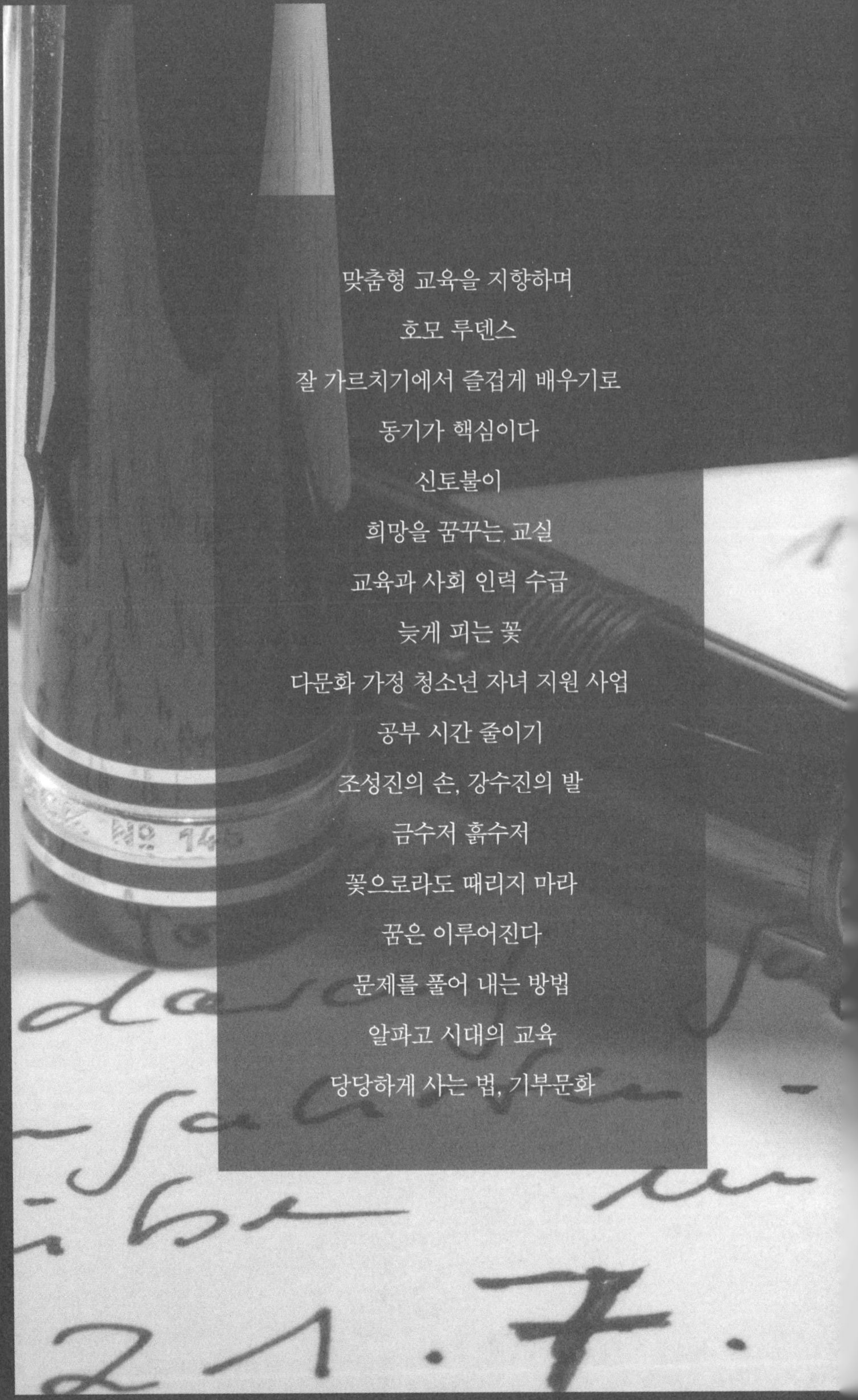

맞춤형 교육을 지향하며

호모 루덴스

잘 가르치기에서 즐겁게 배우기로

동기가 핵심이다

신토불이

희망을 꿈꾸는 교실

교육과 사회 인력 수급

늦게 피는 꽃

다문화 가정 청소년 자녀 지원 사업

공부 시간 줄이기

조성진의 손, 강수진의 발

금수저 흙수저

꽃으로라도 때리지 마라

꿈은 이루어진다

문제를 풀어 내는 방법

알파고 시대의 교육

당당하게 사는 법, 기부문화

# 6 —— 늦게 피는 꽃도 꽃이다

## 교육

들어가며

아이들은 꽃이다. 저마다 자신의 향기를 품고 있다. 그 꽃은 일찍 피울 수도 있고, 늦게 피울 수도 있다. 더러는 꽃잎이 화려하기도 하지만 더러는 소박하기도 하다. 꽃망울이 클 수도 있고 작을 수도 있다. 하지만 모두 꽃이다. 향기가 있고 꿀이 있다. 제 몫의 향기를 뿜기 위해 햇빛을 받고 땅속에서 양분을 빨아당긴다. 꽃에 필요한 것은 적절한 시기에 적당히 주어주는 물뿐이다.

이 장에서는 교육과 청소년 문제에 대한 칼럼을 모았다. 청소년 교육은 누구나 공감하는 문제이다. 하지만 해법은 모두 제각각이다. 해법을 떠나 어떤 교육 정책을 쓰든 결국 입시와 명문대라는 그늘에 가려 그 빛을 잃고 만다. 좋은 대학교에 가기 위해 아이들은 유치원 때부터 각종 사교육에 시달린다. 창의력보다는 시험 점수를 위한 공부만을 하게 된다. 그 결과 똑똑한 고등학생이 대학교에 들어가서는 멍청해진다는 말들이 나온다. 주어진 것만 열심히 하던 학생들에게 스스로 판단하고 행동하고 공부해야 하는 대학 생활은 혼란스러울 수밖에 없다.

사람은 놀기 위해 태어난 존재다. 요한 하위징아의 호모 루덴스는 그런 '놀이하는 인간'을 말한다. 인간은 놀 때 고도의 창의성을 발휘한다. 학교는 아이들에게 놀이를 허락하지 않는다. 다만 긴 공부 시간 사이에 짧은 휴식만을 허락할 뿐이다. 세계에서 가장 오랜 시간 공부하다 보니 효율성은 가장 낮다. 우리나라에서도 최근 공부 시간을 줄이려는 움직임이 일어나고 있다. 양이 아니라 질을 높이려는 것이다.

강압적인 환경에서 자란 아이는 강압적인 방식으로 살아가는 어른이 될 수밖에 없다. 보건복지부에 따르면 사망 사건을 포함해 아동 학대 건수는 2010년 5,657건에서 2014년 1만 27건으로 77퍼센트나 늘어났다. 책임 없는 부모와 무한 경쟁 사회에서 자란 아이들은 지금도 수많은 학대 속에서 살아가고 있다. 늦게 피어도 꽃이다. 늦다고, 꽃망울이 작다고, 향기가 다르다고 꽃을 꺾어선 안 된다.

# 맞춤형 교육을 지향하며

이정선

우리는 대체로 학교 교육을 통해서 지식과 정보 그리고 인성과 사회가 필요로 하는 다양한 능력을 습득합니다. 지덕체가 조화롭게 발달한 사람, 창의성과 인성을 겸비한 인재 육성이 우리 교육이 표방하는 목표입니다.

그런데 불행하게도 우리 교육은 공부를 업으로 할 것이 아닌데도, 초등학생 때부터 공부, 특히 지식 교육을 과도하게 시키고 있습니다. 그 결과 현실적으로 초등학교 고학년에 이르면 학업에 흥미를 잃거나 공부에 관심이 없는 학생들이 20퍼센트에 이른다고 합니다. 중학생의 절반 정도는 학구적 무력감에 시달리며, 고등학생의 70퍼센트 정도는 억지로 공부 시간을 버티거나 공부 혐오증을 가진다고 합니다.

그럼에도 전체 학생에게 주지 교육을 지금처럼 시켜야 할까요? 결론부터 말하면 학교급별 맞춤형 교육을 해야 합니다. 초등학교는 기초 기본 교육을 실시하는 단계입니다. 창의성과 인성의 기초를 형성해야 하는 시기입니다. 따라서 주지 교과 학습보다는 더 많은 직접 체험과 비교과적 활동 경험, 그리고 다양한 독서 활동을 강조하는 교육이 이루어져야 합니다.

사춘기에 접어든 중학생이 가장 힘든 시기입니다. 장래에 대한 걱정과 본인의 성격에 대한 고민 등을 하는 시기입니다. 이를 위해서 다양한 심리정서적 도구를 활용하여 직업과 적성, 그리고 인성을 점검하고 직업 체험과 진로 적성 프로그램을 개발하여 학업과 직업에 대한 확고한 가치관을 형성시켜 주어야 합니다.

고등학교 시절에 학업을 계속할 사람은 더 많은 시간을 상급 학교 진학에 투자케 하고, 직업을 선택한 사람에게는 본인이 선택한 직업군에서 필요로 하는 전문적인 기능을 습득토록 지원해 주어야 할 것입니다. 실상 학자로 성공한 사람은 10퍼센트도 되지 않는데, 굳이 인생의 모든 에너지를 공부에만 쏟아야 할 이유는 없습니다.

따라서 공부를 얼마나 잘하느냐보다 자신의 장래를 위하여 얼마나 적합한 교육을 받느냐가 더 중요하다고 하겠습니다.

_ 2013년 08월 28일

# 호모 루덴스

이정선

    10월에는 공휴일이 유독 많습니다. 주5일제 확대로 자유 시간이 늘어난데다가 공휴일이 많다 보니 더더욱 여가 시간이 많아졌습니다. 우리나라 사람들은 이 여가 시간에 무엇을 하며 보낼까요?

    한국직업능력개발원이 조사한 바에 따르면, 응답자의 절반 가까이가 여자는 가사, 남자는 잠자는 것으로 자유 시간을 보낸다고 합니다. 서울시가 시민의 여가·문화 생활 실태를 분석한 결과를 보아도, 서울 시민의 절반 정도가 주말과 휴일 여가 활동으로 텔레비전을 시청하거나, 10퍼센트 정도는 아무것도 하지 않는다고 응답했습니다.

    이러한 현상이 왜 나타날까요? 한마디로, 놀 줄 모르기 때문입니다. 어떻게 놀 것인지 배우지 않았기 때문입니다. 그러나 네덜란드 문화사가인 요한 하이징아의 주장처럼 호모 루덴스, 즉 인간은 놀이적 존재입니다. 놀이를 통하여 자아가 실현되고 각자의 인생관과 세계관이 표현된다고 합니다. 우리는 지금껏 호모 사피엔스(사고하는 인간)를 강조하다 보니 어떻게 하면 지력과 이성을 도야할 것인가를 교육해 왔습니다. 또한 인간은 호모 하빌리스(만드는 인간)이기 때문에 우리들 대부분의 삶을 생산에 치중해 왔습니다. 하여 삶도, 사회 생활도, 교육도 모두가 일하는 데 집중해 왔습니다.

그런데, 인간의 본성 자체가 '놀이적 존재'라면, 우리의 삶과 교육의 강조점은 어디에 두어야 할까요? 우리의 삶이 지금껏 비대칭적으로 일에 경도되었다 해서 일을 등한시하자는 이야기는 물론 아닙니다. 필요할 때 일하고 남은 시간에 논다면 어떻게 놀 것인가를 사회가, 학교가 준비해 주어야 한다는 말입니다. 지금껏 어떻게 일할 것인가에 교육이 치중했다면 이제는 개인적인 여가 시간을, 학생들의 방과 후 시간을, 그리고 정년 후 남는 시간을 어떻게 놀 것인가를 미리미리 교육하자는 것입니다. 놀이를 통해서 비로소 인간이 된다면, 즉 놀이를 통해서 자아가 실현된다면, 놀이를 통해서 인생관과 세계관이 잘 표현될 수 있도록 도와주는 소위 '놀이 교육'이 새롭게 강구되어야 할 것입니다.

_ 2013년 10월 02일

# 잘 가르치기에서 즐겁게 배우기로

이정선

며칠 전 프랑스《르몽드》지는 '교육 강박증에 걸린 한국인'이라는 기사에서 한국 학생들은 학업 성취도는 높지만 교육에 너무 몰입하면서 심한 부작용을 겪고 있다고 보도한 바 있습니다. 한국 학생들이 세계에서 가장 뛰어난 학생일지 모르지만, 가장 불행한 학생이라는 지적입니다.

미국의 오바마 대통령이 기회가 있을 때마다 부러워한 것처럼 우리나라 학생들의 학업 성취도는 결과만 놓고 보면 세계적으로 가장 우수한 편에 속합니다. 학부모들의 헌신적인 교육열, 교사들의 우수한 자질과 열성적인 가르침의 결과입니다.

반면 우리나라 학생들은 입문 동기의 비자발성으로 인하여 학교생활의 만족도나 행복지수는 최하위에 속한다고 합니다. 역설적으로 공부하기 싫은 학생들을 부모가 얼마나 닦달을 했으며, 교사들이 어떻게 가르쳤길래 그렇게 우수한 성적을 거두었는가, 세계 사람들이 가히 불가사의하게 생각할 만도 합니다.

기억을 기록하다

학생들의 학교 교육 활동의 핵심이라 할 수 있는 교수-학습만 보더라도 우리나라 교사들은 정말 잘 가르칩니다. 최첨단의 교수 매체와 다양한 교수-학습 자료, 그리고 오랜 세월을 통하여 축적해 온 표준화된 교수학습지도안 등 가르치는 데 필요한 것들을 총망라해서 준비합니다. 교사 주도적으로 학생을 가르치는 데는 나무랄 데 없을 정도로 완벽합니다. 그러다 보니 학생들은 교사가 시키는 대로 하기만 하면 됩니다.

여기서 문제는 수업이 학생들에게 재미나 감동을 주기보다는 목표 달성을 위한 가르침에 집중되다 보니 정작 학생들이 설 자리가 없어진 것입니다. 즉 학습의 주체인 학생들이 자기 주도적으로 느끼는 몰입의 즐거움이 사라진 것입니다. 그 결과 학생들은 학교에서 행복하지 않습니다. 하여 그동안 비대칭적으로 잘 가르치는 방법에 치중했다면, 이제는 학생들이 학습의 주체가 되어 자기 주도적으로 즐겁게 배울 수 있는 방법을 강구해야 합니다. 배우는 과정을 행복하게 하여 그 결과 우수한 성취도가 자연스럽게 따라오도록 해야 할 것입니다.

_ 2013년 10월 09일

# 동기가 핵심이다

이정선

한때 인류학자들 사이에서 이민자들의 적응 문제가 학술적 이슈가 된 적이 있었습니다. 왜 동일한 유전인자와 문화적 배경을 가진 흑인들이 미국에서는 실패하는 반면에 프랑스에서는 성공하는가? 같은 맥락에서 한국인들이 일본에서는 성공하는 사례가 적은 반면 미국에서는 다양한 분야에서 성공하는 사람이 상대적으로 많은가와 같은 논란이었습니다.

의외로 해답은 간단한 곳에서 나왔습니다. 나이지리아 출신 미국의 인류학자 오그부는 입문 동기에서 그 답을 찾았습니다. 즉 자발적으로 새로운 꿈을 찾아 도전하는 삶은 성공하지만, 비자발적으로 이끌려서 가는 삶은 실패한다는 것입니다. 어느 사회건 이민자에 대해서 차별과 편견은 있게 마련입니다. 이를 극복의 대상이자 성취 동기로 삼는 사람은 성공하는 반면, 역경에 굴복하여 체념적이고 숙명적인 인생관을 갖게 되면 실패한다는 것입니다.

그렇습니다. 이러한 입문 동기의 중요성은 비단 이민자에게만 국

기억을 기록하다

한되는 것은 아닙니다. 우리들의 일상도 마찬가지입니다. 자기가 좋아서 선택하는 삶은 온갖 역경에도 불구하고 열심히 하지만, 누군가 시켜서 억지로 해야 하는 삶은 스트레스의 연속입니다. 그 결과도 뻔합니다.

이를 학교 현장에 적용해 보아도 마찬가지입니다. 왜 학교 생활이 힘든지는 시작부터 답이 정해진 물음입니다. 학생들이 스스로 학교에 가기보다는 부모님이나 제도적 억압에 이끌려 비자발적으로 입문하기 때문입니다. 거기다가 배우는 내용이나 학교가 운영되는 방식이 학생이 좋아서 하는 것이나 주인공으로 참여하기보다는 이미 정해진 틀 속에 끼워지기 때문에 스스로 자발적으로 하는 경우가 거의 없습니다. 하기 싫은 것을 억지로 해야 하는 학생이 성공할 리 만무합니다.

문제는 어떻게 하면 사람들의 자발성을 이끌어 내느냐입니다. 삶을 긍정적으로 볼 것인가, 아니면 부정적으로 볼 것인가는 오로지 마음먹기에 달려 있습니다. 그런 점에서 우리나라의 '할 수 있다 주의'는 아직도 유효하다 하겠습니다.

_ 2013년 11월 12일

# 신토불이

김희준

우리 체중의 70퍼센트 정도는 물입니다. 물의 분자식이 $H_2O$인 것을 보아 알 수 있듯이 물 분자 하나에는 수소 원자가 두 개, 그리고 산소 원자가 한 개 들어 있습니다. 그렇다면 개수로 볼 때 우리 몸에 가장 많이 들어 있는 원소는 수소이겠지요. 물론 그다음은 산소입니다. 그 다음 물에 들어 있지 않은 원소 중에서 제일 많은 것은 탄소이고, 그 밖에도 질소, 칼슘, 인, 황, 나트륨, 칼륨, 염소, 마그네슘 등이 있습니다.

그런데 우리 몸에서 가장 많은 수소는 138억 년 전 빅뱅의 순간에 만들어진 원소이고, 나머지는 모두 수억 년 후에 별의 내부에서 만들어졌습니다. 그렇다면 우리는 모두 나이가 138억 년인 셈이지요. 그리고 수소보다 무거운 모든 다른 원소들은 수소로부터 만들어졌기 때문에 수소가 원조 원소라고 볼 수 있습니다.

우리 몸에서 가장 많은 수소는 우주 전체적으로도 가장 많은 원소입니다. 우주 멀리 가보지도 않고 그것을 어떻게 알 수 있을까요? 멀리 떨어진 별과 은하가 내는 빛을 분석해서 수소가 내는 스펙트럼을 조사하면 우주 전체 원소의 75퍼센트 정도가 수소인 것을 알 수 있습니다.

신토불이라는 말이 있지요. 우리 몸은 우리가 태어나고 자란 땅과 불가분의 관계를 지닌다는 말인데요, 이제 우주의 역사를 알고 보니 우리 몸과 땅이 하나인 정도가 아니라 우리 몸과 하늘이, 우주가 하나인 것이지요. 인내천이라는 동학 사상이 사상에 그치는 것이 아니라, 과학적으로 입증된 우주적 원리인 셈입니다. 그리고 우리 한 사람, 한 사람이 우주의 자식이고 우주적인 존재라면 모든 인류는 한 형제가 됩니다. 그래서 우리는 이웃을 아끼고, 서로 사랑해야 합니다.

요즘 인성이 매마르고, 그래서 초중고등학교에서 인성 교육을 의무화한다고 합니다. 가장 효과적인 인성 교육은 우리 모두가 우주의 자식인 것을 배우는 게 아닐까 생각해 봅니다.

_ 2013년 12월 18일

# 희망을 꿈꾸는 교실

이병훈

지금까지 우리 교육은 학생들이 왜 학교에 적응하지 못하는가에 대해 생각하기보다 정상적인 학생들에 대한 교육에만 치중해 왔습니다. 그러다 보니 학교에 적응하지 못하는 학생들에게 문제아, 비행청소년이라는 낙인을 찍는 경우가 많았습니다.

그런데 최근 꿈과 희망을 통해 이들을 치유하는 학교가 생기고 있어 관심을 모으고 있습니다. 한국인 부부가 필리핀 바기오에서 운영하는 '스마일 학교'가 학생들 스스로 꿈을 설계할 수 있는 교육을 통해 큰 성과를 거두고 있고, 포항의 '청소년자유학교'는 학교에 적응하지 못한 아이들이 올바른 방향을 찾을 수 있게 하는 교육을 한다고 합니다.

이러한 노력은 우리 고장 광주에서도 활발히 일어나고 있습니다. 광주광역시 교육청에서 작년부터 진행하고 있는 '희망교실'이 그것입니다.

학생들을 가장 잘 알고, 가장 큰 영향을 미칠 수 있는 교사가 멘토가 되는 희망교실 프로젝트는 작년 한 해 동안 1,500명의 교사와 1만 5,000명의 학생이 참여해 큰 성과를 거뒀습니다.

선생님들이 가정형편이 어렵거나 학교에 적응하기 어려워하는 학생들에게 멘토가 된 것입니다. 함께 여행을 하기도 하고 영화를 보기도 하고, 밤새 대화를 나누기도 하면서, 닫혀 있는 아이들의 마음을 스스로 열게 유도했습니다.

기존의 교육이 몸을 움츠리게 하는 거센 폭풍우 같은 교육이었다면, 희망교실은 스스로 옷을 벗게 하는 따뜻한 햇살 같은 교육 방법인 것입니다. 그 결과, 학교 생활에 적응하지 못했던 학생들은 학교를 좋아하게 됐으며 자연스럽게 성적도 상승했다고 합니다.

교사들은 진정한 스승의 의미를 되새기며 자부심을 갖게 됐다고 합니다. 이러다 보니 희망교실 지원 교사 수도 올해는 5,400명으로 늘어났다고 합니다. 실로 대단한 성과가 아닐 수 없습니다.

이러한 희망교실이 계속 확대되어 학생들과 선생님이 서로 존중하고 사랑하기를 기대합니다. 그리고 광주가 참교육의 아이콘이 되기를 기대합니다.

_ 2014년 10월 01일

# 교육과 사회 인력 수급

김진봉

교육은 우리나라 국민의 4대 의무 중 하나일 만큼, 모든 나라에서 최우선적 배려와 정책 지원의 대상입니다. 당연한 이야기지만 의무 교육이란 국민의 지적 수준과 건전한 시민의식을 키움으로써 생산과 소비의 주체인 국민이 다양한 사회의 구성원 역할을 충실히 하도록 적절한 배움의 기회를 제공하는 것이라 할 것입니다.

다소의 차이는 있지만 모든 나라는 미래 성장과 장기 발전 전략의 핵심인 우수한 인재 양성과 확보를 위해 온힘을 쓰고 있습니다. 그런데 우리의 교육 현실은 다소 왜곡돼 있다고 생각됩니다. 교육 열풍을 넘어 광풍일 정도로 거의 모든 가정이 노후 대책도 없이 자식 교육에 매달리는 특이한 현상을 보이고 있습니다.

과거 어려운 시절 한국식 교육열은 빈곤 탈출과 경제 성장의 동력이 되었다 할 수 있습니다. 1980년대 초만 해도 문맹률이 높았고 대학 진학률이 10퍼센트 미만이었습니다. 그 후에도 가난은 벗었으나 입신 출세의 수단으로 대학 진학과 전문직 직업군에 대한 맹목적 지원은 우리의 유행병이 되었습니다. 현재 OECD 국가 중 사교육비를 가장 많이 지출하는 나라가 되었습니다.

우리나라의 대학 진학률은 90퍼센트에 육박합니다. 반면 독일, 스위스, 프랑스 등 대부분 유럽 국가들의 대학 진학률은 30퍼센트 정도입니다. 심지어 독일은 대학 졸업 인력의 수용에 어려움이 있어서 대학 진학률을 낮추는 방안을 모색 중이라 합니다. 우리의 사회 현실도 생산 기술 인력은 턱없이 부족하고 사무직 관리직 인력은 넘쳐나지요. 우리의 교육 현실은 사회 인력 수요를 무시하는 정책이고, 교육비 대책도 개별 가정에 맡기는 무성의한 현실이라고 할 수 있습니다.

공교육과 사교육의 역할은 분명히 다릅니다. 공교육은 인성, 사회, 교양, 적성, 직업 교육, 특수 엘리트 교육 및 장애인 교육 등 사회 수요 구조를 충족하고 일자리 수요를 총괄하는 기능을 수행해야 합니다. 사교육은 취미, 문화, 스포츠 및 특기 교육 등에 사용하되 과도하지 않게 국민 여가 및 문화 비용으로 전환하여야 하겠지요.

불균형적 인력 양성과 과도한 사교육 의존에 따른 사회 인력 수급의 불일치는 결국 재정 낭비, 인력 낭비, 만성적 고실업에 따른 국가 성장 동력 상실로 이어질 것입니다. 국민 복지의 완성은 평생 교육의 제공과 그에 따른 평생 일자리 보장에 있다고 생각됩니다. 국민의 4대 의무가 납세, 국방, 그리고 교육과 근로인 이유를 잘 새겨 보아야 하겠습니다.

_ 2014년 11월 04일

# 늦게 피는 꽃

박중환

진달래부터 모란과 장미에 이르기까지 백화가 만발하더니 그 꽃들이 가뭇없이 사라져 가고 있습니다. 꽃의 계절은 이제 지나간 것일까요? 그렇지 않습니다. 저희 박물관 앞을 오가는 자동차 도로의 양옆에는 백일홍과 국화가 잎과 줄기의 무성함만을 더해 가고 있습니다. 담장을 오르는 능소화도 아직 때가 오지 않았습니다. 늦게 피는 꽃들입니다.

이런 꽃들을 보고 있으면 저는 마치 더딘 성장 때문에 주눅들고 힘들어 하는 우리 청소년들의 모습이 그 위에 겹쳐지는 것 같아 안쓰럽다는 생각이 들 때가 있습니다. 작년에도 청소년들의 첫 번째 사망원인이 자살이라는 통계가 있었습니다. 벌써 몇 해째 이어지는 우리사회의 어두운 그늘입니다. 그들의 삶에 대한 의지가 흔들리는 가장큰 이유는 성적과 입학과 진로 문제들입니다.

혹 우리가 먼저 핀 꽃들에만 눈길을 빼앗겨 그들의 처진 어깨 위에 더 큰 멍에를 지웠던 것은 아닌지 돌아볼 일입니다. 하지만 중요한

기억을 기록하다

것은 청소년들 각자가 자신이 어떤 꽃인지를 잘 아는 것입니다.

진화론의 핵심 내용을 담은 책『종의 기원』을 저술한 생물학자 찰스 다윈은 스코틀랜드의 명문가에서 태어났습니다. 일찍부터 의학과 법률 분야 등에서 두각을 나타낸 형제들에 비해 성적이 뒤처지고 방황이 길었던 다윈을 두고 그의 아버지 로버트 다윈은 '앞으로 우리 집안의 수치가 될 놈'이라고 말했습니다. 하지만 역사상 생물학을 연구했던 학자 중에서 다윈보다 더 큰 성공을 거둔 사람은 없었습니다. 인류 과학의 역사를 다윈 이전과 다윈 이후로 나누기도 할 정도입니다.

성장통이라는 이름의 아픔을 견디며 자라고 있는 청소년 여러분들도 마찬가지입니다. 여러분들이 지금 힘들고 외로운 것은 단지 여러분이 늦게 피는 꽃이기 때문일지도 모릅니다.

_ 2015년 07월 22일

# 다문화 가정 청소년 자녀 지원 사업

한신애

  본격적으로 국내 다문화 가정이 성립된 지 벌써 25년이 넘어서고 있습니다. 이제 다문화 가정에서 성장한 자녀들이 본격적으로 사회로 진출하기 시작할 것입니다. 그동안 우리 사회는 다문화 가정 자녀들에 대한 염려가 많았고 문제를 예방한다고 상당한 예산 지원과 정책을 시행해 왔지만 대부분 어린 연령대 자녀나 학생 위주로 제한적이었으며, 공급자 중심의 서비스인 탓에 한계가 있었습니다.

  저도 요즈음 다문화 가정 자녀들을 개별로 만나 대화를 하면서 그동안 저 자신도 그 오류에서 벗어나지 못했음을 깨달았습니다.

  다문화 가정 자녀들에 대한 지원은 그들의 이주 배경, 즉 부모의 출신국, 가정 형편과 상황, 부모의 사회적 경험 등 여러 요인에 따라 개별적인 접근이 꼭 필요하다고 느꼈습니다. 그들의 목소리로 그들의 이야기를 진지하게 들어야 한다고 생각합니다. 아이들은 자신의 상황이나 문제를 알고 있었고, 개인의 목표에 대해서도 이야기했습니다. 그것들을 이루는 데 부딪치는 어려움들도 말해 주었습니다. 개인별 스토리를 만들어 꿈을 펼쳐 내는 작업을 함께해 주고 그 과정에 꼭 필요한 것들이 지원될 수 있는 자원들이 잘 찾아지길 기원하고 있습니다.

이주민 출신 어머니들과도 개별적으로 직접적인 대화를 더 깊이 해야 할 것을 느꼈습니다. 그들은 교육과 사회제도가 다른 성장 배경 때문에 자신들의 청소년기 경험을 현재 자녀들에게 반영할 수 없어 답답하다고 말하였습니다.

이럴 때 자녀와 부모를 개별적으로 만나고 그들의 이야기를 들어 주고 필요한 것들을 함께 찾아내는 전문가가 필요합니다. 다문화 가정 부모와 자녀가 쉽게 말문을 열 수 있도록 하고 그 내용들을 정리하여 서로에게 알리는 의사소통의 통로 역할입니다. 또한 지역 사회에 좋은 이웃이 함께해 주는 것도 큰 자원입니다. 다문화 가정 청소년 자녀들의 개인적인 잠재 능력이 개발되고 좋은 인재로 사회에 진출할 수 있도록 지역 사회의 정성 어린 노력과 관심이 더 많이 필요할 때입니다.

_ 2015년 08월 06일

# 공부 시간 줄이기

이정선

공부 시간을 늘리면 성적이 오를까요? 단순한 질문 같지만 정답은 단순치 않습니다. 학습자의 상태에 따라 다르기 때문입니다. 가령, 학습 동기가 전혀 없거나 학습 무기력 혹은 심한 경우 학습 혐오증에 걸린 학생은 공부 시간을 늘릴수록 역효과가 나기 마련입니다. 그러나 대체로 학습 결과는 시간의 함수이기 때문에 공부 시간이 늘어나면 성적이 오르기 마련입니다. 소위 '완전 학습의 원리'가 그것입니다. 즉 동일한 과제라 하더라도 어떤 사람은 두 시간에 마칠 수 있는 반면 그렇지 않은 사람은 세 시간이 걸린다는 뜻입니다. 따라서 시간이 변수이지, 누구나 도달해야 할 목표에 이르는 것은 불가능하지 않습니다.

인정하고 싶지 않지만 세계적으로 소위 '저패니즈 넘버원'의 시대가 있었습니다. 1980년대 산업, 경제 그리고 첨단 과학 분야에서 일본은 눈부신 발전을 했고 그러한 원동력이 무엇인지 규명하기 위해서 많은 서구의 학자들이 일본행 비행기에 몸을 실었습니다. 교육학

기억을 기록하다

자들 역시 마찬가지입니다. 왜 일본 학생들은 학업 성취도가 높은가? 그들의 발견은 간단했습니다. '다른 나라에 비해서 더 많은 시간을 공부하기 때문이다.' 당시만 해도 일본은 연간 230일 이상을 학교에 나와야 했고, 학습 분위기도 좋아서 단위 시간 내내 학생 통제에 시간을 허비하는 일 없이 온전히 수업에만 집중할 수 있었습니다. 반면, 미국은 연간 180일 수업 시수에 단위 시간도 학생 통제에 절반 이상을 허비해야 하기 때문에 결과적으로 초등학교 6년을 졸업해도 일본의 절반 정도밖에는 수업을 받지 않는 셈이 되었습니다.

요즘 우리나라는 갈수록 공부 시간을 더 줄이려고 노력하고 있습니다. 교과서와 암기 위주의 학습 방법이 문제지, 학생의 부적응이 문제가 아니라는 것을 알았기 때문입니다. 다만 중요한 것은 학생에 따라 별도의 방안을 강구하더라도 공부를 하고자 하거나 반드시 해야 할 학생에게 별도의 학습 시간을 확보해 주는 것입니다. 학생의 행복 여부는 방법의 문제지, 충분한 시간을 공부해야 한다는 명제의 문제가 아니기 때문입니다.

_ 2015년 11월 10일

# 조성진의 손, 강수진의 발

한신애

거리에 쌓인 낙엽들이 바람에 가볍게 구르기도 하고 한 잎 한 잎 위로 솟구치며 한들거리는 모습이 악보에 따라 움직이는 피아노 건반음 같습니다. 짙은 구름과 스산한 바람이 부는 이런 계절에는 굵직한 첼로 음이 잘 어울리는데 이번 가을에는 부드러운 피아노 선율이 곳곳에서 들려오고 있습니다.

최근 우리 예술계에서는 21세 청년 조성진과 50세의 발레리나 강수진 씨가 화제가 되었죠. 2015년도 쇼팽 콩쿠르에서 우승을 한 조성진의 음반을 사기 위해 줄 서 있는 시민들의 모습이 진풍경이라는 보도가 나왔는데 아이돌에만 관심 갖는 관점에서는 생소한 것 같지만 저에게는 낯선 광경보다는 오래전 추억을 되살리는 기회였습니다. 45년 전쯤 광주의 모극장에서 피아니스트 한동일 씨 연주회가 있던 날 제 또래 여학생들이 아우성치는 모습이 새삼 되살아났습니다. 또 결혼 전 저는 월급을 타면 가장 먼저 레코드를 샀었는데 그걸 팔에 끼고 집에 돌아와 음악을 들었을 때 기분 좋았던 기억도 떠올랐습니다.

기억을 기록하다

'콩쿠르', '우승'이라는 한국 사람이 매우 선호하는 두 단어에 얹어진 젊은 훈남 피아니스트는 우리 사회에 신선한 기운을 불어넣어주고 있는 것 같습니다. 어떻든 텔레비전을 통해 그의 연주를 볼 수 있는 것도 즐거웠습니다. 1990년까지만 하여도 한국 여성들은 발레나 리듬체조, 피겨 같은 종목에서 국제적으로 빛을 보기 어려웠습니다. 일단 다리가 길지 않아서 체형으로 밀렸습니다. 그런데 1986년 만 19세의 한국 여성 강수진 씨의 독일 슈투트가르트 발레단 입단은 우리들에게 기쁜 소식이었습니다.

그 후 30년의 세월이 지나 지난 11월 초에 서울에서 그녀의 30년 발레리나 생활을 접는 고별공연이 있었고 내년에 독일에서 정식 은퇴 공연을 한다고 합니다. 몇 년 전 발레리나 강수진의 발 모양이 공개되어 화제가 되었었죠. 사람의 발, 특히 여성의 발이라고는 상상할 수 없는 험한 발이었습니다. 마치 밀림 야생동물의 발처럼 생겼었는데 아름다운 발레리나의 춤을 보여주기 위한 피땀 어린 훈련 자국이 그대로 드러나 있었습니다.

저의 지인 중 한 분이 딸에게 피아노 전공을 시키기 위해서 달밤에 불을 끄고 혹독한 피아노 연습을 시켰는데 연습이 끝나고 전깃불을 켰더니 피아노 건반 이곳저곳에 핏자국이 나 있어서 너무나 미안했다는 이야기를 들려준 적이 있습니다. 피아니스트 조성진 씨도 그렇지 않았을까요? 우리를 위로하고 쉬게 하고 새로운 에너지를 주는 아름다운 음악과 춤을 보여 주는 공연 예술가들의 힘든 훈련을 거친 결과라 생각됩니다. 그 두 예술가의 손과 발을 저는 제가 하고 있는 일과 연관지어 보았습니다. 사회복지 실천 현장의 사회복지사들은 우리 정부의 사회복지 정책의 손과 발 역할을 한다는 말을 자주 하고 있습니다. 그렇다고 하면 현재 우리들의 손과 발은 어떤 모습일까요? 욕심이라고 할지 모르지만 희망사항은 피나는 손가락, 굳은 살이 박힐 때로 박힌 못난 강수진 씨의 발이면 좋겠다는 마음인데 우리와 함께 하는 이웃들에게 더 따뜻한 존재가 되려면 다시 노력해야 한다는 격려도 되었습니다.

_ 2015년 11월 13일

# 금수저 흙수저

이정선


　최근 한 서울대학교 학생이 자살하면서 소위 흙수저의 한계를 통탄하는 글을 올린 일이 있었습니다. 참으로 안타까운 일입니다. 지난 한 해 우리 국민들 사이에서 가장 많이 회자되었던 용어 중 하나도 소위 '수저론'이 아닌가 싶습니다. 요지는 갈수록 개천에서 용이 나기 힘들다는 것입니다. 반면, 사과는 사과나무에서 멀리 떨어지지 않는다고도 합니다. 즉 한 번 가난한 사람은 계속해서 가난해질 수밖에 없는 계층 구조 현상이 갈수록 심화되고 있다는 것입니다. 그래서 가난한 집안에서 태어난 사람은 일생을 가난하게 살 수밖에 없고, 다시 가난을 자식에게까지 대물림하는 구조가 계속된다는 것입니다. 실제로 관련 통계에 따르면 생후 10개월까지 부자와 가난한 아이가 부모로부터 받는 보육과 교육적 혜택은 열 배까지 차이가 나고, 이후 빈곤 탈출률도 6퍼센트에 불과하다고 합니다. 그리고 재산 형성 과정에서 부모로부터 물려받은 상속이나 증여 등이 차지하는 비중이 1980년대 27퍼센트에서 2000년대 42퍼센트로 확대되었습니다. 그만큼 자수성가하기가 힘들고 부의 불평등이 갈수록 심화되고 있다는 뜻입니다.

　트랙킹 시스템이 작동하는 사회에서는 빈곤 탈출의 가능성이 점점 더 줄어들게 마련입니다. 여기서 트랙킹 시스템이란 필드트랙 경주에서 한번 정해진 레인에 서서 출발하게 되면 도중에 트랙의 변동이 없이 결승점까지 동일한 레인으로 골인하도록 정해진 사회적 룰을 말합니다. 그런데 문제는 누가 어느 트랙에서 출발할 것인가가 달리는 사람의 의지나 노력과는 상관없이 운으로 정해진다는 것입니다. 운 좋게 금수저를 물고 부잣집 트랙에서 태어난 주자는 계속해서 부자 라인을 따라서 달리게 되고, 불행하게 흙수저를 물고 가난한 집에서 태어난 사람은 계속해서 흙수저 라인을 따라갈 수밖에 없습니다.

　여기에 더하여 오늘날 우리나라의 교육 구조와 직업 구조가 맞물려 있습니다. 학습의 결과가 투자에 비례하는 사회에서는 학교에서의 우등생이 사회에서의 우등생이 될 확률이 높다고 합니다. 개인의 성적이 우수한 상급 학교 진학을 결정하고, 우수한 상급학교 졸업장이 직업 선택의 기준이 된다면, 결국 모든 구조는 투자가 가능한 금수저에게 유리하게 작동할 수밖에 없습니다. 거기에 학교 내에서도 교육 제도나 내용 및 교육 과정 그리고 심지어는 미시적으로 인간관계, 즉 교사와 학생의 상호작용이나 동료 학생 간 상호작용 과정이 금수저에게 암묵적으로 유리하게 작동한다는 것입니다.

　그러면 다시금 개천에서 용이 나게 할 수 있는 방법은 없을까요? 우스갯소리로 이미 개천이 오염되어서 용은 고사하고 미꾸라지도 살기 어려운 환경을 오히려 해결 방안으로 드는 사람들이 많습니다. 실제로 개인의 노력으로도 사회에서 성공할 수 있는 환경을 만들어 주는 것이 필요합니다. 물론 세부적으로 무임승차형 대물림 부자와 자수성가형 부자, 최선을 다하는 빈자와 게으른 빈자는 구분해야겠지만, 단순화하여 금수저를 물고 태어난 사람들은 교육적 배려나 투자의 대상에서 국가가 크게 관여치 않아도 된다는 것입니다. 본인들 스스로 할 수 있기 때문입니다. 대신 본인의 의지와는 무관하게 흙수저를 물고 태어난 사람들에게 역차별적인 투자를 통해서, 즉 결과의 평등 정책을 통해서 격차를 줄여 주려는 교육적 지원이 더 중요하다는 결론입니다. 차별을 통해서 평등을 실현하려는 선택적 교육복지 정책을 확대해야 하는 이유가 여기에 있습니다.

_ 2016년 01월 15일

# 꽃으로라도 때리지 마라

이정선

최근 줄이어 보도되는 아동 학대와 사망 사건은 안타깝다 못해 자괴감마저 들게 합니다. 새해 들어 부천에서 부부가 폭행과 굶주림으로 숨진 초등학생 아들의 시신을 훼손해 냉동실에 보관해 오다 적발된 사건, 목사인 아버지가 여중생 딸을 감금 폭행하다 사망하자 시신을 집안에 1년 가까이 방치한 사건, 그리고 경기도 용인에서도 어머니가 여섯 살 딸을 테이프로 묶어 놓고 마구 구타하다 사망하자 시신을 야산에 암매장한 사건 등 부모가 친자식을 죽이는 비속살해의 비극이 끊이지 않고 있습니다.

보건복지부의 자료에 따르면, 사망 사건을 포함 아동 학대 건수는 2010년 5,657건에서 2014년 1만 27건으로 77퍼센트나 늘어난 것으로 나타났습니다. 아동 학대 유형으로는 신체 학대, 정서 학대, 성 학대, 방임 등이 복합적으로 나타난 중복 학대가 48퍼센트였고, 이어서 방임, 정서 학대, 신체 학대, 성 학대 순이었습니다. 이중에서도 아동 학대의 83퍼센트가 가정 내에서 일어나고, 가해자의 82퍼센트가 부

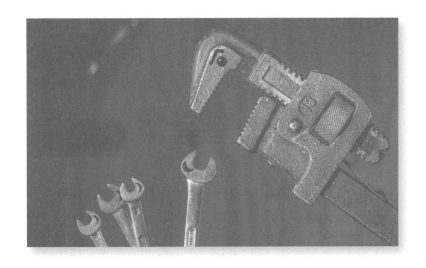

모라고 합니다. 부모가 자녀를 죽인 사건만 해도 2000년 이후 25건이 넘는다 하며, 그 과정도 친자식을 어떻게 그렇게 무자비하고 가혹하게 짓밟고 잔인하게 죽일 수 있는지 치를 떨게 합니다.

그러면, 아동 학대가 갈수록 늘어나고 포악해지는 이유는 무엇일까요? 물론 기본적으로 가해 부모의 책임이 제일 크지만, 나타나는 현상은 세태의 반영이라는 점에서 우리 사회 역시 자유로울 수 없습니다. 1970년대 이후 급속한 경제 성장으로 인하여 나타나는 부작용, 성과 지상주의, 1등만이 살아남는 무한 경쟁 사회, 그리고 나를 위해 모든 것이 희생되어도 된다는 인명 경시 풍조 및 도구적 인간관이나 가치관이 암묵적으로 문제의 배경이 되었습니다.

이러한 비극을 예방하고 치유하기 위한 제도적 안전 장치를 마련하는 데 소홀히 한 점과 마을이 함께 아이를 기르는 공동체를 만들지 못한 책임도 적지 않습니다. 거기다가 부모들의 왜곡된 자녀관도 한

몫을 했습니다. 즉 자녀를 부모가 마음대로 해도 되는 소유물로 착각하는 자녀관이 그것입니다. 직접적으로는 가정 불화, 경제 문제, 그리고 정신적 질환, 즉 분노 조절 장애와 자녀 양육에 대한 교육 부재와 부모로서의 역할에 대한 무지가 종합적으로 빚어 낸 결과입니다.

이러한 아동 학대를 예방할 수 있는 방법이 없는 걸까요? 전체적으로 아동에 대한 올바른 사회적 규범이나 가치관을 구축하는 일, 아동폭력근절센터 등 학대 받는 가정을 대신해 줄 수 있는 학교와 지역사회의 사회적 안전망을 강화하는 일, 즉 가정-학교-지역 사회가 사랑의 삼각띠를 구축하는 일, 그리고 학대받은 아동에 대한 대처 매뉴얼을 개발해 운영하거나 아동 학대 범죄에 대한 처벌을 강화하는 등 법적 장치를 보완하는 일 등이 여기에 포함될 수 있을 것입니다.

그러나 무엇보다도 중요한 것은 학대하는 부모에 대한 인성 교육입니다. 부모로부터 학대받고 자란 아이들은 또다시 학대하는 부모가 된다는 점을 생각하면 부모로 하여금 자녀를 독립된 인격체로서 신뢰와 존중하고 배려하는 마음을 갖게 하는 교육은 두말할 나위도 없이 우선되어야 합니다. 우리 아이가 천사와 같이 고귀한 존재라면 꽃으로라도 감히 때릴 수 있을까요?

_ 2016년 03월 02일

# 꿈은 이루어진다

이천영

1994년 11월, 라스베이거스에서 할아버지 복서 조지 포먼과 WBA와 IBF 통합 챔피언 마이클 무어러가 타이틀 매치를 벌였습니다.

상황은 좋지 않았습니다. 마지막 회가 되었지만 포먼은 큰 점수 차로 뒤지고 있었습니다. 그러나 챔피언에게도 허점은 있었습니다. 포먼은 무어러의 귀에 레프트 훅을 한 번, 그리고 같은 곳을 세 번 연타하고 연이어 레프트 잽과 이마를 때리는 라이트 강타로 챔피언을 그로기 상태에 몰아 넣었습니다. 그러고는 오른손으로 상대의 턱을 후려치자 챔피언은 링에 쓰러졌습니다.

사람들은 열광했고 포먼은 46세를 2개월 앞두고서 누구도 기대하지 않은 챔피언의 자리에 올랐습니다. 그 뒤 분위기가 어느 정도 가라앉자 노장 포먼이 챔피언의 자리에 다시 도전하게 된 과정이 사람들에게 알려지면서 큰 감동을 안겨주었습니다.

조지 포먼은 알리와의 경기에서 패배한 뒤에 충격을 받고서 28세의 나이로 복싱계를 떠났습니다. 그러고는 목사 안수를 받고서 로드

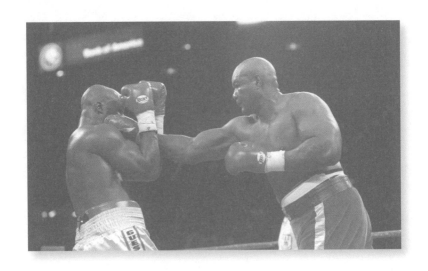

지저스크라이스트 교회를 개척했습니다. 그는 교회를 문제 청소년들의 안식처로 만들 생각이었습니다.

창고를 체육관으로 개조하고 운동 시설들을 갖춘 후에 모든 청소년들에게 개방했습니다. 체육관을 운영하는 데 드는 비용은 모두 포먼의 몫이었습니다. 그러나 그의 능력이 한계에 다달았습니다. 38세가 되던 해 포먼은 체육관 운영 때문에 거의 파산 직전까지 몰렸습니다. 그러나 문을 닫으면 청소년들이 길거리로 돌아가서 범죄에 빠질 것이 뻔하였기 때문에 이를 그냥 내버려둘 수는 없었습니다.

포먼은 청소년들을 위한 모금 행사를 시도했지만 결과는 기대 밖이었습니다. 그러자 포먼은 다시 권투를 해야겠다는 생각을 갖게 되었습니다. 38세면 권투계에서는 환갑을 넘긴 나이였지만 그는 청소년들에게 마음껏 운동할 수 있는 공간을 마련해 주겠다는 생각으로 나이를 무시한 채 다시 권투계로 뛰어든 것입니다. 그러나 주변 사람들은 냉정했습니다. 나이는 물론 몸무게가 무려 150킬로그램이나 나가는 포먼에게 훈련비를 지원하겠다고 나서는 사람은 없었습니다. 그는 어쩔 수 없이 혼자의 힘으로 훈련을 꾸려 나가야 했습니다.

마침내 몸무게를 130킬로그램으로 낮추는 데 성공했지만 많은 문제들은 그대로였습니다. 그 후 포먼은 상대를 하나하나 쓰러뜨렸습니다. 패배한 적도 있었지만 결국에는 통합 챔피언의 자리에까지 올랐습니다. 포먼의 승리는 그가 이룬 열매이지만 동시에 "꿈은 이루어진다"는 극명한 진리를 다시 한 번 보여 주는 쾌거였습니다.

청취자 여러분! 지금 힘들고 어려운 상황일지라도 새로운 힘을 가지고 도전해 보시길 바랍니다. 꿈은 반드시 이루어집니다. 다만 시기가 문제일 뿐입니다.

_ 2016년 06월 22일

# 문제를 풀어 내는 방법

김희정

저의 어머니는 굉장히 바쁜 여성 중 한 분입니다. 45년이 넘는 교직 생활과 작가 생활 동안 많은 제자들과 미술 작품들을 생산해 왔고, 호호 할머니가 된 지금도 가만히 쉬지를 않는 분입니다. 지금은 제가 교육자이자 예술가이자 주부이자 또 입시생 두 명의 엄마로서 하루 24시간을 48시간처럼 살아야 합니다. 매일 저녁이면 근육통에 시달리고 발바닥이 부어서 베개에 발을 올리고 자야 할 때도 많습니다.

어머니는 지금보다도 훨씬 더 여성의 사회 생활이 어려웠던 시기에 세 남매를 키우면서 고생했습니다. 그때는 같은 여성으로서 이해하지 못하고 그냥 철부지 없는 어린 딸로서 모든 일에 원망만 했습니다. 사춘기에 들어서는 더 심해져서 사회에 대한 괜한 반항을 이어갔습니다.

엄마가 철없이 원망만 하는 자식들을 집에 두고, 그래도 조금은 마음 편하게 자신의 일에 전념할 수 있었던 것은 이 세상에서 가장 가정적이고 자상하신 아버지가 있었기 때문입니다. 내가 아는 그 누구

기억을 기록하다

보다 더 멋진 유머 감각을 갖고 있던 아빠, 그리고 당신의 시대에는 더욱 생각하기 어려웠을 남녀평등과, 또 그것을 몸소 실천하기 위해서 갈고 닦은 요리 솜씨와 재봉틀 솜씨를 자랑스럽게 생각하시는 아빠, 우리 가족의 첫 번째 집에 아내와 당신의 이름을 똑같이 문패에 적어 넣으신 분이 바로 우리 아버지였습니다.

사춘기의 반항이 결국에는 독창적인 예술로 발산하게 된 것도 아버지의 힘이었습니다. 아버지는 학교 과제로 엉뚱한 숙제를 하면 그 엉뚱함을 칭찬하셨습니다. 그 엉뚱함 때문에 60점을 받게 되면, 더 엉뚱해져서 차라리 빵점을 받으라고 하셨습니다. 공부하기 싫으면 놀라고 하셨습니다. 대신 제대로 계획적으로 프로페셔널하게 놀라고 하셨습니다. 가만히 집에 있으면 차라리 여행을 가서 방황을 하라고 하셨습니다. 놀아보니까 어떻게 해야 재미있게 놀 수 있는지 이해를 하게 됐습니다. 이 재미로 감동을 만들기 시작했습니다. 이렇게 만들어진 재주로 지금의 일을 하고 있습니다. 제가 가장 잘할 수 있는 일을 저의 의지로 선택했기 때문에 힘이 들어도 재미있게 일할 수 있습니다.

아버지가 보여 준 것은 흔한 청소년 선도 프로그램처럼, 어떠한 특정 직업을 보여 준 것도, 또 성공한 어떤 위인을 보여 준 것도 아닙니다. 제가 무엇을 재미있어 하는 딸이었는지를 늘 가까이서 지켜봐 주신 것, 그리고 무엇을 하든 늘 엉뚱한 방향에서 문제를 풀어 내는 방법을 가르쳐주신 것입니다.

_ 2016년 08월 11일

# 알파고 시대의 교육

/

이정선

2016년 3월 이루어진 알파고와 이세돌의 대결은 세계적인 관심을 끌기에 부족함이 없었습니다. 기계와 인간의 대결이라는 점에서 그리고 대결의 장이 고도의 창의성을 필요로 하는 바둑이라는 점에서 단순히 로봇과 사람의 대결이 아니라 인공지능이 과연 기술과 전문성에 더해서 인간의 창의성을 어느 정도까지 능가할 수 있느냐는 문제 때문에 그랬습니다. 기계의 승리를 장담한 입장에서는 알파고를 개발한 구글의 최고경영자의 말처럼 인간이 달에 처음 착륙했을 때 감격처럼 새로운 이정표를 새웠다는 것이었고, 인간의 승리를 점쳤던 입장에서는 마치 소련의 우주선 스푸트니크호가 미국보다 먼저 발사되었을 때 미국인이 받았던 충격에 비유했습니다.

사실 기계가 사람보다 더 정확하게 직무를 수행한다는 것은 익히 알고 있는 사실입니다. 사람이 아무리 멀리 던진다 해도 기계의 힘을 당할 수 없으며, 아무리 빨리 달린다 해도 자동차를 능가할 수 없습니다. 그리고 아무리 정확하게 계산한다 해도 컴퓨터를 당해낼 재

기억을 기록하다

간이 없습니다. 기계가 이미 인간 능력의 한계를 벗어난 지점에 있다 해서 새삼스러울 것도 없습니다. 미래에는 인간이 하던 일을 기계가 더 많이 담당하게 될 것입니다. 대부분의 직업과 직무를 컴퓨터나 인공지능이 대체할 수 있다 해도, 그럼에도 그러한 기계를 만들어 내고 조작해야 하는 것은 인간이라는 점에서 비관할 필요가 없습니다.

문제는 사람이 하던 일을 기계가 더 많이 대체하게 되는 미래사회에 우리는 어떻게 사람을 교육할 것인가, 그리고 무엇을 교육할 것인가입니다. 소위 알파고 시대에는 교육이 어떻게 달라져야 하는가입니다. 지난 1월 스위스 세계경제포럼에서 올해 초등학교에 입학하는 신입생의 65퍼센트는 현재 존재하지 않는 직업을 갖게 될 것이라는 보고서가 발표됐다 합니다. 그렇다면 현재 우리가 학교에서 가르치고 있는 교육 내용도 그러한 미래의 직업에 초점을 두지 않으면 안 될 것입니다.

먼저는 기계가 할 수 없는 부분에 교육의 초점을 두어야 할 것입니다. 인공지능이 머리의 영역에서 활동 범위를 넓혀 가는 것이라면 모르긴 해도 가슴의 영역은 여전히 기계의 불모 지역으로 남아 있을 것으로 예상됩니다. 즉 감성과 정서의 세계, 가령 대인 관계 능력, 공감하고 소통하는 능력, 도덕성, 문화적 감식안, 예술적 심미안 등 사람의 품격에 대한 것은 미래사회에도 여전히 인공지능이 따라오지 못할 영역으로 남아 있을 것입니다. 따라서 미래사회의 교육 역시 그러한 부분을 더 강화할 필요가 있을 것입니다.

다음으로 교육에서 특정 지식이나 내용을 가르치는 것은 그렇게 중요하지 않을지도 모릅니다. 오히려 지식이나 내용보다는 스스로 문제를 찾아내고 문제를 해결하기 위하여 독립적으로 학습할 수 있는 자기 주도적 학습 능력을 길러 주는 것이 더 필요할 것입니다. 따라서 지식 전수 위주의 교육이 아니라 스스로 호기심을 갖고 책을 읽고 이해하고 문제를 해결하는 학습 능력을 갖추어 주는 것이 더 중요할 것입니다.

그 외에도 창의성의 세계는 인공지능이 많은 부분 잠식한다 해도 여전히 미래 사회에서도 많은 부분 인간의 몫으로 남을 것이고, 교육역시 이 부분을 다루지 않으면 안 될 것입니다. 아무리 인공지능이 창의적이다 해도 그것을 만들고 조작하는 것은 사람입니다. 따라서 가슴이 따뜻한 자기 주도적 학습 능력을 갖춘 융복합 창의 인재를 양성하는 깃, 우리가 담낭해야 할 미래 교육의 목표입니다.

_ 2016년 08월 18일

기억을 기록하다

# 당당하게 사는 법, 기부 문화

한은미

오늘은 어린 자녀를 가진 부모님과 나누고 싶은 "기부 문화"에 대해 이야기를 하고자 합니다. '기부'라는 단어가 여러분 자신에게는 얼마나 친숙하신가요? '내 코가 석자인데' 이런 속담이 먼저 떠오르는 건 아닌지요?

코는 주로 사람의 기세를 비유하는 말로 쓰입니다. 어떤 사람이 잘난 체하고 뽐내면 '코가 높다'고 말하고, 몹시 무안을 당하거나 기가 죽어 있으면 '코가 납작해졌다'라고 말하지요. 또 근심이 많아 축 처져 있으면 '코가 빠졌다'고 합니다. 한 자는 약 30.3센티미터이니 내 코가 석 자라면 90센티미터 정도는 길게 빠져 있다는 얘기겠지요. 앞을 제대로 보기도 힘들어서 불편하고 근심이 많다는 겁니다. 내 사정이 급해서 남의 고통이나 슬픔을 돌볼 여유가 없다는 뜻이지요.

세대 차이, 이념 대립, 빈부 갈등 등 한국 사회의 갈등 지수는 OECD 가입 국가 중 5위(출처: 한국보건사회연구원)를 차지하고 있습니다. 사회 양극화가 심화되고 노령화 사회로 변화되는 경쟁적 사회 속에서 우리의 아이들에게 이 시대를 헤쳐 나갈 지혜는 어떤 것이 우선일까요? 나눔은 갈등 해결의 열쇠입니다. 나눔의 액수보다 중요한 것은 약자를 배려하는 윤리 정신입니다. 단순히 잘 먹고 잘 사는 것만이 아닌 당당하게 행복을 나누는 방법을 가르쳐 주어야 합니다.

기부 문화에 익숙하게 해주는 것이 그 하나의 행복 실천이라고 생각합니다. 세계에서 가장 부자일 뿐 아니라 가장 기부를 많이 하는 사람은 빌 게이츠입니다. 그의 자산은 750억 달러, 약 85조 원에 이르고 지금까지 기부액은 270억 달러, 약 31조 원에 육박합니다. 교직에 몸담았던 빌 게이츠의 어머니는 늘 아들에게 자선 사업에 나설 것을 권유했다고 합니다. 하지만 사업에 바빠 선뜻 나서지 못하다가 1994년 어머니가 암 투병 끝에 사망하자 뒤늦은 후회를 했습니다. 빌 게이츠는 그로부터 여섯 달 뒤 자선 사업을 시작합니다. 마크 주커버그는 주식 99퍼센트를 기부했습니다. 다음 세대의 모든 어린이들을 위해 세상을 보다 좋게 만들어야 할 도덕적 책임이 있다는 것입니다.

우리 주변에도 많은 기업가와 무명의 기부가 이어지고 있습니다. 하지만 내 코가 석 자라는 속담이 먼저 떠오르듯이 당장 나에게 기부란, 나눔이란 쉽지 않은 현실입니다. 평범한 내 아이도 행복이 무엇인지 알았으면 좋겠습니다. 기부란 것이 특별한 자만의 나눔이 아니라는 것을 가르쳐 주는 교육이 어릴 적부터 이루어졌으면 합니다.

초등학생 아이에게 기부를 생활화하도록 유도했던 저의 경험을 잠깐 소개해 보겠습니다. 아이가 잠든 한밤중에 준비해 둔 빳빳한 1만 원짜리 신권 100장을 거실에 흩뿌려두고 잤습니다. 아침이 되어 거실로 나온 아이는 처음 보는 돈다발 광경에 정신이 팔려 돈을 쓸어모아 세고 또 세느라 엄마를 부를 겨를이 없을 정도였습니다. 100장을 겨우 맞추었을 때 1만 원 권 한 장을 뽑아주었고, 그때부터 아이의 이름으로 매월 기부금 이체를 해주었습니다. 나중에 더 커서 이 한 장의 기부금이 없어도 버틸 만할 때쯤이면 그때는 너의 용돈으로 기부를 하라고 했습니다. 대학생이 된 아이가 엄마를 놀라게 했던 건 자취생 생활비를 쪼개어 재능 나눔 봉사와 함께 엄마보다 더 많은 기부를 하고 있었다는 겁니다. 제가 아이에게 물려준 행복 유산입니다.

세계 기부 지수를 보면 전 세계 135개 나라 중 한국은 64위입니다. 기부는 여유 있는 사람이 형편이 어려운 사람을 위해서 내 것을 나누는 것입니다. 물질이 될 수도 있고, 재능으로 나눌 수도 있습니다. 그 단순한 전달은 어려움과 위기에 처한 사람에게 희망과 관심을 전달하여 그들에게 용기를 북돋아 준다는 것에 더 큰 의미가 있을 것입니다. 우리 아이들을 조화로운 사회에서 살게 하려는 노력을 포기하지 않는다면 행복이 나에게 돌아오는 법입니다. 기부의 의미를 어릴 적부터 일깨우는 어른들의 실천이 앞서갔으면 합니다.

_ 2016년 09월 23일

# 7 — 사람을 끌어들이는 방법

## 문화와 지역

들어가며

지역마다 고유한 색깔이 있다. 사람들이 살아온 환경과 풍습은 그 색깔에 영향을 미친다. 그 색깔은 역사와 전통, 지역 특성과 자부심의 원천이 된다. 광주는 문화 수도라고 한다. 하지만 과연 떳떳하게 문화 수도라는 이름을 사용할 수 있을까? 2년마다 한 번씩 비엔날레가 열리기는 하지만 그 외에 문화 수도에 걸맞은 모습을 보이지 못하고 있다. 진정 문화 수도라는 이름으로 불리기 위해선 그런 행사가 아니라 시민들의 삶에 문화가 깃들어야 한다.

이 장에서는 광주와 전남 지역의 발전과 문화 경쟁력을 갖추길 바라는 글들을 볼 수 있다. 지역의 발전이란 단순히 경제력을 갖추는 것만을 의미하지 않는다. 지역의 사람들이 외지로 떠나지 않고도 자유롭게 살아갈 바탕이 갖추어져야 한다. 지금까지 지역 발전이라는 것은 대규모 공단이 들어서거나 아파트 단지가 건설되는 것만을 의미했다. 하지만 그런 소모적 발전으로는 진정한 지역 발전을 이룰 수 없다. 지역의 개성과 문화가 살아남아 특유의 색을 잃지 않도록 하는 것이 중요하다.

주변과 조화를 이루는 아름다운 환경을 가꾸고, 시민들의 지혜를 모아 서로 다른 의견을 조정하고, 이를 실행하는 시스템을 구축해야 한다. 마을에 사는 사람들이 마을을 사랑하고 스스로 가꾸어 가는 곳이 좋은 마을이고 좋은 도시인 것이다.

광주가 다른 지역, 다른 도시와 차별성이 있는 것은 인권과 문화이다. 예로부터 예향으로 불린 광주에 필요한 것은 전통문화를 온전히 지키고 가꾸어 나갈 수 있는 바탕을 마련하는 것이다. 비엔날레는 그런 의미에서 좋은 계기가 될 수 있다. 전시 작품에 대한 국가의 검열과 개성 없는 프로그램은 그 의미를 퇴색할 뿐 아니라 오히려 문화 수도의 자부심에 먹칠을 하는 결과만을 낳을 뿐이다. 진정한 지역 발전과 문화 발전의 의미를 되살려야 한다.

# 문화 수도에 문화가 없다

이병완

지역마다 분야별로는 자신들이 대한민국의 수도임을 내세운 도시들이 있습니다. 퇴계 이황 등 조선 유학의 고향인 안동은 정신문화의 수도라고 주장합니다. 울산은 명실상부한 산업 수도라고 말합니다. 부산은 해양 수도라고 내세웁니다. 우리 광주는 문화 수도라고 일컫습니다.

자신들의 역사와 전통, 지역 특성과 자부심의 표현입니다. 헌데 가끔은 우리 광주가 문화 수도라는 자부심을 가져도 될까 하는 의구심이 듭니다.

전통문화는 전주대사습과 한옥마을 등 전주가 선점하여 작년엔 700만 명의 관광객이 몰렸습니다. 해양 수도를 내세우는 부산은 부산국제영화제의 집중 지원으로 이제는 국제적인 영화와 축제의 도시로 탈바꿈하고 있습니다. 울산은 세계적인 중화학 도시에서 이젠 생태환경 도시로 변모하고 있습니다.

광주에선 비엔날레가 2년마다 열립니다만 시민들의 삶과는 무관한 듯 비추어집니다. 예향이라는 과거는 있는데 현재와 미래가 불투명합니다.

이제 남은 것은 내년에 완공되는 국립아시아문화전당입니다. 하지만 문화전당이 완공된다고 문화가 저절로 꽃필 리는 없습니다. 문화가 시민의 삶 속에 녹아들고 밥이 돼야 성공할 것입니다.

문화 수도를 지향하면서 문화 담당 부시장 하나 두지 않고, 문화 행정을 총괄하는 문화정책실장은 1년에 한 번 꼴로 바뀌는 게 현실입니다. 3년 전 설립된 문화재단은 각종 인사 비리로 얼룩지고 문화의 기본인 자율과 독립은 사라진 채 시청의 산하 기관으로 전락했다는 비판을 받습니다.

1년 앞으로 다가온 아시아문화전당의 개관을 앞두고 문화 수도를 지향하는 광주의 좌표를 냉철히 되돌아 볼 때입니다.

_ 2013년 06월 20일

# 도시 재생과 광주 발전

이병훈

　도시 재생! 생소하십니까? 불과 몇 년 전만 해도 '재개발조합' '재건축지구'라는 플래카드를 큰 공사 현장마다 볼 수 있었는데, 지금은 '도시 재생'이 그 자리를 대신하고 있습니다.

　도시 재생은 '상대적으로 낙후된 기존 도시에 다각적으로 새로운 기능을 도입하여 부흥시키는 것'이라는 뜻이니, 쇠퇴한 도시에 활력을 불어넣는 것이 도시 재생입니다.

　도시 재생에는 여러 가지 방법이 있습니다. 하지만 그동안 우리나라는 철거하고 다시 짓는 재개발, 재건축 방식의 도시 재생 위주로 추진해 왔습니다.

　그런데 이 재개발, 재건축에 문제가 참 많았습니다. '돈 되는 사업'이라는 소문에 투기와 비리가 넘쳐났습니다. 그리고 재개발 과정에서 발생한 주민 사이의 갈등으로 주민 공동체는 붕괴됐습니다.

　또한 재개발 후 치솟은 집값과 개발 논리에 밀려, 원래 도시에 살던 원주민들은 쫓기듯 다른 지역으로 이사해야 했습니다.

그렇다면 도시 재생은 어떻게 해야 하는 걸까요? 먼저 주민이 주인이 돼야 합니다. 도시에 살고 있는 주민이 직접 참여하지 않는 도시 재생은 결국 재생 과정에서 또 다른 갈등을 낳게 되기 때문입니다.

둘째, 도시의 전통과 문화를 보존해야 합니다. 광주에는 상무지구, 수완지구, 금호지구 등 수많은 개발 지구가 있습니다. 그런데 개발 지구를 가보면 어딜 가나 똑같은 고층 건물, 고층 아파트 천지입니다. 도시의 특색은 없고 똑같은 상자들을 쭉 세워 놓은 모양새입니다.

모름지기 도시는 그 도시를 구성하는 마을 하나하나에 특색이 있습니다. 그리고 그 특색이 모여서 도시의 문화가 되는 것입니다. 전통과 문화를 현대적으로 보완할 때 도시는 매력을 갖게 됩니다.

셋째, 지속 가능한 재생이 이뤄져야 합니다. 역사는 발전과 쇠퇴가 반복됩니다. 이런 변화를 고려한 지속 가능한 도시 재생을 위한 연구와 인력의 양성, 그리고 시책이 필요한 것입니다.

광주를 체계적으로 분석하고, 광주에 가장 알맞은 도시 재생 방법을 연구하며, 주민이 적극적으로 참여할 때 광주는 행복한 창조도시가 될 것입니다.

_ 2013년 08월 21일

# 예술의 섬, 나오시마의 신화

이병훈

일본의 작은 섬에서 기적이 일어나고 있습니다. 쓰레기 더미의 섬에서 한 사람의 의지로 기적 같은 지역 재생이 일어나고 있는 것입니다. 그것은 세토 내해에 있는 나오시마에서 테시마, 그리고 이누지마라는 섬에서 확산되고 있는 예술 프로젝트입니다.

이 프로젝트의 중심에는 산업 폐기물로 오염돼 있는 섬에 현대 미술을 접목시켜 세상에 없는 새로운 공간을 만들어 가고 있는 (베네세 홀딩스 이사장인) 후쿠타케 소이치로라는 기업가가 있습니다.

인구도 많지 않고 산업 폐기물로 버려진 섬에 현대 미술을 상설 전시한다는 시도는 처음에는 미친 짓처럼 보였으나, 오늘날 전 세계의 이목을 집중시키고 있는 것입니다.

나오시마 국제캠핑장 개설과 베네세하우스 오픈에 이어 지추미술관, 세이렌쇼미술관, 이우환미술관 등이 차례로 문을 열고, 세토우치국제 예술제도 개막하는 등 날로 새로운 신화를 만들어 가고 있습니다. 특히 우리나라 이우환 작가의 작품을 높게 인정해 이우환미술관

기억을 기록하다

까지 문을 열었다니 흥미로운 일이 아닐 수 없습니다.

나오시마에서 출발한 이런 기적에는 문화 수도를 꿈꾸는 우리에게 많은 교훈을 던져줍니다.

첫째, 기업가의 의지와 신념이 지역을 획기적으로 바꿔 냈다는 것은 우리 기업의 윤리와 사회적 책무에 크나큰 시사점입니다.

둘째, 폐허가 된 구리제련소, 산업 폐기물이 득실대는 섬에서, 자연 친화적이고 문화적인 섬으로 바꿔냈다는 점에 이어, 이러한 과정에서 미술가와 건축가의 협업이 잘 이루어졌다는 것입니다.

다음으로 어려운 현대 미술을 지역 자연환경과 조화를 이루어 내고, 노인이 많이 사는 지역에 노인이 살기 좋은 지역을 추구했다는 것입니다.

광주는 아시아문화중심도시를 추구하고 있고, 전남은 전국 61퍼센트에 해당하는 섬을 가지고 있는데다 음식과 전통문화가 풍부한 지역입니다. 반면에 인구는 갈수록 줄어들어 최근에는 전라도가 충청도보다 인구가 적은 지역으로 전락했습니다.

우리 지역을 키우는 길! 그것은 문화예술을 통해 매력 있는 지역으로 만들고, 나아가서 국내외 관광객이 찾아드는 곳으로 만드는 데에 있습니다.

_ 2013년 10월 23일

# 문화예술과 관광을 통한 도시 재생

### 강신겸

여러분, 혹시 스페인의 빌바오, 오스트리아 그라츠, 영국의 게이츠 헤드라는 도시들의 공통점이 무엇인지 아십니까? 세계적인 문화 도시라는 것입니다. 이들 도시는 전통산업의 쇠퇴로 몰락하는 도시 경제를 재건하기 위해 문화와 관광산업을 선택했고, 도시를 문화적으로 재생하고 관광객과 기업들을 끌어들이기 위해 도시 마케팅을 펼쳤습니다. 그 결과 오늘날과 같은 세계적인 문화 도시 브랜드를 갖게 되었습니다. 한마디로 처음부터 지금처럼 잘 사는 동네, 잘 나가는 도시가 아니었던 거죠.

조선과 철강산업이 쇠퇴하면서 도시가 몰락의 길을 걷던 스페인의 북부 도시 빌바오는 도시를 살리기 위해 구겐하임미술관을 유치하는 등 문화 도시 전략으로 도시를 회생시키는 데 성공했습니다. 유럽 문화 수도로 지정된 오스트리아의 유서 깊은 역사 도시 그라츠는 문화 예술로 도시를 재개발하며 유럽의 대표적인 문화 관광 명소로 탈바꿈하게 되었습니다.

기억을 기록하다

영국의 게이츠헤드는 또 어떻습니까? 쇠퇴하던 탄광 도시였던 게이츠헤드는 1998년 거대한 '북쪽의 천사'라는 작품을 세우며 문화 도시를 향한 야심찬 도전을 알렸고, 이후 제분소를 리모델링한 볼틱현대미술관, 세이지음악당을 만들면서, 전 세계 관광객들을 끌어 모으는 문화 도시이자 관광 도시로 변모했습니다.

이처럼 전 세계의 많은 도시들이 침체와 쇠퇴를 경험하면서 문화와 관광으로 도시를 활성화하는 '문화 도시 재생 사업'을 활발히 추진하고 있습니다. 국내에서도 '도시재생특별법'이 시행되었습니다. 광주도 사람들이 떠난 구도심을 다시 살려 문화 명소이자 관광 명소로 재생할 때입니다. 뭔가 부수고 새롭게 만드는 것만이 개발은 아닙니다. '돌아갈 때 돌아가는 것', '뒤돌아볼 수 있는 과거를 보전하고 지켜내는 것'도 진보이며 발전입니다. 비어 가는 구도심을 '버려두고 끊임없이 신도시 개발과 아파트를 지어'대면서, 이것이 마치 도시 발전인양 착각하고 있지는 않는지 돌이켜봐야 합니다. 문화 도시의 미래는 반듯하지만 똑같은 아파트촌이 아니라 구도심을 중심으로 도시의 매력과 경쟁력을 높이는 데 있다는 것을 잊지 않았으면 합니다.

_ 2014년 03월 19일

# 주목받는 섬 여행

강신겸

여행 가기 좋은 계절입니다. 어김없이 꽃은 피고 봄을 맞는 우리의 마음은 설렙니다. 이번 주말 여행 계획은 있으신지요? 지난주 서울에서 내려온 몇몇 지인과 함께 '비렁길'로 유명세를 타고 있는 여수 금오도를 다녀왔습니다.

이번 여행은 바닷가 민박집을 택해 저녁과 아침식사를 부탁했는데요. 그 섬에서 생산되는 해산물과 나물로만 차려진 밥상은 환상적이었습니다. 다음날, 이른 아침 마을 앞 포구를 산책하며 갯일을 나가는 어부들을 만나고, 붉게 떠오르는 일출을 맞으면서 모처럼의 여유를 즐겼습니다. 모두 잊을 수 없는 여행이라며 흡족해했습니다.

최근 섬 여행객이 늘어나고 있는데요, 지난해 섬 여행을 떠난 여행자 수는 1,400만 명에 이른다고 합니다. 섬에는 아름다운 포구가 있고, 순박한 사람들, 맛난 음식과 정감 어린 사투리, 이야기가 있습니다. 조용하고 한적한 섬 여행이야말로 복잡한 삶에 지친 도시민들에게 마음의 평화와 위안을 주기에 충분합니다. 특별히 시설이 없어도

기억을 기록하다

그 자체로 도시 사람들에게는 매력이 있는 것 같습니다.

전남에는 보석 같은 2,219개의 섬이 있는데요, 앞으로 전남을 먹여 살릴 미래 자원이 아닌가 싶습니다. 그래서 도에서도 여러 가지 섬 관광 개발 사업을 추진하고 있는데요. 그중에는 무분별한 개발로 안타까운 점도 없지 않습니다. 언제 올지 알 수 없는 또는 여름 한철 관광객을 생각하고 시설 투자를 한다거나, 경관을 해치는 데크를 설치하고 필요 이상으로 길을 넓히기도 하죠.

섬은 있는 그대로가 자원이며 볼거리입니다. 물론 꼭 필요한 안전시설, 편의시설은 있어야 하겠습니다만 특별히 '관광용'으로 볼거리를 만들려고 애쓰기보다는, 그리고 자꾸 '없는 것'을 억지로 만들기보다는 '있는 것을 활용해 세상에 없는 것'으로 가꾸어 가는 지혜가 필요합니다.

여행객들은 회를 먹고 유람선을 타고 휙 둘러보는 '먹고 마시는 여행'이 아니라 '환경에 영향을 적게 미치는 여행, 즐겁게 배우는 여행, 지역에 도움이 되는 여행'이 되도록 해야 할 것이며, 주민들 또한 크고 거창한 시설보다 어떤 상품과 서비스를 제공할 것인지 깊이 고민해야 하겠습니다.

_ 2014년 03월 26일

# 기증 문화를 찬함

조현종

오늘날 심심찮게 기증과 기부와 관련된 소식을 전해 듣는 것만으로 우리 사회는 아직 희망이 있습니다. 기증과 기부의 본래적인 의미는 대상에 대한 법적·물리적 권리를 보장받지 않고 소유를 이전하는 것입니다. 대체로 기증이라 함은 물건을 대상으로 하고, 금전이나 금전으로 치환되는 재화의 경우는 기부로 표현합니다. 행위의 주체는 개인이나 단체가 되지만, 받는 쪽은 개인, 단체, 사회, 국가 등 목적에 따라 대상이 규정됩니다. 어떻든, 자신이 소중하게 간직해 온 것을 남에게 주는 행위는 더 이상 수식어가 필요치 않습니다. 아름다운 마음의 발로이기 때문입니다. 따라서 가치의 대소와 관계없이 기증과 기부가 많은 사회일수록 그 나라는 밝고 희망적입니다.

우리가 잘 아는 워렌 버핏이나 록펠러, 그리고 빌 게이츠와 같은 미국의 기부자들은 나눔을 실천한 최고의 부자들입니다. 그들은 한결같이 미래 세대를 위해 재산을 나누고자 사회에 환원했지요. 한편으로 조상 대대로 가문이나 집안에 전승되거나 특별한 목적으로 소

장한 문화재를 사회에 내놓는 경우도 많습니다. 대개 평생을 남다른 애정과 열정으로 모은 귀중한 문화재는 재산 이상의 의미가 있기 마련입니다. 딸 시집 보내는 것보다 더 가슴 시린 일이라는 표현이 그것이지요. 그만큼 애정을 들여 구하고 간직해 왔다는 증거이기도 하지요. 특히나 자신만의 영달을 위해서 선조의 고귀한 민족혼이 스민 문화재를 외국에 팔아넘기거나 도굴마저도 서슴지 않는 부끄러운 현실 앞에서 말입니다.

우리나라의 동원 이홍근 선생은 이러한 기증 문화재의 대표적인 선각자입니다. 일제하 성공한 사업가였던 그는 민족혼이 깃든 문화재를 수집하였으며, 타계 후 유족들은 고인의 뜻을 받들어 5,000여 점의 유물을 국가에 기증하였습니다. 단순히 수집과 보관의 단계에서 벗어나 일반인과 공유하고자 한 셈이지요. 그 결과 청자와 백자, 분청사기 등 우리나라 도자 변천사를 보여 주는 국립중앙박물관 최초의 기증실이 만들어졌습니다.

우리 고장 광주에서도 일찍이 문화재 기증 문화가 싹터 왔습니다. 개인 소장뿐 아니라 가문의 종중 유물을 기증하여 일반인들에게 공개하고자 하는 바람이 있었겠지요. 이 경우 박물관에서는 평생 모은 소중한 문화재를 기증하신 분들의 고귀한 정신과 고마운 뜻을 널리 알리기 위해 기증 문화전을 개최합니다. 국립광주박물관의 하서 김인후 선생과 필암서원 탐진 최씨 특별전 등은 그러한 대표적인 기획전입니다.

오는 4월 15일 국립광주박물관에서는 또 하나의 기획전이 열립니다. 장흥 임씨 임장원 선생의 기증 유물전입니다. 즉 규암 임장원의 선비 정신을 기리는 전시회입니다. 임장원 선생은 조선 정조 때 인물로 학문이 높고 청렴하여 정조의 총애를 받았으며 당상관에 올랐습니다. 전시는 규암의 후손인 순천의 임병선, 임광덕 선생이 기증하신 180여 점의 유물로 꾸며졌습니다. 올곧은 선비 정신과 그 후손이 보여 주는 기증의 참뜻을 살펴볼 수 있는 기회입니다.

_ 2014년 04월 16일

# 서양 미술에 말걸다

조현종

암스테르담에 위치한 리직뮤지움은 네덜란드의 대표적인 국립미술관입니다. 1885년 개관한 이 미술관은 소장품이 100만 점이 넘지만 콜렉션의 양보다는 질적인 수준이 높은 곳으로 잘 알려져 있습니다.

이곳에 있는 바로크를 대표하는 빛의 화가 렘브란트가 남긴「야경」은 가장 유명한 당대 최고의 걸작입니다. 작가는 빛과 그림자를 적절히 조화시켜 군중을 배경으로 서 있는 중앙의 두 인물과 좌측의 소녀로 시선을 향하게 하였습니다. 어둠을 배경으로 새어나온 빛들은 당대 새로운 화조의 태동을 암시하기도 합니다. 전시실에는 한쪽 벽에 437×363센티미터의 그림 한 점이 위치하고 가운데 바닥에 좁고 긴 나무의자 한 줄을 낮게 놓아 두었습니다. 말하자면 이 전시실에는 이 그림이 유일한 셈입니다. 그리고 그림의 건너편 벽에 이 그림이 원래는 시청사에 걸려 있었으며 전시장을 이동하는 동안 벽면의 크기에 맞도록 잘라 냈다는 얘기를 비롯한 정보들을 적어 놓았습니다.

이 미술관을 찾는 대부분의 한국인들은「야경」혹은「야경꾼」으로 알려진 이 그림을 찾아 달려가듯 발을 옮깁니다. 전체 미술관의 동선이 여럿인 점도 그렇고 회화 외에도 조각과 판화 등 다양한 장르인 점도 시간을 재촉하게 하는 이유가 됩니다. 그중 핵심은 아마 이곳에서 「야경」이라는 최고의 걸작을 제대로 보려 하기 때문일 것입니다. 그러나 막상 그림 앞에 서면 그림은 답답하리만큼 어둡고 빛은 적으며 내용도 민병대 군인들만 가득이어서 실망하지요. 말하자면 고흐의 별이 무수히 떨어지는 밤항구의 야경은 어디에도 없기 때문입니다. 「야경」은 어디에 있냐고 묻지 않으면 다행입니다. 로스앤젤리스 시내가 내려다보이는 언덕에는 폴게티뮤지엄이 있습니다. 정원과 전시관 건물이 잘 어울리는 이 미술관에는 세계적으로 유일한 한국인 초상화 한 점이 있습니다. 바로크 화가인 피터 폴 루벤스가 1617년경에 그린 38.4×23.5센티미터의 이 작은 그림의 주인공은 안토니오 코레아라는 조선인 또는 일본에 있던 네덜란드 무역관의 조선인 직원 등으로 알려져 있습니다. 이름이야 어떻든 인물의 인상착의는 투명한 사방관에 조선 시대 관리들이 입던 16세기 철릭을 걸치고 위엄과 덕망이 드러난 손맺음 자세를 하고 있습니다. 미간이 움푹 패인 서양인과 달리 볼록한 눈두덩이는 동양인이 분명한 것을 보면 조선인 관리일지도 모릅니다. 루벤스는 까만 분필로 몸체와 짧은 콧수염의 얼굴을 형용한 다음, 양볼과 콧등, 입술 등에 붉은색을 칠하여 젊은이의 생기를 불어 넣었습니다. 명암법으로 철릭의 입체감을 살리고 있습니다. 그러나 게티센터를 방문하는 수많은 한국인들은 400년 전 이 조선인의 존재를 알지 못합니다. 루벤스를 만나 그 모델이 된 이 조선인을 보면 임진년 왜란에 끌려간 조선인이 생각납니다.

_ 2014년 04월 17일

기억을 기록하다

# 광주도 MICE 산업에 관심 가져야

박양우

얼마 전 대구와 경주에서 제7차 세계물포럼이 열렸습니다. 이 포럼엔 전 세계 127개 나라와 국제기구 장·차관급 인사를 포함한 168개 나라 4만여 명이 참여했습니다. 아데르 야노시 헝가리 대통령 등 7개국 정상과 OECD 사무총장, UN 사무부총장 등 해외 저명인사들이 참석했습니다. 이제 우리나라에서 이 같은 국제 행사는 흔한 일이 되었습니다.

국제회의는 흔히 컨벤션 산업이라고 불립니다. 최근에는 MICE 산업이라고 불리고 있습니다. MICE 산업은 회의를 뜻하는 Meeting, 포상 관광을 뜻하는 Incentives, 국제회의를 뜻하는 Convention, 그리고 전시를 뜻하는 Exhibition의 영어 약자를 모은 용어입니다. 쉽게 말해 국제회의전시산업이라고 할 수 있습니다. 일반적으로 MICE 참가자는 일반 관광객보다 두세 배 많은 돈을 쓰는 고소비 관광객입니다. 체류 기간도 1.4배나 됩니다. 국제회의나 국제 전시를 유치하면 행사가 열리는 컨벤션센터가 직접적으로 수익을 올립니다. 뿐만 아니라 숙박할 호텔이며 식당, 백화점이나 재래시장, 택시, 영상 사업자, 심지어 경호, 안내업자들도 수입을 올립니다. 그만큼 지역 경제에 끼치는 효과가 높은 산업입니다. 정부가 MICE 산업을 의료와 한류, 크루즈, 역사와 전통문화 체험, IT 융복합 관광 등과 함께 신성장 동력 산업으로 분류, 국정 과제로 선정한 이유가 여기에 있을 것입니다.

현재 세계 각국은 MICE 산업을 육성하기 위해 범국가적 노력을 기울이고 있습니다. 우리나라는 국제회의 개최 실적만 놓고 보면 이미 세계 3위의 강국이 되었습니다. 국내의 각 도시들도 MICE 산업에 심혈을 기울이고 있습니다. 서울은 세계 4위의 초강대 MICE 도시가 되었습니다. 부산은 세계 9위, 제주는 19위를 차지했습니다. 그러나 아시아문화중심도시를 표방하는 우리 광주는 아직 국제도시로서 입지가 약한 것이 현실입니다.

7월이면 메가 스포츠 MICE인 하계 유니버시아드가 이곳 광주에서 열립니다. 우리 광주는 더 많은 국제회의와 전시회를 유치해야 합니다. 광주비엔날레 등 세계적 수준의 국제 행사를 적극 지원해 더 키워야 합니다. 현재의 컨벤션센터 확장은 물론 특색 있는 첨단 시설들을 갖추는 데도 신경을 써야 합니다. 광주시와 시민 모두가 MICE 산업에 더 많은 관심과 지원을 기울여 주기를 바랍니다.

_ 2015년 05월 05일

기억을 기록하다

# 예향 광주, 예술적 간판 정비가 필요하다

박양우

　광주는 전통 미술의 역사가 살아 있고 현대 미술의 상징인 비엔날레가 열리는 자랑스러운 미술 도시입니다. 공공 미술과 건축이 어우러진 광주 폴리가 시내 곳곳에 산재해 있는 예술적 아름다움이 넘치는 예향입니다. 그래서 우리 동네 광주를 처음 방문하는 사람들은 잔뜩 예술의 흥취를 기대하고 옵니다. 그러나 막상 와서 보고는 적잖이 실망합니다. 어떤 이들은 도심에 가득한 모텔들을 보고 모텔의 도시라고 말하기도 합니다. 정말 자존심이 상하지만 이제라도 우리 고향 광주를 냉정하게 돌아볼 때라고 생각합니다.

　예향 광주는 과연 예술적인 외모를 갖추고 있을까요? 여기에 대해서는 사람마다 의견이 다를 것입니다. 저는 이 시간에 도시의 외모 중 간판에 관해 얘기하고자 합니다. 뜬금없이 웬 간판 얘기냐고 뜨악해 하실 분이 계실지 모르겠습니다. 물론 도시의 예술성을 결정하는 가장 중요한 요소는 건축의 아름다움일 것입니다. 그러나 도시, 특히 거리의 얼굴은 뭐니 뭐니 해도 간판이라고 믿습니다.

광주로 이사 온 지 얼마 되지 않은 날 아침이었습니다. 출근하기 위해 용봉동 집을 나와 사무실까지 이어진 비엔날레로 거리를 걷고 있었습니다. 갑자기 "내가 걷고 있는 이 거리가 왜 이렇게 멋이 없고 황량하지?" 독백처럼 중얼거리는 제 모습에 스스로 깜짝 놀랐습니다. 비엔날레에 와 보신 분들은 아시겠지만 비엔날레 주변 상가와 주택가는 세계적 미술 행사가 열리는 곳이라고는 믿기지 않을 정도로 예술과는 거리가 먼 환경입니다. 작가들의 스튜디오나 갤러리는 눈을 씻고 찾아 봐도 없습니다. 어느 일반 거리와 마찬가지로 커피숍, 떡집, 제과점, 치킨집, 김밥집, 식당, 청과물점, 영어 학원, 피트니스 클럽 등 온갖 가게들이 즐비해 있습니다. 간판들은 울긋불긋한 대형 간판부터 돌출간판에 이르기까지 꼴불견인 것이 많습니다.

문화적 철학이 담긴 도시 계획에 바탕을 두고 이 지역이 개발되었더라면 정말 좋았겠다는 아쉬움이 큽니다. 이미 들어선 상점들을 없앨 수는 없을 것입니다. 그러나 가게들과 구청이 조금만 힘을 합치면 간판 정도는 충분히 다듬을 수 있습니다.

미술의 도시요, 예향인 우리 광주가 간판만이라도 좀 더 예술적으로 정비하면 좋겠습니다.

_ 2015년 05월 25일

기억을 기록하다

# 광주엔 없다

조현종


지금 이탈리아의 세계적 패션 브랜드들과 관료들은 문화재 보존을 통해서 제2차 세계대전 이후 최악의 재정 위기에 처한 조국 이탈리아 문화를 재창조하고 있습니다. 우리가 잘 아는 펜디는 약 30억 원을 기부하여 세계의 동전이 가득한 트레비분수를 복원토록 하였고, 프리미엄진 브랜드인 디젤은 베네치아를 대표하는 레알토 다리 복원을 위해 69억 5000만 원을 기부하였다고 합니다.

패션 회사 불가리는 최근 로마의 스페인 광장을 보존하기 위해 약 20억 8000만 원을 기부했습니다. 불가리는 현재 프랑스의 루이비통모에, 헤네시 그룹에 인수된 상태지만 스페인 광장 보존을 통하여 브랜드의 뿌리인 로마에 대한 의리를 지킨 것입니다.

이탈리아 패션 브랜드 회사들이 자국의 문화재 보존을 위해서 막대한 재화를 기부하는 것은 패션을 성장하게 한 자국의 문화에 대한 애착에서 출발한 것입니다. 콜로세움 복원 현장에서 역사와 문화는 어떤 비용을 치르더라도 지켜야 한다고 토즈의 설립자 렌초로스는 말합니다.

트레비 분수를 지원한 펜디 창업자의 손녀인 실비아 펜디는 로마는 펜디를 창조한 유산의 일부라고 했습니다.

그럼 우리 문화재를 바라보는 기업의 시각은 어떨까요? 대형 개발에서 이루어지는 매장 문화재 발굴이 기업에게 막대한 손해를 준다는 시각은 어제 오늘의 일이 아닙니다. 대형 기업이 우리 문화재 보존을 위해 기부금을 냈다는 소식은 과문한 탓인지 아직 들어보지 못했습니다. 이것은 기업의 인식만을 나무랄 일은 아닙니다. 거의 대부분의 사람들은 자신의 땅에서 문화재가 발굴되고 보존된다면 어떻게든 막으려고 애를 씁니다. 얼마 전 광주 신창동 사적지 내에서 확인된 마한의 주거지는 마땅히 보존되어야 할 일이지만, 시나 구청의 관리들이 법률 운운하는 사이 이 유적과 유물을 덮고 시멘트와 벽돌이 채워진 집들이 차곡차곡 들어서고 있지요. 유적 위에 가옥을 짓는 행위는 그것이 아무리 층고가 낮다고 하더라도 존재하는 유적과 유물을 망가뜨리는 일입니다.

광주가 문화의 도시이고 영원히 가꾸어야 할 소중한 유산이라면, 광주의 역사성을 담보하는 문화재에 대한 보존은 필수적인 일입니다. 경주나 부여처럼 왕조의 도읍지도 아니었던 광주는 문화재의 수나 종류가 많지 않아서 조금만 관심을 기울이면 원만하게 보존될 가능성이 많습니다. 오늘날 문화는 지나간 과거를 토대로 하여 발전해 온 것이고, 또한 미래는 오늘의 성취를 바탕으로 개척하는 것이라고 합니다. 옛 문화에 대한 보존이 없다면 오늘은 물론 미래의 문화에 대한 기대도 공허할 것이기 때문입니다.

_ 2014년 07월 15일

기억을 기록하다

# 인권과 평등, 우정과 화해의 무대

김윤석

    1968년 멕시코 올림픽 때의 일입니다. 육상 200미터 경기가 끝나고 시상식이 열렸습니다. 금메달을 딴 미국 선수를 위해 미국 국가가 울려 퍼지고 성조기가 올라가기 시작했습니다. 그런데, 시상대에 서 있던 두 흑인 선수가 검은 장갑을 낀 손을 번쩍 치켜들었습니다. 금메달과 동메달의 주인공인 미국의 토미 스미스와 존 카를로스였습니다. 그들은 검은 양말을 신고 목에는 검은 스카프를 두르고 있었습니다.

    관중들과 텔레비전을 통해 이 모습을 지켜본 미국 시민들은 깜짝 놀랐습니다. 두 흑인 선수는 참담한 흑인 인권에 대한 무언의 항의로 퍼포먼스를 벌였습니다. 이 일로 두 선수는 메달을 박탈당하고 미국 선수단에서도 쫓겨났습니다.

    당시 시상식 사진을 보면, 미국의 두 흑인 선수 앞에 백인 선수 한 명이 묵묵히 서 있는 모습이 보입니다. 은메달을 딴 오스트레일리아의 피터 노먼입니다. 그의 가슴에는 'OPHR'이라고 쓰인 배지가 달려 있었습니다. 당시 미국에서 뜨겁게 전개되고 있었던 '인권을 위한 올림픽 프로젝트'의 약자가 바로 'OPHR'입니다. 오스트레일리아의 백인 선수 피터 노먼은 이 배지를 가슴에 달고 시상대에 오름으로써, 흑인 인권 운동에 지지 의사를 보낸 것입니다.

백호주의로 백인들만 우대하는 극심한 인종차별 국가였던 오스트레일리아 정부와 국민들은 피터 노먼을 배신자 취급하였습니다. 다음 올림픽에 나갈 수 없었고, 사회 활동도 제대로 할 수 없었습니다.

2006년 피터 노먼이 세상을 떠났을 때, 스미스와 카를로스는 오스트레일리아로 날아가 그의 관을 들었습니다. 이 장면은 인권을 향한 숭고한 정신을 일깨운 감동적인 모습으로 세계인들의 가슴을 울렸습니다.

2015년 7월, 인권의 도시 광주에서 세계 대학생들의 스포츠 제전 '유니버시아드대회'가 열립니다. 세계의 젊은이들이, 스포츠를 통해 국경과 인종, 종교를 초월한 보편적 인권과 평등, 우정, 화해의 무대를 펼칠 것입니다.

_ 2014년 09월 22일

기억을 기록하다

# 콘텐츠의 힘

홍상표

2014 광주국제비엔날레가 한창입니다. 지난 1995년에 시작되어 올해로 10회, 만 20년을 맞이한 광주국제비엔날레는 세계적인 현대 미술 축제입니다. 올해는 '터전을 불태워라'라는 파격적인 주제로 38개 나라 111명의 작가가 참여하여 413점의 작품이 전시된다고 합니다. 현대 미술에는 문외한이지만, 사회 현실을 풍자하거나 때로는 우리의 선입견에 질문을 던지는 전시 작품들에 흥미를 느낍니다. 올해 광주국제비엔날레를 주관한 큐레이터 제시카 모건의 "불태운다는 것은 새로운 것을 구축한다는 것이다"라는 말이 마음에 와 닿습니다.

미술 콘텐츠뿐 아니라 모든 콘텐츠는 우리에게 감동과 위안, 즐거움과 깨달음을 줍니다. 지루한 일상에서 즐길거리가 되기도 하고, 상상력과 창의력을 키워 주어 새로운 꿈을 꾸게도 합니다. 디즈니의 영화를 좋아해 열두 살에 직접 영화를 만들어 보았다는 아이는 세계적인 명감독 스티븐 스필버그가 되었습니다.

또 콘텐츠는 우리의 현실을 일깨워 주는 역할도 합니다. 사회를 비판하는 콘텐츠를 통해 우리는 우리의 그릇된 모습을 깨닫기도 하고, 사회의 혁신을 앞당기기도 합니다. 언어와 인종, 성별과 빈부를 넘어 서로 다른 사람들과 사회를 하나의 콘텐츠로 통합하는 힘도 가지고 있습니다.

2014년 봄에 미국 텍사스에 다녀왔습니다. 텍사스 오스틴에서 열린 '사우스바이사우스웨스트'라는 페스티벌에서 다양한 우리 케이팝을 소개하기 위해서였습니다. 텍사스의 낡은 클럽에서 펼쳐진 공연에는 2,000여 명의 사람들이 함께 모여 하나가 되었습니다. 한국어로 불리는 노래에 맞춰 춤을 추고 후렴구를 따라하는 그들의 모습을 보며 '좋은 콘텐츠의 힘'을 실감할 수 있었습니다.

국민 누구나 이러한 콘텐츠를 즐길 수 있어야 합니다. 이것이 바로 정부가 만들고자 하는 '문화융성' 시대입니다. 국민 누구나 콘텐츠를 즐기며 문화로 행복해지는 삶을 향해 한국콘텐츠진흥원은 앞장서겠습니다.

_ 2014년 10월 06일

기억을 기록하다

# 한국 드라마의 인기

홍상표

중국에서 한국 드라마 열풍이 불고 있다고 합니다. 마침, 중국의 방송사와 드라마 제작사 관계자를 만나게 되어 그들에게 중국에서 한국 드라마가 인기 있는 이유를 물어보았습니다. 그들은 한국 드라마의 세 가지 특징을 그 이유로 답하였습니다.

첫째, 한국 드라마는 여성의 감성을 세밀하게 묘사한다고 합니다. 중국이나 한국이나 드라마의 주 시청자가 여성이기 때문에 여성들이 공감하고 감정 이입할 수 있는 한국 드라마에 빠져들 수밖에 없다는 것입니다.

둘째, 한국 드라마는 기발한 캐릭터를 갖고 있다고 합니다. 중국에서 신드롬을 일으키며 드라마 속 '치맥 문화'를 중국 젊은이들의 유행으로 만든 드라마 〈별에서 온 그대〉의 주인공 도민준 같은 캐릭터는 중국 드라마에서 찾을 수 없다고 합니다.

마지막으로 한국 드라마를 보면 자연스럽게 최신 패션과 IT 등 시대의 트렌드를 읽을 수 있다고 합니다. 드라마 속 인물들의 휴대폰이나 화장품, 옷 등을 보며 어떤 상품이 유행할지 예측할 수 있을 뿐 아니라, 드라마를 보지 않으면 유행을 놓치는 느낌을 갖게 된다고 합니다.

그들의 이야기를 들으며 우리 콘텐츠가 갖고 있는 경쟁력에 대해 다시 한 번 생각해 보게 되었습니다. 한류 열풍이 한때의 거품으로 끝나지 않기 위해서는 새롭고 창의적인 콘텐츠가 꾸준히 창작되어야 할 것입니다. 특히, 일본의 '혐한류' 현상이나 중국 정부의 규제와 같이 한류의 인기에 대한 반발을 줄이기 위해서는 당장의 이익에 급급하기보다 장기적인 안목의 문화 교류와 공존을 도모하는 자세를 가져야 합니다.

최근 한 경제연구소의 발표에 따르면, 한류의 인기는 콘텐츠 수출뿐 아니라 소비재의 수출이나 해외 관광객 유치, 나아가 외국인의 투자 유치까지도 촉진한다고 합니다. 우리에게 주어진 하늘의 기회, 한류가 진정한 우리 경제의 성장 동력이 되기 위해서는 지금에 안주하지 말고 더 좋은 콘텐츠를 만들기 위한 우리의 노력이 지속되어야 할 것입니다.

_ 2014년 10월 14일

기억을 기록하다

# 해남 녹우당을 통해 내려온 우리 문화

홍상표

광주에 이사와 좋아하게 된 곳 중 광주국립박물관이 있습니다. 가을에 찾았던 그곳은 잘 가꿔진 나무들 사이로 단풍이 어우러져 고즈넉하면서도 평온한 정원이 우선 마음을 사로잡습니다. 이제 흰 눈이 나뭇가지에 소복하게 앉아 있을 정원에서 한 해를 반추하며 사색에 잠겨도 좋을 듯합니다.

아름다운 정원을 뒤로 하고 박물관 건물을 향해 들어섭니다. 박물관을 찾은 이유는 10월부터 내년 1월 중순까지 열리는 특별전 때문입니다. 바로 조선 후기 선비 화가를 대표하는 윤두서의 특별전입니다. 우리 모두 한 번쯤은 보았을, 그리고 보는 순간 아마도 눈을 뗄 수 없는 경험을 공유했을 〈자화상〉으로 대표되는 공재 윤두서. 그의 서거 300주년을 기념한 이번 전시회에는 그의 작품뿐 아니라 해남 녹우당에 보관되어 있는 해남 윤씨 종가의 다양한 글과 그림, 서적 들이 함께 전시되었습니다.

고산 윤선도의 증손이기도 한 윤두서는 당쟁이 심한 조정을 피해

학문과 시서화로 전 생애를 보내며 조선 후기 화단의 선구자로 우뚝 섰습니다. 당대의 평론가인 청죽 남태응은 "백 년 만에 윤두서 한 사람이 나왔다"고 그를 평하기도 했습니다. 그의 화풍은 아들인 낙서 윤덕희와 손자 청고 윤용에 이어져 일가(一家)로 명성을 날렸습니다. 이번 특별전에는 이삼대의 작품이 전시되어 있습니다. 또 이들과 교류했던 이들의 작품도 함께 전시되어 해남 녹우당이 당시의 문인뿐 아니라 후대의 문인, 화가들에게 얼마나 큰 예술과 학문의 보고였는지 느끼게 합니다.

윤두서를 비롯한 해남 윤씨 일가는 시서화뿐 아니라 경제, 천문, 지리, 의학 등 다방면에 관심이 많았다고 합니다. 소학의 위민사상을 가훈으로 나양한 실용적 학문을 중심하는 가풍은 그 이후에도 이어졌습니다. 그리고 이것을 이어받은 이가 바로 윤두서의 외증손인 다산 정약용입니다.

고산 윤선도를 필두로 공재 윤두서 삼대를 거쳐 다산 정약용으로 내려오는 가문의 전통은 조선 후기 우리 문화의 르네상스를 만들어 냈습니다. 이제 우리에게 잊힌 단어, 전통의 힘을 다시 생각해 보게 됩니다.

_ 2014년 12월 30일

기억을 기록하다

# 전통문화 보존의 출발점

박종환

    우리나라에는 전통문화를 지키기 위해서 보존해 놓은 민속마을과 새로 조성한 전통 모습의 마을들이 곳곳에 있습니다. 언젠가 88고속도로를 달리다가 고속도로에 세워진 민속마을 표지판을 따라 들어가 그 마을을 구경한 적이 있었습니다. 평일이어선지 관광객은 많지 않았지만 길가의 집 마당에서 장 끓이는 냄새와 장작 냄새가 거리를 덮고 있었습니다.

    새로 조성되어 있어서 깨끗했지만 왠지 거리의 분위기는 마을이라는 옛스러운 느낌을 주지는 못했습니다. 마을의 한가운데 시원하게 직선으로 뻗은 대로가 있고 그 길을 중심으로 사방 반듯한 바둑판 모양의 구획을 하고 이 구획을 중심으로 마을의 집들을 배치해 놓았기 때문입니다. 마을 전체를 직선으로 구획한 것은 교통의 편리함과 깨끗하고 단정한 마을 외관을 만들기 위한 계획이었을 것입니다. 하지만 현대에 들어 새로 조성한 것이라고는 해도 그것이 옛 모습을 재현하고자 한 것이었다면 전통 시대의 분위기까지 담아 낼 수 있는 자연스러운 배치가 아쉬웠습니다. 굽이쳐 흐르는 아름다운 강줄기마저 반듯하게 뚫어 놓은 삭막한 풍경의 또 다른 모습이었습니다.

직선은 문명의 상징입니다. 그리고 그것은 근대화와 도시와 산업화와 서구 문명을 연상시키는 모습입니다. 편리한 것의 상징이기도 합니다. 반면 자연의 아름다움은 곡선을 이루고 있습니다. 마을을 둘러싼 산등성이도 곡선입니다. 불편하지만 여유가 있고 사람 사이의 정을 느끼게 해주며 운치가 있는 모습이 곡선입니다. 한옥의 처마끝이 아름다운 곡선이고, 우리나라의 산야를 덮고 있는 소나무 숲은 구부러지고 휘어진 자연스러운 모습입니다. 그것은 곧게 뻗은 삼나무 숲으로 뒤덮인 일본의 산들과는 전혀 다른 모습입니다.

우리 문화의 과거를 보존하고자 하는 전통 민속마을에서조차 그 얼개에서부터 현대 문명의 편리함을 따라가는 것은 전통 보존의 본질을 놓치는 것입니다. 전통의 보존은 있는 그대로의 모습을 지키는 것에서 시작되어야 할 것입니다. 조금 불편하더라도 언덕을 깎아내지 않고 자연스럽게 그 언덕을 돌아가게 만든 둥근 마을길들과 마을 가운데 서 있는 느티나무까지 그대로 살려내는 전통의 보존을 기다려 봅니다.

_ 2015년 01월 02일

기억을 기록하다

# 문화의 힘

김윤석

세계적인 팝그룹 비틀즈의 고향으로 잘 알려진 영국 리버풀은 그저 쇠락해 가는 공업 도시에 불과했습니다. 인구 44만 명의 작은 이 도시는 비틀즈로 인해 록 음악의 성지로 다시 태어났고, 2008년에는 '유럽 문화 수도'로 지정되었습니다. 이후 매년 1,500만 명의 관광객을 유치하고 있습니다. 수많은 문화유산과 스토리를 보유한 문화 도시로 다시 태어난 것입니다.

영국 안의 작은 국가, 스코틀랜드의 에든버러는 '축제'의 성공 신화로 손꼽힙니다. 제2차 세계대전으로 인해 상처받은 이들의 정신을 치유하려는 목적으로, 1947년에 시작된 '에든버러 페스티벌'은 8월 중순부터 3주 동안 열리는 세계 최대 공연 축제가 되었습니다.

도시를 바꾼 '문화'의 힘은 국제 스포츠 이벤트 속에서도 찾아볼 수 있습니다. 지난해 열린 소치동계올림픽은 러시아의 깊고 넓은 문화의 정수를 듬뿍 녹여낸 개막 행사로 세계인의 이목을 집중시켰습니다.

밴쿠버올림픽은 '문화 올림픽'의 시초라 불립니다. 올림픽 기간을 포함해 두 달간 '밴쿠버올림픽 예술 축제'를 펼쳐 자국뿐 아니라 각 국의 예술 문화를 즐기는 프로그램을 선보였습니다.

세계 대학생들의 올림픽인 광주 유니버시아드대회 역시 개 · 폐회식에서 예향 광주의 매력을 발산할 작품들을 선보이게 됩니다. 대회 기간에는 세계 청년들과 온 시민이 함께 문화를 즐기며 도시 전체가 들썩거릴 것입니다. 광주의 멋과 맛에 빠진 청년들은 대회가 끝난 이후에도 광주를 그리워하겠지요. 그렇게 광주는 외지인들에게 '다시 찾고 싶은 곳'으로 각인될 것입니다. 유니버시아드대회와 국립아시아문화전당 개관을 앞둔 광주, 이제는 우리가 문화의 힘을 보여 줄 때입니다.

_ 2015년 01월 27일

기억을 기록하다

# 소중하게 지켜져야 할 지역의 역사

박중환

영산강 유역에는 수많은 문화유산이 있습니다. 그 가운데 지금으로부터 약 1500년 전 우리 지역에 존재했던 고대 정치 세력의 실체를 보여 주는 것이 나주 반남면 일대를 중심으로 남아 있는 수백 개의 고분들입니다. 이 고분들이 만들어진 때는 우리 역사에서 삼국 시대라고 부르는 시기이기 때문에 이때 영산강 유역은 당연히 백제의 영역이었다고 생각하기 쉽습니다. 그런데 영산강 유역의 고분들은 한강이나 충남 공주 지역의 백제 고분들과는 구조가 전혀 다르고 규모는 오히려 더 큰 것들이 많습니다. 삼국 시대라면 고구려와 백제와 신라라고 하는 세 개의 나라가 있었을 것이라고 생각하는 우리의 고정관념을 혼란스럽게 만드는 물질 자료들입니다. 고고학적으로 대형 고분의 출현은 국가의 탄생을 가리키는 자료입니다. 이러한 유적들을 잘 살펴보면 기원 전후부터 700년까지 한반도 안에는 고구려를 비롯한 세 개의 나라만 존재하고 있었던 것이 아님을 알 수 있습니다. 그런데 삼국의 역사를 정리한 역사가들이 각 영역의 경쟁에서 최후에 승리했던 세 나라의 역사를 중심으로 기록했기 때문에 마치 처음부터 세 나라만 있었던 것처럼 이해하는 경향이 있습니다. 기록 때문입니다. 그러나 삼국 역사의 여명기인 수백 년 동안은 한반도 안에 실로 다양한 정치 세력들이 존재하고 있었습니다. 낙동강 유역에 있었던 가야나 영산강 유역에서 옹관묘를 만들었던 마한 사람들이 바로 그러한 정치체들입니다.

민족 전체의 역사가 잘 지켜져야 하듯이 지역의 역사도 소중하게 지켜져야 합니다. 이들은 모두 화려했기 때문에 소중한 것은 아닙니다. 영산강 유역이 종국에 백제의 세력 아래 들어갔다는 사실은 부인할 필요가 없습니다. 그렇지만 『삼국사기』라고 하는 책이 설명하는 것처럼 기원 전후부터 한반도 안에 세 개의 나라만이 존재하고 있었다고 생각하는 것은 맹목적인 역사 인식입니다. 수백 년 동안 삼국과 함께 성장하면서 고유의 토착 문화를 유지했던 영산강 유역 사람들의 역사를 지금 남아 있는 고분의 모습 그대로 인정하는 것은 우리 지역의 옛 이야기를 소중하게 가꾸는 문화적 자존의 출발점이 될 것입니다.

_ 2015년 02월 18일

기억을 기록하다

# 이웃 마을 전주를 배우자

박양우

요새 이웃 마을 전주가 관광 명소로 인기가 높습니다. 특히 주말이면 전주 한옥마을은 외지 관광객들로 북새통을 이룹니다. 전주는 이제 우리나라 대표 관광 목적지가 되었습니다. 우리 동네 광주는 언제쯤 외지 관광객들로 몸살을 앓고 있다는 소식을 들을 수 있을까요?

최근 들어 온 지자체가 관광객 유치에 열을 올리고 있습니다. 관광 상품 개발은 물론 홍보도 치열합니다. 서울역, 용산역, 전철, 거리 전광판 등 서울 시내는 온통 지방 관광 홍보로 가득합니다. 굴뚝 없는 부가가치를 만들어 내고 일자리 만드는 데 효녀 노릇을 하는 산업이기 때문입니다. 관광지의 선호도도 지난 수십 년 동안 많이 바뀌었습니다. 과거 듣도 보도 못한 지역들이 지금은 명소가 되어 있는 경우가 부지기수입니다.

관광이라는 단어를 한자로 쓰면 '볼 관(觀)' 자에 '빛 광(光)' 자입니다. 『주역』에 나오는 글에서 '관' 자와 '광' 자, 두 글자를 따온 것입니다만, 직역하면 빛을 본다는 뜻입니다. 여기서 빛은 그 지역의 문화를 말한다고 할 수 있습니다. 그러니 광주에 관광하러 온다는 것은 결국 우리 동네가 그동안 가꿔온 문화적 유산들을 보고 체험하러 온다는 뜻이 됩니다.

그럼 왜 이웃 동네 전주에는 그토록 많은 관광객들이 찾아오는 데 반해, 우리 동네 광주는 그렇지 못할까요? 저는 전주의 성공 원인을 한옥마을이 갖는 차별성과 우월성이라고 생각합니다. 전국적으로 한옥마을은 꽤 많습니다. 그러나 양반들이 사는 한옥마을이 대도시 안에 있는 경우는 서울 빼고 전주가 거의 유일합니다. 그런데다가 요즘 여행에서 대세라고 할 수 있는 뛰어난 먹을거리, 바로 전국적인 대표 식품 비빔밥과 콩나물국밥이 있습니다. 그 밖에도 몇 가지 장점이 있겠습니다만, 한마디로 볼거리와 먹을거리의 조화 덕분이라고 할 수 있을 것입니다.

상품을 판매할 때 타사 제품보다 뛰어난 점을 부각시켜 차별화시키는 것을 포지셔닝이라고 합니다. 막연한 관광 상품으로 외지 사람들이 찾아오길 기다리는 것은 나무에서 생선을 구하는 것과 다름없습니다. 우리 동네 광주도 볼거리와 먹거리를 특화시켜야 합니다. 거기다가 살거리까지 겸한다면 금상첨화가 될 것입니다. 이제부터라도 다른 곳과 차별되면서도 손님들에게 최고의 만족을 드릴 수 있는 관광지, 관광 상품을 만들려 노력을 기울여야 합니다.

_ 2015년 07월 03일

기억을 기록하다

# 스낵 문화를 건강 문화로

김영주

　혹시 '스낵 컬처'라는 말을 들어 보셨나요? 요즘 듣도 보도 못한 것들이 한둘이 아닙니다만, 그중 '스낵 컬처'란 요상한 말이 고개를 끄덕이게 합니다. 스낵이란 간단한 식사나 간식 거리를 말하지요. '스낵 컬처'란 시간·장소에 상관없이 짧은 시간에 가볍게 스낵을 즐기듯이 문화를 향유한다는 뜻입니다. 지하철역, 병원, 공원, 거리에서 하는 공연 같은 것들이 되겠지요. 스마트폰의 등장으로 만화, 소설, 드라마, 게임, 뮤직비디오 등 웹콘텐츠를 짬짬이 즐기는 행태를 일컫기도 합니다. 이제 대중문화는 이동하는 동안, 친구를 기다리는 동안, 혹은 점심식사 후 언제 어디서나 잠시의 짬도 그냥 두지 않고 가볍게 소비되고 있습니다. 오디오든, 비디오든, 이미지든, 텍스트든 대체로 짧고 간추린 콘텐츠입니다. 짧은 시간에 감성을 건드리고 재미에 빠지게 만드는 콘텐츠가 대세입니다.

　'스낵 컬처' 콘텐츠는 단지 몇 분, 몇 초만 투자하면 소화할 수 있지요. 몇 글자만 사용한 시도 소소한 재미와 공감을 안겨주고, 아예

10분 정도의 분량으로 스마트폰용 영화와 드라마도 제작되고 있습니다. 요약형 기사, 사진과 이미지에 짧은 설명을 붙인 뉴스도 늘어나고 있습니다. 뉴스와 기사도 시각적으로 아름다워야 듣고 보는 세상이 된 셈입니다. 이렇듯 '스낵 컬처' 콘텐츠는 짧은 시간에 감동과 재미를 주기 위해 기존 콘텐츠의 틀을 깨는 파격이 필요합니다. 호기심과 욕망을 자극하고 사회의 통념과 상식을 비트는 내용이 많아지고 있습니다. 욕설과 비방이 넘치고 노골적인 광고를 담은 가볍고 위험한 콘텐츠가 쏟아집니다. 원작이나 사실을 각색 왜곡한 기발한 요약형 콘텐츠가 판칩니다.

물론 스낵 컬처를 즐기는 자투리 시간마저 굳이 진중하고 진지할 필요는 없겠지요. 다만 긴 호흡과 깊이를 필요로 하는 '지식 텍스트'들이 일회성 재미와 단편적 지식을 좇는 콘텐츠에 의해 밀려나는 건 막아야 합니다. 한 번 웃고 지나는 오락물과 잠깐 스쳐 지나는 지식이 사회와 문화의 본류가 된다면 사회와 인류는 혼돈으로 가치와 기본을 잃고 황폐해지고 궁극적으로 건강을 잃을 것입니다. '스낵 컬처'가 주식이나 끼니를 밀어내지 않고 문화 영양에 도움이 되고 건강을 증진시키는 주전부리가 되도록 관심을 기울이고 제도적 고민을 해야 할 때입니다.

_ 2016년 01월 04일

기억을 기록하다

# 증심사 풍경 소리에 실어

이동순

무등산 산머리에 하얀 구름이 살짝 앉더니 금세 하늘로 날아오릅니다. 날아오른 구름을 좇다 멈춘 시선의 끝에 나지막이 무등산의 품에 안겨 오가는 이들의 발길을 잡는 곳이 있습니다. 청태 낀 기왓장이 정겹고 지나는 바람 소리조차 청명한 이곳은 오랫동안 사람들의 발길을 보듬어 온 곳입니다. 맑은 계곡을 옆구리에 끼고 앉아 노래 한 소절 흥얼거릴 만도 한데 언제나 지긋한 눈빛으로 의연할 뿐입니다.

무등산은 조선 팔경 중의 하나였습니다. 그 안에는 크고 작은 사찰들이 있어 마음을 쉬고, 발길을 멈추어 멀리 곡선으로 흐르는 산맥들을 향하여 삶의 무게를 조용히 내려도 놓았을 것입니다. 1934년 6월 6일자 동아일보에는 증심사를 "남조선 지방에서 명산으로서 첫손가락을 꼽게 되는 무등산 기슭에는 증심사라는 고찰이 있는바 그곳은 수석이 명미하야 시인묵객의 집팽이를 이끌게 되는 곳"으로 소개하고 있습니다. 이는 사찰이 민중들과 분리되어 산 속에서 홀로 수행자들만을 품은 공간이 아니라 오래전부터 민중들에게 열린 공간이었음을 말해 줍니다.

1920년대 증심사는 스님 다섯 분이 수행 정진하는 가난한 절에 불과했습니다. 그러나 증심사는 일제 치하의 엄혹했던 시절, 광주의 민족 운동가들과 전국의 소년 운동가들이 민족의 미래를 위해 비밀 회합을 열었던 곳입니다. 가난한 절이라고 해서 품까지 가난하지는 않았던 것입니다. 그런 덕분에 증심사는 민족 운동가들의 발길이 잦았습니다. 1928년 8월 일제의 경찰들은 증심사를 완전히 포위하고 비밀회합을 갖고 있던 전국의 소년 운동가 40명 전원을 검속하고 체포하였습니다. 대부분은 석방되었으나 동요 「봄맞이 가자」를 쓴 시인 김태오를 비롯하여 네 명은 보안법 위반으로 재판에 회부되어 금고 4월형을 선고받았습니다. 이들은 조선 소년 운동의 첫 번째 희생자로 기록되었습니다.

그럼에도 불구하고 증심사는 조선기독교청년회 전남연맹에서 일주일 동안 농촌 지도자 강습회를 열 수 있도록 문을 열어 성경을 읽고 기독교의 당면 문제를 고민하고 조선 소년 운동의 지도 원칙을 나누며, 기독교 청년 운동의 방침을 고민할 수 있게 했습니다. 뿐만 아니라 '민중의 복리'와 '무산계급의 해방'을 목표로 하면서도 '광주노동공제회'와 '광주청년회'로 양분되었던 단체를 '광주협회'라는 단일 단체로 통합하고 창립할 수 있게도 품을 열어 주었습니다.

90년 전, 증심사는 종파를 초월하였을 뿐만 아니라 민중들이 언제든지 기댈 수 있도록 사립문을 활짝 열어 놓고 있었던 것입니다. 이렇게 증심사는 민족의 운명을 민중과 함께 한 사찰이었습니다. 늦었지만 이제라도 증심사를 항일 민족운동의 사적지로 지정하여 육체의 쉼터뿐만 아니라 살아 있는 역사의 현장이 되게 하여야 할 것입니다.

_ 2016년 06월 20일

# 지역 역사 보존의 지혜

박중환

전남 지역에서 문화재와 고대 역사를 보존하는 일을 하면서 자주 접하는 질문이 있습니다. "이 지역은 과거에 백제에 속하는 땅이 아니었던가요?" 하는 질문입니다. 영산강 유역을 비롯한 전남 지역이 서기 369년에 비로소 백제의 영토가 되었다고 보는 해석이 널리 알려져 있지만 그것은 『일본서기』라고 하는 외국 역사책의 기록을 토대로 한 해석이고, 그 기록에는 수많은 의문점들이 있습니다. 최근에는 이 지역에 남아 있는 유적에 대한 연구를 토대로 서기 500년 이후에도 이곳이 백제가 아니라 마한이라는 세력의 중심지였다고 볼 수 있는 자료들이 발견되고 있습니다.

결국 이 지역은 어느 단계까지는 삼한 시대에 속한 마한의 영역이었고, 보다 늦은 시기에는 백제의 영토에 들어갔던 곳입니다. 이처럼 마한과 백제에 걸쳐 있었던 이 지역의 고대사를 둘러싸고 마한과 백제 가운데 어느 쪽을 강조할 것인가에 대하여 전문가들 사이에 의견이 엇갈리고 있습니다. 한쪽에서는 삼국의 한 축이었던 백제의 영

기억을 기록하다

역이었음을 강조해야만 유적의 연구나 개발, 활용 등에 있어서 예산의 확보가 더 쉬울 것이라는 점을 들어 백제 문화권 편입을 주장합니다. 하지만 경남 김해나 경북 고령 지역 등에서 대가야나 금관가야의 문화를 보존하기 위해 기울인 낙동강 유역 사람들의 노력을 보면 그러한 주장도 타당성이 없음을 알 수 있습니다. 이들 지역 역시 서기 500년이 넘도록 신라와는 다른 가야 제국의 정치 문화가 발전했던 곳입니다. 백제나 신라 가운데 양자택일해야만 지역 고대사가 살아나는 것은 아닌 것입니다.

우리의 고대사를 지나치게 삼국 중심으로 생각해 왔던 그동안의 관행에 문제는 없었는지 살펴보아야 할 때입니다. 이 지역은 가장 늦게 백제 속에 들어갔고, 때문에 백제의 영역 안에서는 변방의 위치를 벗어나기 어렵습니다. 백제 문화로서 이 지역에 남아 있는 유적과 유물이 부여나 공주 지역에 비하여 빈약한 것도 이 때문입니다. 반면 삼한시대의 역사를 통하여 살펴보면 삼한의 종주국이었던 마한의 마지막 중심지로서의 위상을 가지고 있던 곳이었음을 확인할 수 있습니다. 삼한 단계의 역사는 삼국 단계의 역사보다 열등한 역사일 수 없습니다. 지역 역사가 갖고 있는 대표성과 특징을 정확하게 바라볼 수 있는 혜안이 필요한 때입니다.

_ 2016년 08월 23일

# 농업 유산과 어업 유산

### 이상무

    전남 완도군 청산도는 농어촌의 아름다운 경관과 전통문화가 잘 보존되어 있기로 유명한 곳입니다. 특히 구들장논은 청산도에서만 볼 수 있는 독특한 농업 시스템입니다. 얼핏 보면 일반 계단식 논과 다름없어 보이지만, 이름 그대로 구들장이 설치됐다는 점이 특징입니다. 얇고 넓은 돌로 논바닥에 통수로를 만들어 물을 대거나 빼는 데 활용한 것입니다.

    약 400년 전부터 이어져 온 구들장논은 '국가중요농업유산' 제1호로 지정됐습니다. '농업 유산'이란 역사성이 있고 보존 가치가 높아 국가에서 지정하는 유무형의 농업 자원을 말합니다. 지금까지 지정된 여섯 곳의 농업 유산 중 세 곳이 전라남도에 있습니다. 청산도의 구들장논 외에 구례의 산수유 농업과 담양의 대나무밭이 농업 유산으로서 가치를 인정받았습니다. 구례 산수유마을은 100년 이상 된 산수유나무 1,000여 그루와 마을길, 낮은 돌담이 어우러져 아름다운 경관을 보여 주고 있습니다. 또한 담양은 우리나라 대나무의 34퍼센트가 자라고 있는 대표적인 대나무 자생지입니다.

농촌에 농업 유산이 있다면 어촌엔 '어업 유산'이 있습니다. 마찬가지로 어촌의 전통적인 어업 자원을 발굴하고 보존하기 위해 지정되고 있습니다. 전남의 어업 유산으로는 보성 벌교읍의 뻘배 어업이 있습니다. 뻘배는 나무로 된 긴 배를 말합니다. 벌교의 아낙네는 뻘배를 타고 드넓은 갯벌을 누비며 꼬막을 캡니다. 그렇게 꼬막을 채취해 얻은 수입을 공동 분배하여 공동체를 유지하는 마을도 있습니다.

경제 논리로만 농어촌을 개발한다면 청산도의 구들장논이나 벌교의 뻘배 어업은 언젠가 사라질지도 모릅니다. 그러나 우리에겐 농어촌의 전통문화와 자원을 후손에게 물려주어야 할 의무가 있습니다. 단순히 보존하는 것에서 나아가 많은 국민이 향유할 수 있도록 발전적으로 활용할 필요도 있습니다. 정부와 지역 주민이 협력하고, 국민의 관심이 더해져야 할 것입니다. 농업 유산과 어업 유산, 우리 모두가 기억하고 가꾸어야 할 소중한 자산입니다.

_ 2016년 10월 24일

# 문화예술인 블랙리스트

오수성

하루가 다르게 터져 나오는 박근혜 정부의 갖가지 부정과 비리에 차마 입을 다물 수가 없습니다. 그중 문화예술인을 탄압한 블랙리스트 파문으로 문화예술계가 일파만파 들끓고 있습니다. 문체부 장관과 차관이 청와대 정무수석과 비서관으로 재직할 당시, 정무수석실에서 문화예술인들을 옥죄는 블랙리스트 작성을 주도했다는 문체부 내부 관계자들의 폭로 내용은 충격적입니다.

당시는 세월호 사건을 다룬 다큐 영화 〈다이빙벨〉의 부산영화제 초청 불허 논란과 광주비엔날레에서 홍성담 작가가 박근혜 대통령을 허수아비로 풍자한 〈세월오월〉의 전시 파동 등으로 문화예술계의 시국 이슈가 쟁점화되는 상황이었습니다. 청와대 정무수석실에서 지원하지 말아야 할 문화예술계 인사와 단체들의 블랙리스트를 작성하여 문체부와 문예위로 내려 보내 지원 사업 선정에서 배제하도록 했다고 합니다. 블랙리스트에 오른 문화예술인이 9,400명이 넘는다고 합니다.

기억을 기록하다

표현의 자유를 앞장서서 보호해야 할 문체부 장관이 블랙리스트 작성 책임자였다는 사실에 국민들이 분노하고 있습니다. 한국문화진흥원은 도서 지원 심사에서 5·18을 다룬 한강의 『소년이 온다』를 선정에서 배제한 것으로 드러났습니다. 한강은 소설 『채식주의자』로 올해 세계적인 문학상인 맨부커상을 수상한 작가입니다. 그런데 사상적 편향성을 문제 삼아 심사에서 탈락시켰습니다. 그 외에도 세월호와 관련된 작품들도 모두 탈락되었다고 합니다.

최순실, 차은택, 김종 등의 사적인 인맥으로 문체부의 인사와 주요 문화 정책 사업의 예산 몰아주기 등이 파행적으로 진행된 것이 속속 드러나고 있습니다. 이런 모든 일이 박근혜 대통령 지시나 묵인 없이 진행되었다는 것은 도저히 불가능한 일입니다.

예술인들은 '우리 모두가 블랙리스트 예술가'라고 기자회견을 하였고 시국선언에 나섰으며, 광화문 광장에 캠핑촌을 만들어 끊임없이 블랙리스트 페스티벌과 시국 좌담을 하며 행위예술로 저항하고 있습니다. 광화문 광장에 100만 명이 모여 퇴진을 외치는 것이 이해되는 대목입니다.

_ 2016년 11월 18일

# 8 ─── 장기 지속의 세계를 꿈꾸다

## 환경과 미래

들어가며

현대 사회를 한마디로 정의하자면 고에너지 사회라고 할 수 있다. 우리의 일상은 에너지 소비로 시작해 에너지 소비로 끝난다. 에너지 소비는 동시에 환경의 파괴로 이어진다. 더 많은 에너지가 필요해 환경을 파괴하고, 그렇게 발생한 에너지를 소비하는 과정에서 환경은 또 한번 파괴된다. 인류의 지속 가능성은 둘째 치고라도 지구의 지속 가능성마저 담보할 수 없는 상황에 이르렀다. 반감기가 50만 년인 원자력 에너지를 아무렇지 않게 생산하고, 수천 가지 생물의 터전인 강바닥을 마구 파헤친다. 푸른 잔디밭에서 골프를 치기 위해 산을 깎아내고, 자연상태에서는 생성되지 않는 중금속으로 생태계를 교란시킨다.

이 장에서는 장기 지속의 세계를 모색하기 위한 글들을 만날 수 있다. 『야생초 편지』의 저자 황대권이 지속적으로 제기하는 원전의 위험성에 대한 글은 이 장의 중심이다. 환경을 지키는 것은 단순히 문명 시대 이전으로 돌아가자는 주장이 아니다. 환경 친화적이고 장기 지속적인 삶을 유지하기 위해선 새로운 테크놀로지가 필요하다. 그 해답은 과학에 있다.

과학의 발전이 인간의 편리에만 종사하던 시대는 저물었다. 이제 과학은 인류의 편리함이 아니라 인류의 생존, 나아가 지구의 생존을 고민하고 있다. 친환경적인 기술을 개발하고, 이를 적극적으로 생활 속으로 끌어오고 있다.

환경 문제는 개인의 실천만으로 해결할 수 있는 게 아니다. 지역 사회가 움직여야 하고, 국가가 정책적으로 뒷받침해야 하며, 국가와 국가 간의 협력이 무엇보다 중요하다. 황사를 피하기 위해 마스크를 쓰고 외출을 삼가는 것은 문제 해결에 아무런 도움이 되지 않는다. 한국, 중국, 일본, 몽골이 함께 대책을 세우고 해결해 나가야 한다. 우주에서 본 지구는 작고 파란 점에 불과하다. 하지만 그 지구에는 수십억 종류의 생명체가 있다. 그리고 어쩌면 이 광대한 우주에서 유일하게 생명체가 살고 있는 행성일 수 있다. 지구의 지속 가능성을 꾀하는 것은 따라서 우주적인 사업이 될 것이다.

# 원자력 에너지는 과연 안전합니까

황대권

    2년 전 후쿠시마 사고 이후 정부와 한수원이 가장 역점을 두고 홍보하는 분야가 바로 원전의 안전성입니다. 해일과 지진에 원전 네 개가 한꺼번에 파괴되어 온 천지에 방사능을 뿜어 내고 있는 후쿠시마 사고야말로 왜 원전을 더 이상 지어서는 안 되는지를 보여 주는 살아 있는 증거라 하겠습니다.

    정부는 우리 원자로가 안전한 이유로 지진과 해일의 피해가 거의 없다는 점을 꼽고 있습니다. 물론 우리가 지진 빈발 지대에서 벗어나 있는 것은 큰 행운입니다. 하지만 대부분의 사고는 인재입니다. 근무자의 실수와 비리, 부정, 태만 등에 의해 일어나는 경우가 많습니다. 역사상 최악의 원전 사고라는 체르노빌 사고도 근무자의 운전 실수에 의해 일어난 것입니다.

    최근에 원전 산업계를 수렁으로 몰아넣고 있는 가짜 부품 사건도 그렇습니다. 한번 사고가 나면 복구 불능의 피해를 입히는 원자로에 가짜 부품을 넣다니 제정신이 아닙니다. 그러면서도 입만 열면 안전하다고 외쳐대는 정부와 한수원을 어찌 믿을 수 있습니까? 규율 잘 지키기로 유명한 일본인들도 후쿠시마 사고를 통해 그동안 일본 정부가 얼마나 많은 거짓말을 해왔는지를 알고 몸서리를 쳤습니다.

왜 이렇게 거짓말을 하는 걸까요? 원자력은 한 번 불을 붙이면 인위적으로 끌 수 없을 정도로 많은 열량을 내기 때문에 다루기가 어렵기는 하지만 그만큼 많은 수익을 올릴 수 있는 에너지입니다. 수익성을 중시하는 업자의 입장에서는 위험을 감수하고서라도 돈을 벌고 싶은 유혹에 늘 시달립니다. 지금까지 한수원의 원전 운영 이력을 보면 안전성보다 수익성을 우선시했다는 것을 알 수 있습니다. 그럴 때마다 그들은 국민 생활에 불편을 끼치지 않기 위해서라며 자신들의 검은 속내를 감추곤 했습니다.

쉬어야 할 때 제대로 쉬지도 못하고, 안전을 위해 정품을 써야 할 자리에 임시방편을 쓰다 보니 우리의 원전은 잦은 고장에 시달립니다. 그러다가 큰 사고라도 나면 과연 누가 책임을 져야 하나요? 원전 관계자들이야 사표를 쓰면 그만이지만 그 뒷감당은 모두 국민이 져야 합니다. 인간이 만들어 낸 발전소 가운데 가장 위험한 원자력발전소는 무조건 안전성을 최우선시하여 운영해야 합니다.

_ 2013년 06월 27일

# 전쟁과 원자력, 마약

황대권

원자력 발전소와 전쟁은 떼려야 뗄 수 없는 관계입니다. 최초의 원자로가 핵폭탄 제조를 위해 만들어졌다는 것은 모두가 아는 사실입니다. 미국은 이렇게 만든 핵폭탄을 사용하여 제2차 세계대전에서 일본을 굴복시킬 수 있었습니다. 그런데 일본은 불사조같이 되살아나 지금은 세계 경제를 좌지우지하는 경제 대국이 됐습니다. 그들은 마치 전쟁을 치르듯 경제 건설에 임했습니다. 일본의 믿어지지 않는 급속한 경제 성장의 배후에는 원자력 에너지가 있습니다. 화산과 지진이 빈번히 일어나는 땅임에도 한 방에 우뚝 서기 위해 그들은 위험천만한 원자력 에너지를 선택했던 것입니다. 원자력 에너지는 정부가 선전하는 것처럼 안전하지도, 깨끗하지도, 경제적이지도 않습니다. 그럼에도 경제 성장에 목을 매는 모든 나라가 선호하는 이유는 한 번에 얻을 수 있는 엄청난 양의 에너지 때문입니다.

원자력 에너지에 집착하는 사람들의 정신 상태는 마약 중독자의 그것과 같습니다. 마약을 하면 단번에 감당할 수 없는 쾌락과 행복감을 느낄 수 있습니다. 그러나 그 대가는 끔찍합니다. 먼저 주변의 친구와 가족으로부터 멀어지고 나중에는 사회로부터 추방됩니다. 그러는 사이, 건강은 악화되어 결국 아무도 돌보지 않는 곳에서 쓸쓸히 죽어 갑니다. 원자력 에너지가 꼭 그렇습니다. 단번에 엄청난 에너지를 얻기 위해 주변 지역의 생태계를 파괴하고, 지역 주민들을 소외시킵니다. 거대한 시설을 유지하기 위해 독재와 관료주의에 의지하게 되고 이는 십중팔구 부정부패로 이어집니다. 그리고 결국에는 어찌할 수 없는 방사능재를 안고 지구 전체를 불모의 땅으로 만들어 버립니다.

마약 중독에서 벗어나려면 단번에 큰 쾌락을 얻으려는 욕심을 버리고 주변에서 자신이 좋아하는 소소한 행복들을 찾아야 하는 것처럼, 원전에서 벗어나려면 지역에서 순환되는 작은 발전소들을 많이 만들면 됩니다. 그리고 무엇보다도 전쟁을 하려는 마음을 버려야 합니다. 그것이 군사적 전쟁이든 경제적 전쟁이든 일단 전쟁에 들어서면 수단과 방법을 가리지 않고 이겨야 하기 때문입니다. 진정으로 평화를 원하는 사람은 원자력을 멀리합니다.

_ 2013년 08월 20일

# 대안

🍃

황대권

 

 

많은 사람들이 현재의 산업 체제를 유지하는 데 원자력 에너지 말고는 다른 대안이 없기 때문에 원전을 계속 유지해야 된다고 믿고 있습니다. 과연 그럴까요? 물론 몇몇 선진국은 여전히 기존의 핵 정책을 고수하고 있지만 세계적인 추세는 분명 하향 곡선을 그리고 있습니다. 특히 우리와 비슷하거나 우월한 산업 체제를 가지고 있는 대만과 독일이 탈핵 국가를 선언한 것은 대안이 없다는 주장을 무색하게 하고 있습니다.

탈핵의 기본은 에너지의 지방자치에 있습니다. 다시 말해 에너지를 소비하는 곳에서 에너지를 생산토록 하는 것입니다. 그렇게 되면 에너지 생산이 전국적으로 분산되어 툭하면 발생하는 전력 대란 같은 것은 있을 수가 없습니다. 또한 에너지 생산의 독점에 의한 부패와 비리를 현저하게 줄일 수 있습니다. 무엇보다 중요한 것은 에너지를 별로 소비하지 않는 시골 지역에 거대한 생산 시설을 지음으로써 생기는 사회적 갈등을 거의 없앨 수 있다는 것이 큰 장점입니다. 제

기억을 기록하다

가 살고 있는 영광만 해도 원전으로 인한 지역 갈등을 무마하기 위해 해마다 수백억 원의 돈이 들어가고 있습니다. 그 돈이면 시골 지역에 항구적인 대안 에너지 시스템을 짓고도 남습니다.

문제는 수도권 같은 인구 과밀 지역입니다. 사람 살 땅도 부족한데 발전소 같은 공해 시설을 지을 데가 없다는 것이지요. 바로 그 점입니다. 원전을 고집하면서 자기가 사는 동네에는 안 된다는 것은 이기주의 외에 아무것도 아닙니다. 남의 희생을 통해 자기만 달콤한 열매를 따먹는 것은 민주주의 원칙에도 어긋납니다. 자기가 누리는 만큼 스스로 대가를 치러야 합니다. 그렇게 되면 수도권 사람들도 생각이 바뀔 것입니다. 원전처럼 위험한 시설이 아니라 곁에 있어도 안전한 친환경 발전 시설을 선택할 것입니다.

발전 시설의 지역 분산은 또한 인구 분산을 촉진합니다. 발전소는 열과 에너지를 발생하는 시설이라 도시 환경이 나빠질 수밖에 없습니다. 도시 문화에 별 매력을 느끼지 못하는 사람들은 자연히 좀 더 쾌적한 시골 지역으로 빠져나가게 됩니다. 이처럼 에너지 생산의 지방자치는 핵발전의 대안일 뿐 아니라 해묵은 사회 문제를 해결하는 일석삼조의 효과를 가지고 있습니다.

_ 2013년 09월 09일

# 누가 강을 이 지경으로 만들었나

나희덕

〈모래가 흐르는 강〉이라는 영화를 보셨는지요? 이 다큐멘터리를 만들기 위해 지율 스님은 4년 동안 내성천을 혼자 답사하며 그 변화를 기록해 나갔다고 합니다. 나중엔 아예 강가에 텐트를 치고 살면서 영주댐 건설 현장을 온몸으로 지켜 냈지요. 불과 몇 년 사이에 강에서 일어난 변화를 보여 주는 것만으로도 4대강 사업이 얼마나 어처구니없는 발상이고 어떤 폐해를 가져왔는지가 여실히 드러납니다. 모래밭이 사라진 4대강 곳곳에서는 심각한 녹조 현상이 나타나고 있습니다.

이 영화를 보면서 강물 오염이나 자연 훼손보다 더 충격적이었던 것은 내성천이 생태적으로나 학술적으로 보존 가치가 없고 산사태의 위험도 없다고 단언한 환경영향평가보고서였습니다. 낙동강의 지류인 내성천은 풍광이 아름답고 온갖 천연기념물과 야생동물들의 보고인데도 말입니다. 이처럼 진실을 날조하거나 방관한 사람들에 의해 4대강 사업은 가능했던 것이지요. 그렇게 날조된 진실은 정부, 기업,

거대 언론, 전문가 집단의 유착으로 은폐된 채 공사가 강행되어 왔습니다. 그런 점에서 4대강 사업은 우리 사회가 얼마나 속속들이 썩어 있는지를 총체적으로 보여 주는 거울이라는 생각이 듭니다.

결국 그것을 주도한 이명박 정권이 바뀐 지 얼마 되지도 않아 문제점들이 여기저기서 불거지고 있습니다. '4대강 살리기 사업'이 실제로는 이름만 바꾼 '대운하 사업'이었다는 사실도 명백해졌습니다. 홍수와 가뭄을 대비하기 위해서라고 둘러댔지만 오히려 더 큰 홍수와 산사태가 났고, 물 부족 현상을 해결할 수 있다고 장담했지만 자연스러운 지형이 흐트러지면서 지하수 고갈은 더 심해졌습니다.

몇 년도 못 가 탄로 날 거짓말을 국민들에게 주어 대던 사람들은 지금 어디 있습니까? 산에 강에 굴착기를 박고 서슴없이 파헤친 사람들, 당신들에게는 강의 신음소리가 들리지 않습니까?

국토의 혈관인 강을 누가 이 지경으로 만들었습니까? 새 정부는 전임 대통령의 통치 행위라고 얼버무리지 말고 지금이라도 그 책임을 엄정하게 물어야 합니다.

_ 2013년 11월 19일

# 재난 예측과 정보 공개

황대권

최근 후쿠시마 원전 사고 일지를 검색하던 중 의미심장한 사실을 발견했습니다. 원전 측은 이미 2003년에 후쿠시마 인근 바다 밑에 20킬로미터에 이르는 활성단층이 있다는 사실을 알고 있었으면서도 쉬쉬하고 있다가 2008년에야 시뮬레이션 작업을 통해 지진이 일어날 경우 대형 쓰나미가 올 수 있다는 것을 확인했다는 것입니다. 그러나 은폐를 합리화하기 위해서인지 만약의 사태에 대한 아무런 조처를 취하지 않았습니다.

그 3년 후, 우리는 거의 테러나 다름없는 방사능 오염 사태를 보며 운영 주체인 도쿄전력회사를 원망하고 있습니다. 후쿠시마 원전을 덮친 쓰나미의 높이는 15미터였지만 원전의 해발고도는 5.7미터에 불과했습니다. 전력 공급이 중단된 상태에서 원전 세 기가 폭발했습니다. 이 폭발로 히로시마에 떨어진 원자폭탄 168개에 맞먹는 규모의 방사능이 대기 중으로 방출되었고, 세 기의 원자로에 있던 핵연료는 녹아 버렸습니다. 해양 오염 시뮬레이션에 의하면 앞으로 5년 안

기억을 기록하다

에 태평양 전역이 방사능에 오염되는 것으로 나와 있습니다. 어디 도망갈 데가 없습니다.

조사 결과 지진 예측뿐 아니라 도쿄전력이 운영하는 모든 원전들이 꽤 장기간에 걸쳐 데이터를 마음대로 뜯어고치거나 은폐하거나 보고하지 않았다는 사실이 드러났습니다. 왜 이런 일들이 일어났을까요? 원전 회사가 공익보다는 돈을 버는 데 초점을 맞추고 원전을 운영했기 때문입니다. 위험을 미리 감지하고 시설을 보강하거나 운전을 정지하면 그만큼 돈을 벌 수 없으니까요.

타산지석이라는 말이 있습니다. 한수원은 "우리는 일본과 다르다"고 큰소리 칠 것이 아니라 좀 더 겸손해야 합니다. 지금 영광에서는 주민검증단이 원전 여섯 기에 대한 안전점검을 하고 있습니다. 부탁컨대 한수원은 자기에게 불리한 정보라 하여 은폐하고 무시할 생각은 아예 버리시기 바랍니다. 영업 이익에 관심이 있는 회사의 입장과 안전에 관심이 있는 주민의 입장이 조화를 이루어야 합니다.

투명한 정보 공개와 협의로 불투명한 원전의 미래를 함께 헤쳐나가야 합니다.

_ 2013년 12월 13일

# 핵의 지배

황대권

이 나라의 핵산업을 주무르고 있는 관료들이 가지고 있는 공통된 신념이 두 가지 있습니다. 하나는 "원자력 이외에 대안은 없다"는 것이고, 또 하나는 "원자력을 지배하는 자가 세계를 지배한다"는 것입니다. 이들은 국민들이 이 말을 믿도록 하기 위해 매년 어마어마한 세금을 써가며 홍보전을 벌이고 있습니다.

원자력 외에는 대안이 없다는 명제는 국민 모두에게 가솔린 자동차를 보급해 놓고 자동차 연료로 가솔린 외에 대안이 없다고 말하는 것과 같은 이치입니다. 현실적으로 볼 때 이러한 주장에 당장 이의를 제기하기란 쉽지 않습니다. 그러나 엔진을 바꾸면 상황이 달라집니다. 현재 자동차 연료로 가솔린 외에 경유, 에탄올, 식물추출유, 천연가스 등이 유통되고 있지만 대중의 기호와 기득권을 쥐고 있는 업체의 지배로 인해 가솔린을 물리치지 못하고 있는 실정입니다.

원자력의 경우는 사정이 다릅니다. 석유와 석탄에 이어 3위의 사용량을 유지하고 있는 원자력을 정부와 업계가 합작하여 1위의 에너지

기억을 기록하다

원으로 만들려고 노력하고 있습니다. 무공해에다 이윤이 많이 나는 에너지라는 것이지요. 하지만 무공해와 높은 이윤이라는 선전은 정부의 일방적인 주장에 지나지 않습니다. 이미 세계적으로 원자력 산업이 사양 산업으로 분류되고 있는 것은 주지의 사실입니다.

그러면 무엇 때문에 원자력에 집착하는 것일까요? 바로 군사적 이유와 제국주의적 야욕 때문입니다. 두 번째 신념인 "원자력을 지배하는 자가 세계를 지배한다"는 믿음이지요. 우리보다 먼저 원자력을 개발한 대부분의 선진국들은 거의 모두가 원자폭탄을 보유하고 있으며 이들이 실제로 세계를 지배하고 있습니다. 이 나라의 지도자들은 현재의 선진국들과 똑같이 되지 않으면 사실상 선진국 대접을 받지 못한다고 믿고 있습니다. 원자폭탄의 보유는 미국의 견제로 쉽게 달성할 수 없는 목표이지만 원전의 수출을 통해 신흥 산업국가에 대한 지배력을 높이는 것은 가능한 일입니다. 말하자면 아류 제국주의로 나가자는 것이지요. 여러분은 정부의 이러한 정책 노선에 국민적 동의가 필요하다고 생각지 않습니까?

_ 2014년 02월 10일

# 핵에 의한 자살

황대권

똥을 땅에 묻으면 좋은 거름이 되지만 길거리에 던져 놓으면 해로운 병균의 온상이 됩니다. 14세기에 유럽 인구의 절반을 앗아간 흑사병은 물론 쥐가 병균을 옮기기는 했지만 똥오줌을 길거리에 마구 버린 탓이기도 합니다. 방사능도 마찬가지입니다. 방사능을 품은 암석이 땅속에 묻혀 있으면 생태계에 유리한 작용을 하지만 밖으로 꺼내면 살아 있는 모든 것을 파괴합니다.

1957년 미국의 과학자 월터 러셀은 『핵에 의한 자살』이란 책을 통해 이러한 사실을 밝혀내었습니다. 땅속에 있는 방사성 물질이 암석에 미세한 폭발을 일으켜 토양을 생성하는 데 도움을 준다는 것입니다. 그러나 일단 땅 밖으로 나오면 모든 생명의 노화, 즉 죽음을 앞당기는 작용을 하기 때문에 절대로 꺼내 써서는 안 된다고 합니다. 이 주장에 근거하여 아프리카의 성자로 알려진 슈바이처 박사는 UN에 전면적인 핵폭탄 실험의 중단을 요구하기도 했습니다. 하지만 군사력 경쟁에 몰두하던 강대국들은 이러한 경고를 무시하고 지금까지

기억을 기록하다

약 2,000회가 넘는 핵폭발 실험을 강행했습니다. 거기에서 나온 방사능이 다 어디로 갔겠습니까? 반감기가 짧은 핵종은 이미 사라져 버렸겠지만 일부는 아직도 대기 중에 떠돌고 있습니다. 핵 실험 이전과 비교하여 인류의 면역력, 즉 병에 견디는 능력이 약 40퍼센트 정도 떨어졌다는 보고가 있습니다. 반세기 전 러셀 박사가 예언한 '자살'이라는 표현이 크게 어긋나지 않은 듯 싶습니다.

3년 전 발생한 후쿠시마 핵발전소 폭발 사건으로 인해 지금도 방사능이 전 세계로 퍼져 나가고 있습니다. 폭발 당일에만 히로시마에 떨어진 원자폭탄의 168배나 되는 방사능이 대기 중에 날아갔다고 합니다. 현재 인류는 핵폭탄을 사용하는 전쟁은 아닐지라도 과도한 에너지를 사용하는 경제 전쟁을 통해 핵폭탄을 다른 형태로 터뜨리고 있습니다. '핵물질의 평화적 이용'이라는 그럴듯한 이름으로 땅속의 핵물질을 지속적으로 꺼내어 사용함으로써 지구 생명을 갉아먹고 있습니다. 아마도 인류는 서서히 진행되는 이 '자살'을 즐기고 있는 건 아닌지 모르겠습니다.

_ 2014년 04월 29일

# 핵발전소에 대한 국제회의

황대권

후쿠시마 원전 심의관을 지낸 일본의 니시야마 치카코 의원이 후쿠시마 핵발전소 폭발 사고로 인해 발전소 직원 4,300명이 죽었는데 일본 정부가 18조 원을 풀어 유가족의 입을 막았다고 폭로했습니다. 어마어마한 돈을 주면서 만일 이 사실을 발설하면 다시 돈을 회수하겠다고 협박하는 바람에 아직까지 세상에 알려지지 않았다고 합니다. 그러고 보니 작년 10월에 일본 의회가 국가가 은닉한 정보를 함부로 공개하면 엄벌에 처하겠다는 취지의 법안을 만들어 통과시킨 것이 이해가 갑니다.

니시야마 의원의 폭로에 대해 아직까지 일본 정부의 공식적인 답변이 없어 자세히 알 수는 없지만 만약 이것이 사실이라면 국제사면위원회와 UN을 비롯한 국제기구들은 당장 조사관을 파견하여 진상을 파악하고 국제적인 압력을 행사해야 할 것입니다. 더불어 일본처럼 활성지진대를 가진 나라에서의 핵발전소 건립을 제한하는 국제협약을 만들어야 합니다.

기억을 기록하다

세계는 기후변화의 심각성에 대처하기 위해 「교토의정서」를 채택하고 나라마다 이산화탄소 배출을 억제하자는 협약을 한 바 있습니다. 한 나라의 환경오염이 지구 전체를 위기로 내모는 것에 대해 국제적으로 대처하는 것이 이미 하나의 상식으로 잡은 터에 유독 핵물질 오염에 대해서는 이렇다 할 국제협약이 보이지 않습니다. 핵폭탄의 경우 미국이라는 슈퍼파워가 중심이 되어 핵확산금지조약을 강제하고 있습니다만, 미국 자신이 핵폭탄을 가장 많이 보유하고 있는 마당에 딱히 강제할 명분이 없는 것도 사실입니다.

핵폭탄은 사용 주체인 인간이 발사 단추를 누르지 않는 한 터질 일이 없습니다. 그러나 재해 빈발 지역에 세워진 핵발전소는 인간의 의지와 상관없이 언제든지 자연재해에 의해 파괴되어 지구 전체를 위기에 빠트릴 수 있습니다. 이렇게 볼 때 핵무기 규제보다 더 시급한 것이 핵발전소 확산을 저지하는 것이라 볼 수 있습니다. 세계의 정상들은 당장이라도 국제회의를 소집하여 다음의 두 사항을 의결해야 합니다.

하나, 재해 빈발 지역에는 핵발전소를 지을 수 없다.

하나, 핵폐기물을 안전하게 처리할 수 있는 방법이 나타날 때까지 신규 핵발전소의 건립을 일절 중단한다.

_ 2014년 06월 09일

# 갈수록 심해지는 황사

윤택림

올해도 '봄의 불청객' 황사가 한반도 상공을 뒤덮고 있습니다. 이번 황사는 예년보다 일찍 찾아온데다 지속 기간도 길고 강도도 심하다고 합니다.

황사는 1981년부터 2010년까지는 4월에 가장 많이 불어 왔습니다. 하지만 2005년부터 2014년 사이에는 가장 많이 발생한 달이 3월로 바뀌었다고 합니다. 기상 전문가들은 이같이 황사 시기가 앞당겨진 원인으로 지구온난화와 오랜 가뭄 그리고 중국 남방 지역으로 빠르게 확산되고 있는 사막화 등을 꼽고 있습니다. 또 최근 외신에 따르면 몽골 고원에 있는 면적 1만 제곱미터 이상이 되는 호수 785개 중 약 30퍼센트에 달하는 208개가 20년 사이 완전히 고갈돼 사라졌다고 하는데, 이러한 사실도 한 원인으로 꼽을 수 있겠습니다.

황사 흙먼지에는 납이나 비소, 카드뮴, 셀레늄 같은 중금속 발암 물질이 다량 포함돼 있습니다. 비교적 입자가 굵은 흙먼지는 눈에 들어가 안과 질환을 일으키고, 입자가 작은 흙먼지는 기관지로 들어가서

기억을 기록하다

기관지염을 일으킬 수 있습니다. 이에 따라 보건 당국은 황사가 심할 때 여느 때보다 건강관리에 유의할 것을 당부하고 있습니다. 특히 밖에서 한창 뛰노는 아이들이나 어르신들은 더 신경 써야 합니다. 외출할 때에는 반드시 마스크를 쓰고, 집에 돌아왔을 땐 바로 손발과 얼굴을 깨끗이 씻는 게 중요합니다. 또 황사 경보 등 정도가 매우 심할 때 아이와 어르신들은 될 수 있는 한 바깥 출입을 자제하는 것도 건강을 지키는 방법 중 하나라고 합니다.

하지만 이러한 개인적인 예방법은 임시 방편에 불과합니다. 황사 피해를 최소화할 수 있는 근본적이고 국가적인 대책이 시급한 상황입니다. 무엇보다 안타까운 현실은 황사 발원 국가인 중국이 경제 성장 정책에 치중한 채 주변 국가와 관련된 황사 문제의 심각성을 외면하고 있다는 사실입니다. 이제 중국은 한국, 일본 등 주변 국가를 비롯해 세계보건기구와도 연계해 국가적인 해결책을 마련하기 위해 적극 나서야 합니다. 아울러 세계 각국의 환경 단체와 봉사 단체들도 황사 발원지에 대한 조경 사업 등에 적극 참여해 사막화 현상이 더 이상 확대되지 않도록 힘을 모아야 할 때입니다. 맑고 깨끗한 하늘과 자연은 받은 대로 잘 보존해서 건강하게 물려줘야 할 우리의 유산이기 때문입니다.

_ 2015년 03월 25일

# 우려되는 알루미늄 오염

함경식

    알루미늄은 산소, 실리콘 다음으로 지구상에 많이 존재하는 원소로 현재 우리 생활에 매우 흔하게 쓰이고 있습니다. 이전부터 알루미늄 오염이 알츠하이머병, 파킨슨병과 같은 퇴행성 뇌질환을 일으키는 원인 중 하나라는 논문이 있어 왔는데, 아직 직접적인 증거를 못 찾았지만 이 관계를 증명하는 증거는 점점 많이 증가하고 있습니다. 알루미늄이 뇌에 축적되고 그 독성이 알츠하이머병, 파킨슨병의 증세와 비슷한 것도 증거 중 하나라 할 수 있습니다.

    알루미늄 오염이 뇌에 이와 같이 심각한 문제를 일으킬 수 있는데도 많은 사람들이 이에 대한 경각심을 갖지 않고 알루미늄을 사용하는 것 같습니다. 알루미늄은 표면에 알루미늄 산화 필름을 형성하여 보호되고 있지만 산화 필름이 손상을 받으면 산이나 알칼리에 의해 쉽게 부식됩니다.

    그런데 우리는 알루미늄 포일을 주방에서 너무 많이 쓰는 것 같습니다. 음식물을 싸는 데 사용하기도 하고 심지어는 산성식품인 초밥

포장에도 알루미늄 포일을 쓰기도 합니다. 또한 고기를 구울 때도 알루미늄 포일을 많이 이용하는데 높은 온도로 구울 때 알루미늄 포일을 사용하면 음식으로 알루미늄 용출이 300~400퍼센트 증가한다는 논문이 있습니다. 물론 온도, 요리하는 시간, 음식에 들어가는 양념에 따라 달라지겠지만 알루미늄 포일 위에서 음식을 요리하면 알루미늄 오염이 증가하는 것은 확실한 것 같습니다.

한국 사람들은 알루미늄으로 만든 양은 냄비를 많이 사용하고 있습니다. 그리고 요사이는 옛날 정취를 느낀다고 찌그러진 양은 냄비를 사용하여 여러 가지 요리를 하고 있는데 알루미늄 오염을 고려할 때 매우 위험하다고 할 수 있습니다. 또한 가정에서 알루미늄 포일을 사용하고 일반 쓰레기로 많이 버리는데 제가 생각할 때 알루미늄이 산, 염기 등에 약한 것을 생각하면 쓰레기 매립으로 인한 토양 오염이 우려됩니다. 그러므로 알루미늄 포일은 알루미늄 캔과 같이 버려 재활용해야 하지 않을까 생각합니다.

이외에도 우리 실생활에 의외로 알루미늄은 많이 사용되고 있습니다. 식품에는 베이킹파우더, 식용색소, 의약품에는 제산제, 지사제, 그리고 백신 이외에 화장품 등에도 많이 사용되고 있습니다.

알루미늄이 뇌 건강에 안 좋은 것은 의심의 여지가 없는 것 같습니다. 우리 각자가 경각심을 갖고 알루미늄에 대한 노출을 피하는 것이 중요할 것 같습니다.

_ 2015년 11월 17일

# 광주, 과학문화로 미래를 선점하자

강신영

    지난 2006년 겨울, 13억 중국 사회는 중국관영중앙 TV가 제작 방영한 '대국굴기(大國堀起)'라는 다큐멘터리 프로그램으로 인해 뜨거운 논쟁에 휩싸인 적이 있었습니다. '대국굴기'는 세계 역사를 주도했던 아홉 개 강대국들의 성장과 발전 과정을 통해 중국의 미래 청사진을 제시한 프로그램으로, 우리나라에도 소개되면서 우리가 가야 할 방향을 고민해 보는 좋은 계기가 되기도 했습니다.

    강대국의 성공 비결은 무엇일까요? 많은 요인들이 있겠지만, 중요한 요소 한 가지는 이들 강대국 모두 과학기술을 적극 활용했다는 것입니다. 15세기 후반 대항해 시대를 개척했던 스페인과 포르투갈, 18세기 말 산업혁명을 통해 '해가 지지 않는 나라'라는 별명을 갖게 된 영국, 전쟁 폐허 속에서 경제 대국으로 부상한 독일과 일본 등은 모두 최첨단 과학기술을 기반으로 한 산업 발달을 통해서 강대국으로 성장할 수 있었습니다.

    1960년대 세계에서 가장 가난했던 나라 대한민국이 불과 50년 만

에 다른 나라를 원조하는 나라로 급성장한 것도 결과적으로 과학기술을 통한 산업 발전에 매진했기 때문이었습니다. 이러한 강대국의 발전 과정은 도시에도 적용될 수 있습니다. 스마트한 IT 기술로 전세계가 하나로 연결된 현대 사회에서 국가의 개념은 별로 중요하지 않습니다. 아무도 프랑스의 파리, 영국의 런던이라고 말하지 않습니다. 그냥 도시, 프라하 혹은 뉴욕을 가보고 싶다고 말합니다. 이제는 도시들도 글로벌한 가치를 앞세워 서로 경쟁하면서 사람들을 끌어모으며 부를 창출하고 있습니다.

우리 광주는 어떻습니까? 우리는 어떤 글로벌한 가치로 사람들을 모으고 세계의 다른 도시들과 어깨를 겨루고 있습니까?

광주는 예로부터 문화와 예술을 사랑하는 예향의 도시로, 그리고 근대 들어 인권의 빛을 밝힌 민주화의 도시로 잘 알려져 있습니다. 하지만, 2013년 통계 자료에 따르면 광주의 지역 총 생산액은 약 30조

원으로 전국 7대 도시 중 최하위이고, 총 고정자본 형성 규모도 약 8조 원으로 역시 최하위를 면치 못하고 있는 실정입니다.

이제는 광주의 미래 발전을 위해 어떻게 해야 할 것인가를 고민해야 할 때입니다. 민주, 인권, 문화, 예술이라는 기존의 가치와 더불어 새로운 패러다임이 필요합니다. 그 길은 '과학기술'에 답이 있습니다. 과학문화 확산을 통해 과학기술을 이해하고 지지하며, 과학의 정신인 창의와 효율, 그리고 객관의 정신이 사회 전반에서 작동되도록 해야 할 것입니다.

다행히 광주는 훌륭한 과학기술 인프라를 갖추고 있습니다. 첨단 연구단지 내에 정부 출연 연구소들이 꾸준히 연구 성과를 내고 있고, 지역을 대표하는 대학에서는 미래 세대의 인재들을 키워 내고 있습니다. 과학문화 확산을 통해 이들 기관들의 연구 성과가 광주의 주력 산업으로 발전하여 도시 경제가 살아나고 성장하는 선순환 구조를 만들어 가야 할 때입니다. 이를 위해 지자체뿐 아니라 대학, 연구소, 공공기관, 산업체, 그리고 시민 모두가 힘을 모아야 할 것입니다. 이제 광주가 세계 속에 우뚝 서는 자랑스러운 도시가 될 수 있도록 우리의 지혜를 함께 모으도록 합시다.

_ 2016년 02월 01일

기억을 기록하다

# 4차 산업혁명, 또 다른 기적

강신영

올해도 어김없이 스위스 다보스에서는 세계경제포럼이 열렸습니다. 세계를 이끄는 지도자들이 머리와 가슴을 모아 미래를 논의하는 이번 포럼에서는 다가올 '제4차 산업혁명'이 핵심 화두였습니다. 우리 인류는 18세기 후반 증기기관과 함께 제1차 산업혁명을 시작한 이래, 전기 에너지와 화학공업 그리고 대량 생산 체계를 구축하는 제2차 산업혁명을 경험했습니다.

1970년대에는 정보통신 기술과 전자 기술의 발전에 힘입어 제3차 산업혁명을 이루었으며, 아날로그를 넘어 디지털로 연결되는 정보화 시대를 맞이했습니다. 제4차 산업혁명은 '모든 것이 연결되는 보다 지능적인 융합'으로 '인류 역사상 가장 거대한 변혁'이 될 것이라고 합니다. 인공지능 로봇, 사물 인터넷(IoT), 3D 프린팅, 자율주행 자동차, 생명공학 등의 기술은 예측 불가능한 미래를 가져다 줄 것입니다.

클라우스 슈밥 세계경제포럼 회장은 "4차 산업혁명이야말로 산업과 경제, 고용, 사회, 정부 형태까지 모든 것을 바꿀 것"이라고 주장했습니다. 기술이 융합되는 새로운 산업혁명은 인류 삶의 질을 본질적으로 향상시킬 수 있는 반면, 노동 환경을 변화시켜 일자리를 줄이고 빈부격차 등 사회적 불평등을 심화시킬 수 있습니다. 향후 210만 개의 새로운 일자리가 창출된다는 전망 속에 710만 개의 일자리가 사라져 결과적으로 500만 개의 일자리가 감소할 것이라는 예측입니다.

이처럼 급변하는 흐름 속에서 세계는 미래 산업의 주도권을 차지하기 위해 치열하게 준비하고 있습니다. 독일은 '인더스트리 4.0', 미국은 '스마트아메리카 챌린지', 중국은 '중국 제조업 2025' 등을 선포하고 세계 경제의 주도권을 차지하기 위해 경쟁하고 있습니다. 우리나라는 지난 1970년대 반세기 만에 선진국을 벤치마킹함으로써 산업사회로 신입하는 데 성공했습니다. 그 결과 국민소득 250달러의 아주 가난한 나라에서 3만 달러에 가까운 산업국가가 되었습니다.

이제 대한민국이 세계인 모두가 인정하는 진정한 선진국이 되기 위해서는 다가올 제4차 산업혁명에 적극 동참해야 합니다. 그리고 그 경쟁에서 이겨야 합니다. 우리 앞에는 지금까지의 산업화 과정보다 훨씬 험난한 길이 놓여 있습니다. 이제 모방으로는 충분하지 않습니다. 세계 최초이면서 유일한 기술력을 확보해야 합니다. 이를 위해서는 창의적 인재 양성과 창의적 연구 환경, 그리고 해외에서 지적하는 것처럼 노동시장의 유연성 확보가 중요한 과제일 것입니다. 새로운 기술이 산업으로 쉽게 연결될 수 있는 창업 환경이 조성되고 일자리 감소로 인한 문제를 해결할 수 있는 새로운 형태의 사업 아이템을 개발하는 것도 대단히 중요합니다. 그리고 온라인과 오프라인을 연결하는 서비스 시스템을 만들고, 빅데이터와 사물 인터넷 기술을 융합

기억을 기록하다

한 제품을 만들기 위한 새로운 형태의 기업 문화도 필요합니다.

무엇보다도 시급한 것은 교육의 내실화입니다. 4차 산업혁명이 몰고올 거대한 물결을 성공적으로 뒷받침하는 것은 과학기술 지식을 겸비한 창조적이고 도전적인 인재입니다. 따라서 교육 현장에서의 기초과학 교육이 무엇보다 중요한 핵심 요소가 될 것입니다. 우리는 창의적 인재 양성 체제를 보다 확고히 하고, 과학기술을 통한 미래 경쟁력을 창출하는 데 매진해야 할 것입니다. 지난 반세기 동안 산업화의 성공을 통해 경제 강국이라는 '한강의 기적'을 이룬 것처럼, 4차 산업혁명의 물결을 적극 받아들이고 슬기롭게 대처하여 또 다른 기적이 이 땅에서 이루어지는 꿈을 꾸어 봅니다.

_ 2016년 03월 23일

# 항생제 남용

함경식

　최근, 인체에 천연적으로 존재하는 미생물이 건강에 미치는 영향에 많은 관심이 모이고 있습니다. 인체에 존재하는 미생물은 약 40조 정도로 사람 세포의 약 10배 정도가 된다고 알려져 있습니다. 이전에는 "잊혀진 장기"라고 할 정도로 그 역할을 잘 몰랐는데 최근 우리 몸 건강에 다양하게 영향을 미친다는 사실이 밝혀지고 있습니다.

　인체에 존재하는 미생물 중 가장 많은 연구가 된 것은 장내 미생물인데, 밝혀진 사실로는 비만, 당뇨, 치매에 영향을 미치고 특히 면역 기능뿐만 아니라 자가면역질환에도 영향을 미치는 것으로 밝혀졌습니다. 최근에는 우울증, 걱정, 심지어는 자폐증과 같은 정신적 측면에도 영향을 미친다는 사실이 새로 밝혀져 장내 미생물 조성의 중요성이 부각되기도 하였습니다.

　최근 항생제와 관련하여 체내 미생물의 중요성이 국내 연구팀에 의해 밝혀졌습니다. 한국은 항생제 남용이 문제가 되는데, 항생제 사용으로 체내 정상적인 미생물 분포가 영향을 받아 다른 질병이 발생할 수 있다는 것이 최근 국내 연구팀에 의해 밝혀졌습니다.

지난 3월 KAIST의 한 연구팀이 항생제 사용으로 인해 체내 공생 미생물 군집에 변화가 생겨 이로 인해 바이러스 감염에 취약할 수 있다는 사실과 그 기전을 밝혀 세계적인 학술지인 미국《국립과학원회보》에 발표하였습니다. 이 연구팀은 쥐에게 항생제를 투여하였을 때 미생물 군집에 변화가 있었으며 이 쥐는 성기에 물집 등을 일으키는 헤르페스 바이러스에 더 잘 감염된다는 것을 확인하고 그 기전이 미생물 군집의 변화, 즉 유해 미생물이 증가하면서 면역 반응이 약화되었기 때문임을 밝혔습니다.

이외에도 최근에 적은 양의 항생제 투여에 의해서도 미생물 군집에 변화가 생기며 이로 인해 천식 등 알러지에 취약할 수 있다는 논문이 외국의 다른 연구팀에 의해 발표되기도 하였습니다.

이렇게 이제까지 많은 관심을 받지 못하였던 체내 미생물이 우리 건강에 다양하게 영향을 미치는 것은 의심의 여지가 없는 사실로 드러났습니다.

우리 건강을 위해서도 체내 미생물을 건강하게 유지시키는 것이 중요하기도 하지만 저는 앞으로 이쪽으로 새로운 큰 산업이 열리게 될 것이라 생각합니다. 이 분야에 대한 많은 분들의 관심을 기대합니다.

_ 2016년 04월 19일

# 퍼스트 펭귄

강신영

   남극에 사는 펭귄들의 생태 연구 보고에 따르면, 펭귄들은 바다에서 좀 떨어진 내륙에서 알을 낳고 새끼들을 키웁니다. 매서운 추위 속에서도 이들은 부모 펭귄들의 간절한 보살핌으로 추위를 견디며 성장합니다. 그리고 때가 되면 아기 펭귄들은 스스로의 힘으로 바다로 나가게 됩니다. 바다에 도달한 아기 펭귄들은 커다란 난관에 부딪히게 되는데, 그것은 바로 앞으로 자신의 삶의 터전이 될 바다로 들어가는 일입니다. 태어난 이후 한 번도 보지 못한 바다, 아기 펭귄들은 두려움 속에 바다로 뛰어들지 못하고 머뭇거립니다. 이때 망설이던 아기 펭귄들 중 한 마리가 용기를 내어 바다로 뛰어들자 다른 펭귄들도 그를 따라 뛰어듭니다. 이처럼 처음 바다로 뛰어드는 펭귄을 '퍼스트 펭귄'이라고 하지요.

   여러분은 퍼스트 펭귄 이야기를 들으면서 어떤 생각을 하셨는지요? 맞습니다. 우리 사회에서 퍼스트 펭귄은 미지의 세계에 용기를 갖고 도전하는 창조적이고 혁신적인 인재를 의미합니다. 그러면 오늘날 우리 주변에는 퍼스트 펭귄의 역할을 할 수 있는 인재들이 길러지고 있다고 생각하십니까? 외람된 말씀입니다만, 저는 매우 부정적으로 생각하고 있습니다.

요즘 젊은이들 사이에 '수저 계급론'이 회자되고 있습니다. 부모의 유산이 자녀의 신분에 영향을 미치는 오늘의 현실을 빗대어 표현하고 있는 말입니다. 한국과 미국의 100대 부자들 중 창업자와 상속자를 비교해 보면 미국의 경우 100대 부자 중 창업자가 71명을 차지하는 반면, 우리나라는 창업자가 22명밖에 되지 않습니다.

이런 차이를 극복하기 위해서 우리는 무엇을 해야 할까요? 저는 창의적이고 혁신적인 인재가 나올 수 있는 환경을 조성해야 한다고 생각합니다. 혁신은 기존의 질서를 무너뜨리고 새로운 질서를 세우는 것입니다. 꿈을 갖고 불확실한 미래에 도전하는 인재가 나와야만 사회가 변할 수 있습니다.

퍼스트 펭귄과 같은 인재를 키우려면 어떻게 해야 할까요? 먼저 부모들이 자녀들의 손을 놓아 주어야 합니다. 스스로 생각하고 목표를 설정하고 문제를 해결해 나가도록 옆에서 지켜보는 부모의 지혜가 필요합니다. 그리고 학교는 학생들이 바른 가치관을 세우게 하고 싶은 일을 찾을 수 있도록 도와주어야 합니다. 사회는 첫발을 내딛는 젊은 인재들이 그들의 목표를 실현할 수 있도록 기반 환경을 조성해 주어야 합니다. 우리는 젊은이들에게 도전만 요구할 뿐, 실패를 받아들이는 데는 인색합니다. 젊은 세대들의 실패를 너그럽게 바라보는 사회적 배려도 필요합니다. 그 실패가 훗날 역경을 극복하는 커다란 자양분이 되기 때문입니다.

급격한 과학기술의 변화 속에 우리는 새로운 시대를 맞고 있습니다. 새 시대에 뒤처지지 않으려면 오늘날 퍼스트 펭귄 같은 인재가 많아야 합니다. 미래를 짊어지고 나아갈 이들 인재들이 자신들의 꿈과 목표를 갖고 힘차게 도전해 나아갈 수 있도록 아낌없는 격려와 지원이 있어야 할 때입니다. 퍼스트 펭귄은 창조, 혁신, 도전, 그리고 성공의 아이콘입니다.

_ 2016년 07월 22일

# 대기오염과 비만

함경식

　최근 대기오염, 특히 미세먼지 증가로 인해 많은 국민들이 우려하고 있습니다. 미세먼지 농도가 높은 때는 야외 활동도 제약을 받고 가정에서는 환기도 제대로 못하는 등 불편을 겪고 있습니다. 이에 따라 최근에는 대기 오염이 우리 건강에 미치는 영향에 관해 많은 연구가 진행되고 있습니다. 그 예로 올해 초에《임상 내분비학 및 대사 저널》이란 학술지에 대기오염이 혈당, 콜레스테롤, 중성지질 분포 등 심혈관 질환의 위해 인자를 증가시킨다는 보고가 실리기도 했습니다. 그리고 이 영향은 당뇨병을 갖고 있는 사람한테 더욱 심각하게 나타난다는 보고가 있습니다. 이 결과는《서큘레이션》이란 유명 학술지에 50만 명의 성인을 대상으로 조사하였을 때 대기오염이 높은 지역에서 심혈관 질환에 의한 사망률이 높다는 이전의 연구 결과와 일치하고 있습니다. 그러나 이들 연구 결과는 사람을 대상으로 하다 보니까 간접적 연구 결과일 수밖에 없습니다. 즉 대기오염이 높은 지역에 사는 사람이 여러 가지 건강 지표가 안 좋은 이유가 대기오염 때

문이 아니라 소득 수준 등 다른 원인도 있을 수 있기 때문입니다. 물론 연구할 때 여러 가지 상황을 고려하여 하겠지만 대기오염 이외의 다른 원인은 배제할 수 없습니다.

최근 동물 실험을 이용하여 대기오염이 건강에 미치는 영향을 직접적으로 조사한 논문이 《미국실험동물학회지》에 보고되었습니다. 이 연구는 중국 베이징대에 있는 팀이 국제 공동 연구를 하여 낸 논문입니다. 이 연구에서는 두 개의 방에 같은 종류의 쥐를 키우는데, 한 방에는 베이징의 오염된 공기를 그대로 넣고 다른 방에는 같은 공기를 필터를 이용하여 정화하여 넣었습니다. 약 3주 후에 조사한 결과 베이징의 오염된 공기에서 자란 쥐들은 정화된 공기에서 자란 쥐에 비해 폐와 간의 염증 반응이 증가하였고, 나쁜 콜레스테롤은 50퍼센트, 중성지질 46퍼센트, 총 콜레스테롤은 97퍼센트가 증가하고 당뇨병의 전 단계인 인슐린 저항성도 증가하였습니다. 오염된 공기의

기억을 기록하다

부정적 효과는 8주 후에 더욱 심해져서 앞에 언급한 대사 이상뿐만 아니라 비만도 증가시켰습니다. 오염된 공기에서 자란 쥐는 정화된 공기에서 자란 쥐에 비해 암컷은 약 10퍼센트, 수컷은 약 20퍼센트의 몸무게 증가를 보였습니다.

만성적인 염증 반응은 비만을 증가시킨다는 것은 이전에 알려졌는데 대기오염도 만성 염증 반응을 증가시키고 더불어 대사 이상을 일으키고 비만을 증가시킨다는 것이 증명되었습니다. 최근 사람을 이용한 간접적인 연구 결과와 이 결과를 종합하면 대기오염이 건강에 문제를 일으키는 것은 의심의 여지가 없는 것 같습니다. 이런 점을 고려할 때 다른 지역보다 산업체가 적어 비교적 청정하다고 알려진 이 지역에서 청정한 공기와 자연환경을 활용한 새로운 산업을 이끌어 가야 할 것입니다.

_ 2016년 08월 17일

# 4차 산업혁명과 히든 챔피언

김진봉

4차 산업혁명의 방향을 누구도 정확히 예견할 수 없음에도 우리는 모두 4차 산업혁명이 이미 시작되었음을 느끼고 있습니다. 이세돌이 4대 1로 알파고에 패배한 사건은 인간을 대신하거나 능가할 인공지능의 출현이 멀지 않았음을 확인하는 계기가 되었습니다. 그 후 많은 미래학자들이 나름대로 10년 후, 20년 후의 미래 세계를 설명하고 예상하고 있습니다. 세계적으로 미래 변화에 대한 관심이 고조되고 있습니다. 총체적으로는 빅데이터를 이용한 인공지능의 출현이 기존 산업과 사회구조를 혁신적으로 바꿀 것이란 결론에는 이의가 없는 듯합니다.

이미 이에 대해 여러 선진국은 무척 발빠르게 대응하고 있습니다. 특히 데이터, 정보, 사이버 마케팅 관련 분야는 세계적인 산업 침체에도 불구하고 내년부터 새로운 하드웨어 및 소프트웨어 구축을 위해 막대한 투자를 진행하고 있습니다. 그 소용돌이의 중심에 미국과 중국의 대표 기업들이 자존심을 걸고 대혈투를 앞두고 있습니다. 미국에는 아마존, 페이스북, 구글, 마이크로소프트, 애플이, 그리고 중국에는 알리바바, 바이두, 차이나모바일 등이 미래 세계 지배를 위해 전열을 가다듬고 있습니다. 이들은 전 세계에 걸친 거대한 데이터 센터를 구축하고 연결하여 인공두뇌를 만들어 내고 스마트시티, 스마트 그리드를 위한 운송, 에너지, 사이버, 헬스, 게임, 금융을 지배하고 제어할 것입니다.

우리의 선택은 미국이나 중국을 모델로 하면 될까요? 규모의 싸움에서 우리의 선택은 그들과 다를 수밖에 없습니다. 전체를 구성하기보다는 그 구성에 꼭 필요한 요소를 우리가 담당해야만 새로운 변화에 동승할 수 있습니다. 항상 그렇듯이 총론에는 동감하나 각론과 해법은 다를 수밖에 없습니다.

우리는 거대 글로벌 지배 기업과의 협업 관계를 유지해야 하며, 그 변화와 요청에 신속히 대응할 수 있어야 합니다. 군단형 기업군의 형태로는 변화와 적응에 어려움이 클 수밖에 없으며, 위기 대응이 늦어 전체가 함께 침몰할 수도 있습니다. 적절한 크기의 다양한 히든 챔피언이 필요합니다. 다양한 히든 챔피언 간의 가변적 융합과 협업이 빠르게 변하는 산업 생태계에서 강인한 적응력을 발휘합니다. 변화에 더딘 우리의 기존 산업은 생존의 위기를 맞고 있습니다. 조선, 철강, 유화, 가전, 자동차 근대화의 역군들이 흔들리고 있습니다. 원천 기술 없이는 뿌리 없는 나무처럼 변화의 폭풍에 쉬이 도태될 수밖에 없습니다.

결국 특화된 한 부분일지라도 그 분야의 세계 일등이 가장 훌륭한 생존 전략이 될 것입니다. 기술의 유일성과 차별성은 기업의 생존 가치를 높이며 굴뚝이든 미래 산업이든 시공을 초월하여 장기적인 생존과 번영의 발판이 될 것입니다.

_ 2016년 11월 01일

기억을 기록하다

# 어리석음 속의 현명함

이상무

    지금 자연에서 살아가고 있는 야생동물들은 눈코 뜰 새 없이 바쁜 시기입니다. 긴 겨울을 보낼 먹이를 모으고 보금자리를 마련하는 등 겨울 채비가 한창이기 때문입니다. 이맘때 입에 가득 도토리를 물고 분주히 오가는 다람쥐를 어렵지 않게 만날 수 있습니다.

    다람쥐는 겨울 준비를 위해 하루에 200~300개의 도토리를 모아두면서 약 3주 동안 겨울 채비를 계속한다고 하는데요, 그중 95퍼센트는 어디에 감췄는지도 모른다고 합니다. 인간의 기준으로 볼 때는 쓸데없는 짓, 어리석은 일로 낙인찍히게 마련입니다.

    과연 그럴까요? 겨울이 지나고 나면 그렇지 않다는 것을 알게 됩니다. 감춰 두고 찾아 먹지 못했던 수많은 도토리에서 참나무의 어린 싹이 돋아납니다. 4~5년 후에는 도토리를 맺을 정도로 자라게 되어 더욱 풍성한 먹이를 돌려준다고 하니 다람쥐의 건망증을 어리석다고만 할 수 있겠습니까?

    도토리를 줍지 말라는 안내문에도 불구하고 주워 가는 등산객들이 많습니다. 나무를 심고 가꾸는 적극적인 행위도 필요하지만 정작 우선되어야 할 일은 자연의 산물을 함부로 가져오지 않는 소극적 행위입니다. 도토리를 줍지 않는 것만으로도 숲을 풍성하게 할 수 있기 때문입니다.

나뭇잎 속에 가려진 한 톨의 도토리까지 싹쓸이 해오는 인간이 다람쥐에 비해 현명하다고 할 수 있을까요? 자연과 숲에서 함께 살아가는 큰 공동체의 입장에서 본다면 인간의 행위는 어리석기 짝이 없는 일이 될 것입니다.

동물은 살아가는 데 꼭 필요한 만큼만 자연으로부터 취합니다. 그러나 우리는 어떻습니까? 다른 사람 몫까지 챙기는 것이 똑똑한 것으로 인식되는 우울한 현실 속에 살아가고 있습니다. 눈앞의 이익만이 아니라 멀리 내다보는 손해를 감수할 때 사회적 이익은 더 크게 됩니다. '무소유'는 아무것도 갖지 말라는 게 아니라 꼭 필요한 만큼만 갖고 지나치게 탐하지 말라는 의미입니다.

겨울을 준비하는 다람쥐의 어리석음 속에 감춰진 현명함에서 우리는 무소유의 진정한 실천을 배우게 됩니다. 또한 공동체의 조화로움과 지속가능한 미래를 위해 우리가 어떻게 살아가야 할지에 대해 깨닫게 됩니다. 올 겨울 다람쥐들과 숲과 모든 자연의 행복한 겨울나기를 기원합니다.

_ 2016년 11월 21일

기억을 기록하다

# 미리 보는 국내 과학 뉴스

한은미

여러분들은 다가올 미래가 얼마나 실감나시는지요? '산업 생태계가 바뀔 것이다. 그 변화는 쓰나미처럼 몰려올 것이다. 이어지는 노동시장의 변화는 어떻게 대비할 것인가?' 날마다 우리가 접하는 내용들입니다. 그런데 4차 산업혁명은 더 이상 미래가 아니라 이미 우리 곁에 다가와 있습니다.

과학기술 분야 비정부기구(NGO)인 '바른 과학기술사회 실현을 위한 국민연합'(이하 과실연)은 수년째 "미리 보는 과학기술 10대 뉴스"를 선정해서 발표하고 있습니다. 노벨상 수상과 같은 낙관적인 전망뿐 아니라 미래부 폐지론 등과 같은 비관적 전망도 있습니다. 실제 메르스 유행, 원전 폐로 등장, 사이버 테러 현실화, 그리고 초연결사회의 신 SNS 등장, 핀테크 열풍 등 매년 70퍼센트에 달하는 적중률을 보여 왔습니다.

'2017년 미리 보는 과학기술 10대 뉴스'에서 가장 가깝게 1년 안의 과학기술계 이슈 시나리오를 추려보았습니다. 작년에 이어 올해도 '한국인 최초 노벨과학상 수상'를 10위에 끼워 넣은 것은 과학계의 희망 사항인 듯합니다. 나머지 9개를 순위별로 살펴볼까요?

올해에는 컴퓨터가 만든 가상 세계 시장이 엄청난 폭발을 할 것이라는 뉴스를 1위로 꼽았습니다. VR이라는 가상현실은 가상 이미지를 실제처럼 보여주는 기술입니다. AR이라는 증강현실은 현실에 가상 이미지를 덧씌우는 기술입니다. 실제로 최근 VR과 AR은 게임이나 교육용 동영상 콘텐츠뿐 아니라 전자상거래, 여행 등 다양한 부문으로 확대되고 있습니다.

과학 정책 분야에서는 '통합 혁신 부처의 탄생'(2위)이 가장 주목받았습니다. 미래창조과학부가 확대 개편되어 과학기술뿐 아니라 산업과 창업 정책까지 총괄하는 부처가 탄생할 것이라는 예측입니다. 하지만 과학계에서는 이번 정부에서 과학기술이 정보통신 기술(ICT)과 결합하면서 상대적으로 위축된 경험 때문에 미래부가 오히려 순수 과학기술 정책 부서로 축소될 것이라 보는 사람들도 많습니다.

우리나라의 새로운 성장 동력이 될 바이오 분야에서도 명암이 엇갈렸습니다. 줄기세포 치료제가 근본적 질병 치료보다 증상을 개선하는 목적의 시술에 쓰이면서 '줄기세포 치료의 대중화'가 4위를 차지했습니다. 그러나 미국 트럼프 대통령의 이민 규제 정책으로 고학력 바이오 연구 인력이 대거 국내로 돌아오고, '생명과학 분야에서 고학력 인력 과잉 공급 우려가 현실화'될 것이라는 예측도 9위로 점쳐졌네요.

3위는 자동차 시장 개편이 가속화될 것이라는 것을 꼽았습니다. 모

기억을 기록하다

바일 기기와 전기자동차에 쓰일 신개념 배터리가 출현할 것이라는 전망이 5위로 뽑혔습니다. 하지만 '스마트 기기 제조 기업의 위기'라는 암울한 전망도 8위에 올라와 있습니다. IT 제조 기업이 미국·유럽과 중국 기업들 사이에서 경쟁력을 유지하기 힘들어질 것이라는 예상인 것입니다.

이 외에도 6위로 '연구개발 정책의 패러다임 대전환이 추진'되면서 연구개발이 정부 주도에서 민간 주도로 바뀌지 않을까 하는 전망이 있습니다. 외부와의 협력이 강화되는 '정부 출연 연구기관 융합 체제로의 돌파구 확산'도 7위에 올라와 있습니다.

지난해의 혼돈이 이어지면서 자욱한 안개로 나라 안팎의 시계가 흐린 요즈음입니다. 세상을 내다보는 힘을 촛불을 통해 보았듯이, 과학적이고 합리적인 사고가 우리의 생활을 예측하고 미래 먹을거리를 준비하는 지혜가 되었으면 합니다.

_ 2017년 01월 12일

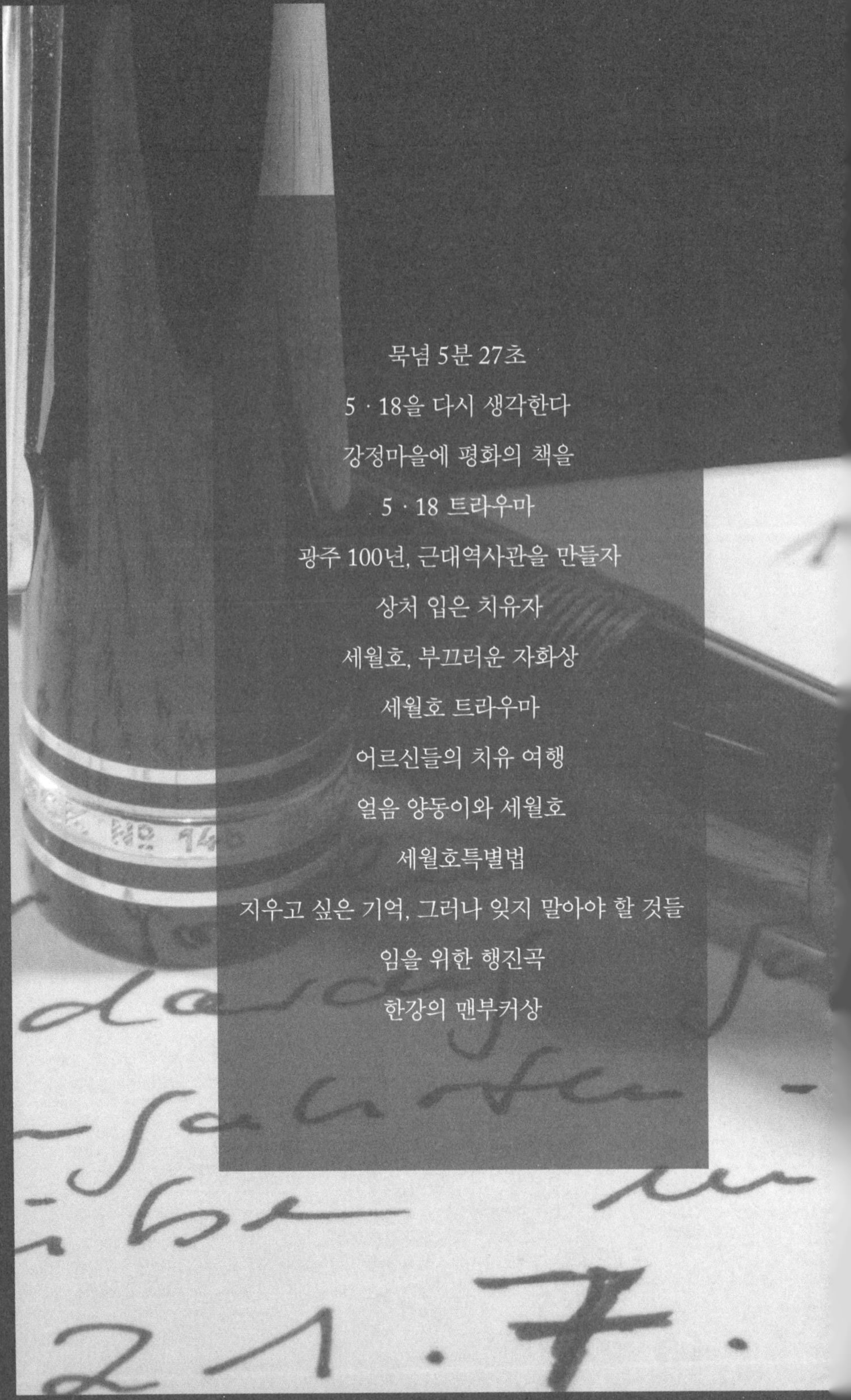

묵념 5분 27초

5 · 18을 다시 생각한다

강정마을에 평화의 책을

5 · 18 트라우마

광주 100년, 근대역사관을 만들자

상처 입은 치유자

세월호, 부끄러운 자화상

세월호 트라우마

어르신들의 치유 여행

얼음 양동이와 세월호

세월호특별법

지우고 싶은 기억, 그러나 잊지 말아야 할 것들

임을 위한 행진곡

한강의 맨부커상

# 9 —— 묵념 5분 27초에서 세월호 7시간까지

## 트라우마와 치유

들어가며

1980년 5월 18일 그리고 2014년 4월 16일. 그날을 잊을 수 있을까? 민주주의를 위해 총칼에 맞서 크나큰 희생을 치러야 했던 그날을 광주는 잊을 수 없다. 그것은 상처가 되어 가슴 깊이 남아 있고, 아직 그 상처는 제대로 치유되지 못했다. 그러던 사이 304명의 안타까운 생명이 차디찬 바닷속으로 스러져 간 사건이 생겼다. 한국 사회의 온갖 비리와 추악함이 빚어낸 결과다. 괴물이 되어 버린 사회에 희생된 그들의 넋과 남아 있는 유가족의 상처는 누가 치유해 줄 것인가?

이 장에서는 5 · 18 광주민주화항쟁과 4 · 16 세월호 참사가 남긴 트라우마와 그 치유에 대해 이야기한다. 가슴속에 남은 상처는 쉽게 지워지지 않는다. 아무런 잘못도 없이 희생당한 넋을 위로하고 기리는 일은 살아남은 사람의 가슴속에 깊이 파인 상처를 치유하는 과정이다. 허나 이마저도 역사를 왜곡하고 무조건 보수 정권의 편을 드는 사람들에 의해 방해받고 있다. 5 · 18 시민군이 북의 사주를 받았다라거나 세월호 유가족이 보상금을 노리고 있다는 식의 공격은 수천 년 쌓아 올린 인류의 도덕률을 배신하는 행위다.

상처를 치유하는 첫 단계는 진실의 규명이다. 37년이나 지난 지금까지도 5 · 18 당시의 발포에 관한 진실은 제대로 규명되지 않았다. 가해자들의 처벌 또한 이루어지지 않았다. 학살의 원흉이 뻔뻔하게, 오히려 피해자 가족보다 당당하게 살고 있다. 세월호 침몰의 진실도 밝혀지지 않았다. 오직 선원들에게만 죄를 전가하고 국가의 책임은 없다. 청와대는 재난 콘트롤타워가 아니라고 피해 가는 무책임한 모습만 보여주고 있다.

필요한 것은 진실이다. 진실이 명명백백하게 밝혀진 뒤 가해자에 대한 마땅한 처벌이 따라야 할 것이다. 치유는 거기서 시작된다. 용서와 화해는 가해자가 아니라 피해자가 원할 때 이루어져야 한다.

# 묵념 5분 27초

나희덕

황지우 시인의 「묵념 5분 27초」라는 시가 있습니다. 그런데 이 시는 세목만 있을 뿐 본문이 백지로 남겨져 있습니다. 시인은 어떤 메시지를 전달하는 것이 아니라 독자의 능동적인 묵념을 요구하고 있는 것이지요. (아마도 5분 27초라는 시간은 5·18이라는 숫자의 변형이겠죠.) 우리가 묵념의 행위를 통해 5·18의 의미를 되새길 때 이 시는 비로소 완성될 수 있습니다.

올해도 5·18 광주민주화운동을 기념하는 행사가 곳곳에서 열리고 있습니다. 제가 전해 드리려는 소식은 망월동을 향해 2박 3일 동안 걸어오는 경상도 시민들에 관한 것입니다. 철학자 김영민 선생이 이끄는 인문학 모임에서 '광주, 걸으면서 말하기, 혹은 시민군을 돕기'를 진행할 예정입니다. 5월 16일 부산에서 간소한 위령제를 지내고, (함안, 하동을 거쳐) 광주까지 함께 걸으며 대화를 나누는 일정이지요. 당시에 시민군을 도왔어야 한다는 생각에서 각자 상징적인 의미의 무기나 응급약을 하나씩 지참한다고 합니다.

기억을 기록하다

이러한 연극적 실천의 의미는 무엇일까요? 인문학을 공부한다는 것은 사람살이의 상처와 흔적을 더듬어 가는 일이고, 앎과 삶을 일치시켜 가려는 노력이기도 합니다. 그런 점에서 2박 3일의 걷기는 광주의 아픔을 몸에 새기는 일이자 역사의 시간을 거슬러 올라가는 여정일 것입니다. 또한 지역감정이라는 고질적인 벽을 홀연히 넘어서는 일이기도 할 것입니다. 다른 지방에 살면서 5·18을 진심으로 함께 기리고자 하는 사람들이 있다는 사실만으로 마음 든든해집니다.

해마다 5월이면 정치적인 동기나 의례적인 행사로 광주를 찾는 손님들은 많지만, 광주의 역사를 자기 삶의 일부로 느끼는 사람들을 만나기는 쉽지 않습니다. 또한 이 조용한 방문은 진정한 추모가 무엇인지를 우리에게 일깨워 줍니다. 5분 27초의 묵념, 그것은 과거의 희생자를 기억하는 동시에 윤리적 주체로서 오늘을 어떻게 살 것인지 되묻는 일이기도 합니다.

_ 2013년 05월 17일

# 5·18을 다시 생각한다

이병훈

　33년 전 민주주의를 위해 총칼에 맞서 희생을 감수했던 우리 고장 광주가 이제 일부 보수층의 말과 펜에 난도질당하고 있습니다. 기가 막힐 일이 소위 '희망의 새시대'를 국정 이념으로 삼고 있는 박근혜 정부에서 벌어지고 있습니다.

　그것은 소위 '일베'라 불리는 사이트의 회원들이 인터넷 백과사전인 '위키피디아'에 수록된 5·18 민주항쟁에 대한 내용을 "남파된 북한군이 시민을 학살했다", "5·18은 김대중의 사주로 일어난 좌익 빨갱이들의 폭동이다"라고 바꾸려는 시도를 하는 등 역사를 왜곡하는 일을 벌이고 있는 것입니다.

　또한 일부 종편에서는 "5·18 당시 북한군 1개 대대가 광주에 침투했고, 북한에서 온 게릴라가 광주 시청을 점령했다"는 주장을 다룬 방송을 내보내기도 했습니다.

　국가보훈처는 5·18 광주민주항쟁 33주년 행사에 그동안 불려왔던 〈임을 위한 행진곡〉의 제창을 막아 지역 주민은 물론 여야의 원성을 사기도 했습니다.

〈임을 위한 행진곡〉을 다 같이 노래하는 제창은 안 되고 합창은 허용하는 국가보훈처와 5·18을 폭도로 치부하는 인터넷과 종편은 도대체 어떤 역사의식을 갖고 있다는 말입니까?

사회가 건강할수록 이념적 스펙트럼이 다양하고, 이념 논쟁이 활발하게 이루어져서 합리적 결론에 도달할 수 있습니다. 그러나 우리 사회는 아직 사실과 가치 판단마저 구별하지 못하고 있는 듯합니다. 역사적 사실에 대한 인식마저 부족하니 말입니다.

무슨 의도로 그런 망발을 하는지는 모르겠습니다. "입은 재앙을 부르는 문이고, 혀는 목을 베는 칼이다"라고 했습니다. 정부나 지자체는 역사 왜곡에 대한 가능하고도 분명한 조치를 취해야 합니다.

차제에 광주도 5·18 행사를 일부 단체가 독점하는 인상을 주어서는 안 됩니다. 광주 시민이 참여하는 시민의 5·18 행사가 되어야 합니다. 나아가서 과거의 5·18에 매달리지만 말고, 미래 지향적인 5·18 정신을 계승하려는 노력이 있어야겠습니다.

_ 2013년 05월 30일

# 강정마을에 평화의 책을

나희덕

지난 6월부터 '강정 책마을 십만대권 프로젝트'가 진행되고 있습니다. 해군기지가 들어서는 그곳에 십만대군의 병력이 아니라 10만 권의 책을 보내자는 운동인데요. 문화예술인들의 상상력과 열정으로 시작된 이 운동은 책장 속에 잠자는 책들이 얼마나 훌륭한 평화의 전달자가 될 수 있는지를 보여 주는 조용한 기적이 될 것입니다.

아시다시피 강정에는 지역 주민이나 시민사회의 반대에도 불구하고 해군기지 건설이 강행되고 있습니다. 그런 과정에서 해군기지를 반대하는 주민과 찬성하는 주민 사이의 갈등도 적지 않았지요. 강정을 책마을로 만드는 작업을 통해 다시 하나가 되어 새로운 미래를 만들자는 꿈이 이 프로젝트에는 담겨 있습니다.

이 운동에 참여하는 방법은 다양합니다. 읽던 책을 기부하셔도 좋고 후원금이나 재능 기부도 환영합니다. 책을 운반하고 정리할 자원봉사자들의 일손도 필요합니다. 광주에는 양림동에 책정거장이 마련되었고, 젊은 문화 기획자들이 나서서 일을 추진하고 있습니다. 양림

기억을 기록하다

미술관에서 이를 위한 북콘서트도 계획하고 있고, 10월 중순까지 광주에서 모은 책들은 장흥에서 배로 운반해 강정마을에 직접 전달하려고 합니다.

또한, 오는 8월 26일부터 30일까지 제1회 광주평화음악제가 빛고을 시민문화관에서 개최될 예정인데요. 이 평화의 주간에 음악제와 영화제 등 다양한 공연과 행사가 마련된다고 하는군요. 〈평화, 멈출 수 없는 노래〉라는 제목으로 열리는 광주평화음악제에서는 가요, 국악, 동요, 프린지 공연 등을 통해 새로운 평화의 노래들이 불릴 것입니다. 평화를 원하고 음악을 사랑하는 시민이라면 누구나 공연을 보실 수 있고, 입장료는 평화를 위한 책으로 대신합니다. 강정마을 주민들과 함께 나누고 싶은 책을 가져오시면 잘 모았다가 강정으로 보내겠습니다.

5월의 아픈 기억을 지닌 광주가 스스로의 상처를 넘어 다른 지역의 평화를 위해서도 연대해 나가면 좋겠습니다.

_ 2013년 08월 26일

# 5·18 트라우마

강용주

「5·18 진압부대원들 트라우마, 국가 차원 치료 필요」라는 기사에 따르면 5·18 진압군으로 온 11공수부대 63대대 350명 중에서 100명 이상이 트라우마를 앓고 있다고 합니다. 진압부대원들은 약물, 알코올중독, 노동력 상실, 공황장애, 가정 파탄, 자살 등 5·18 피해자와 똑같은 증상을 보이고 있습니다.

우리나라 평균 외상후스트레스장애(PTSD) 유병율은 1.6퍼센트 (2011년, 정신질환 실태조사)이나 5·18 민주유공자와 그 가족의 경우 41.6퍼센트(2005년, 5·18 민주유공자 생활실태 및 후유증 실태조사)에 이릅니다. 국가보훈처에서는 5·18 진압부대원 중 PTSD로 등록된 인원은 31명이라고 하나 현실은 훨씬 많을 것입니다. 연구에 따르면 대구 지하철 참사 같은 단일 트라우마 사건을 경험한 경우 PTSD가 생길 확률이 14~29퍼센트 정도라고 하므로 1만 1,000여 명에 이르는 5·18 진압군의 경우 PTSD 환자가 최소 1,500명에 이를 것으로 추산됩니다.

5 · 18 진압부대원들은 광주민주화운동을 진압한 '가해자'이면서 또 한편으로는 군인이라는 신분 때문에 전두환 등 신군부 쿠데타 세력의 명령에 복종할 수밖에 없었던 또 다른 의미에서의 '피해자'이기도 했습니다. 미국의 경우도 제2차 세계대전이나 한국전쟁 참전 용사의 경우와 달리 '더러운 전쟁'인 베트남전쟁 참전 용사는 일종의 침묵과 배제의 분위기도 작용하여 사회 복귀도 어려웠다고 합니다. 정당성이 결여된 5 · 18 진압군들의 경우에는 그 실상이 더욱 심각하고 침묵도 더 길고 강했을 겁니다.

5 · 18 진압군의 PTSD는 의학적 관점에서 치료받아야 하는 문제이면서 또한 정치적인 문제이기도 합니다. 5 · 18 피해자와 그 가족을 치료하려면 무엇보다도 정의가 실현되어야 가능합니다. 정의 실현을 위해서는 진상 규명과 가해자에 대한 처벌이 이루어져야 합니다. 정의의 실현 없는 용서와 화해는 거짓이고 일시적일 수밖에 없습니다. 5 · 18 발포에 관한 진실이 아직 규명되지 않았을 뿐 아니라 가해자도 사과하지 않고 오히려 왜곡과 폄하가 벌어지는 현실에서 용서와 화해는 먼 일인 게 사실입니다. 하지만 역으로 5 · 18 진압군에 대한 관심과 치유적인 노력을 통해 우리 사회가 용서와 화해로 나아갈 수 있지 않을까 하는 생각도 듭니다.

_ 2013년 10월 17일

# 광주 100년, 근대역사관을 만들자

강신겸

광주의 역사를 아십니까? 150만 명이 사는 광주는 지금으로부터 100년 선인 1910년대까지만 해도 고작 1만 명이 갓 넘는 고즈넉한 시골이었다고 합니다. 이후 개화기를 거치며 근대 도시로 성장했으니 도시로서 광주의 역사는 100년 남짓한 셈이지요.

"지난 역사를 살피지 않고서는 미래도 없다"는 말처럼 국가든 도시든, 미래 발전을 고민한다면, 과거를 소중히 보존하고 새롭게 읽어내지 않으면 안 될 것입니다. 많은 사람들은 광주 하면 무등산과 5·18을 떠올립니다만 근대 도시 광주의 역사는 훨씬 길고, 광주의 정체성 또한 그 이전부터 형성되었을 겁니다. 한편, 불과 100년 만에 150만 대도시로 발전한 광주의 사례는, 그러면서도 근대 도시로서 역사를 고스란히 간직한 예는 한국 도시 발전 역사에서도 매우 이채로운 사례입니다.

이제 우리는 광주의 지난 역사와 전통, 그것에 깃든 정신을 바탕으로 도시의 정체성을 고민하고, 미래 발전 방향을 연구해야 합니다. 이미 대구에는 대구근대역사관, 부산에는 부산근대역사관이 운영 중이고, 일제 강점기에 근대 도시로 성장한 군산과 목포 또한 근대역사관을 조성해 스스로 도시 역사를 재조명하고 있다는 것을 아는 분들은 많지 않은 것 같습니다.

광주도 5 · 18을 넘어 그동안 잊고 있었던 근대 도시 광주의 역사와 도시 발전사를 재조명해야 합니다. 때늦은 감이 있지만, 근대 역사의 유적이 남아 있는 양림동 일원에 광주근대역사관을 조성할 필요가 있고, 그렇게 된다면 역사와 교육의 공간일 뿐만 아니라 관광 자원으로서도 한몫을 하게 될 것입니다.

또한 지역 대학이나 광주발전연구원에 광주학연구센터를 설치하여 광주의 도시 정체성에 대한 지적 · 문화적 관심을 넓혀 나갈 필요가 있습니다. 광주의 현실 문제를 서울과 중앙의 눈이 아니라 광주의 관점에서 진단하고 그 해법을 찾는 연구를 시작해야 합니다. 이제 새롭게 광주의 정체성을 고민하고, 광주의 관점에서 발전 방안을 찾을 때가 되었습니다.

지역 사회가 모두 지혜를 모아 광주의 미래 100년을 어떻게 준비해야 할지 고민해야겠습니다.

_ 2014년 03월 07일

# 상처 입은 치유자

강용주

　지난 4월 3일 광주트라우마센터에서는 5·18 유가족과 함께 밀양을 다녀왔습니다. 송전탑 싸움으로 힘들어 하시는 어르신들을 만나러 간 거지요.

　경남 밀양에선 2005년부터 8년째 송전탑 반대 투쟁 중입니다. 76만 5,000볼트의 고압 송전탑이 논를 지나가고 마을을 지나가 아름답고 조용했던 밀양시 부북면 대항리 평밭마을은 상처 투성이가 되었습니다.

　그동안 힘없는 밀양에서는 70~80대 노인들이 경찰에게 사지를 붙들려 공사장 밖으로 쫓겨나가고 다치고 죽고 있었지요. 같은 시각에 부자 마을 성남시 분당구 구미동에선 1,258억 원을 들여 송전탑 아홉 개를 지중화했다고 '송전선로 지중화사업 준공기념 콘서트'를 3,000만 원 들여 벌였다더군요.

　"고통은 안 당해 본 사람은 모른당께. 나라도 가서 이야기 들어주고 올라요" 하시며 5·18 유족 세 분이 먼 길을 다녀왔습니다. 밀양에 다녀온 세 분의 유가족들이 미술치유, 명상치유, 몸동작 등 센터 프로그램을 하시는 유가족 열일곱 분에게 밀양 송전탑 반대 방문 보고회를 열었습니다.

5·18 유족들은 "예전의 우리 생각이 났다. 서울에서 천막치고 농성하던 때가 생각나서 눈물이 났다. 사람들이 찾아와 주면 얼마나 반갑던지……." "서울에 시위를 하러 갔는데 경찰들이 나를 닭장차에 싣고 강원도 강릉에다가 떨쳐놨는데 아무것도 가진 것도 없을 때, 그곳 시민들이 사정을 듣고 밥도 사주고 차비도 주고 해서 광주에 왔었다. 얼마나 고마웠던지……. 그런 사람들의 힘으로 오늘날 유공자가 되고 국립묘지가 된 것이 분명하니 우리도 어렵게 싸우고 있는 사람들을 도와야 한다."

이런 유가족들의 모습에서 '상처 입은 치유자'의 모습을 봅니다. 5월 유가족들은 인간의 삶은 폭력보다 강하다는 사실을 잘 보여 주었지요. 고통을 알기 때문에 고통을 겪고 있는 이들에 공감하는 힘이 누구보다도 뛰어나고요. 한 아픔이 또 다른 아픔을 어루만지는 치유의 힘을 이번 밀양 방문에서 보았습니다. "우리도 어렵게 싸우고 있는 사람들을 도와야 한다"는 말씀에 환한 5월 빛고을의 내일을 그려 봅니다. 5월 유가족은 이미 '상처 입은 치유자'이십니다.

_ 2014년 04월 09일

# 세월호, 부끄러운 자화상

나희덕

    한 주 넘게 세월호 참사를 지켜보면서 온 국민이 슬픔과 우울에서 헤어나지 못하고 있습니다. 구조자 수는 붙박혀 있는 채로 실종자 수가 고스란히 사망자 수로 옮겨가는 안타까운 날들이 이어지고 있습니다. 진도 맹골수도의 거센 파도 속으로 수장된 것은 그곳에서 희생된 생떼같은 목숨들만이 아닙니다. 대한민국이라는 사회 전체가 어떻게 손 써볼 도리 없이 침몰하는 거대한 배처럼 느껴집니다.

    사고 당시 선장과 선원들의 이기적이고 무책임한 대응이 공분을 일으켰고, 허술하기 짝이 없는 위기관리 시스템과 정부의 무능한 리더십은 적절한 구조 시점을 놓쳐 버렸습니다. 사고 현장을 찾은 정치인들의 부적절한 언행이 문제가 되기도 했고, 언론들의 무리한 재난 보도 경쟁이 정확한 사실의 전달보다는 불안 심리만 부추긴다는 지적도 있습니다. SNS에서는 격앙된 감정 대립과 온갖 추측들이 난무합니다. 이렇게 세월호 침몰을 통해 드러나는 우리 사회의 자화상은 참담하기만 합니다.

           기억을 기록하다

지금으로서는 힘을 모아 남은 구조 작업을 해나가면서 희생자를 추모하고 유족들을 위로하는 일이 최우선일 것입니다. 그와 동시에 이런 대형 참사를 불러온 근본적인 원인과 사회 구조 전반에 대해서도 성찰해 보아야 합니다. 세월호 참사는 단순한 물리적 재난이 아니라 한국 사회의 부패와 무능이 빚어 낸 사회적 재난이기 때문입니다.

19세기 초에 템즈 강에 빠진 선원들은 익사한 것이 아니라 런던 하수구에서 배출된 악취와 독가스를 마셔서 질식사한 것이라고 합니다. 세월호 희생자들의 죽음도 원인을 따지고 보면 단순한 익사가 아니라 사회적 질식사에 가깝다는 생각이 듭니다. 현대 사회의 위험은 악취나 독가스처럼 쉽게 감지될 수 있는 게 아닙니다. 자본은 위용을 자랑하는 대형 구조물에 은폐되어 있다가 재난과 죽음을 대량생산해 냅니다. 그런 위험사회를 승인하고 방치한 우리 모두가 실은 세월호의 가해자들이기도 합니다.

_ 2014년 04월 23일

# 세월호 트라우마

강용주

아직도 대한민국의 시계는 세월호가 침몰한 2014년 4월 16일 오전 8시 48분에 멈춰 서 있습니다. 부모와 국민들의 간절한 바람에도 불구하고 아직도 100여 명이 넘는 어린 학생들이 차가운 바닷물 속에서 나오지 못하고 있습니다. 세월호는 우리 사회의 '기본적 신뢰'를 함께 침몰시켰습니다. 위험한 순간에 부모가, 사회가, 국가가 자신을 도와줄 것이라는 '기본적 신뢰'가 있어야 정상적인 관계와 사회 생활이 가능합니다.

세월호 선장은 여직원을 통해 배가 침몰하는 상황에서 학생들에게 "움직이지 말고 그 자리에 그대로 있어라"고 방송했다지요. 그 말을 믿고 선실에서 기다리던 학생들이 죽어 가는데 자신은 몇몇 승무원과 가장 먼저 바다로 뛰어들어 해경에 의해 구출되었구요.

그 선장의 모습에서 겹쳐진 것은 6·25 한국전쟁 직후 이승만 대통령의 행태였지요. 그는 서울을 사수한다고 거짓 방송을 하고 대전으로 빠져나갔습니다. 그 말을 믿고 서울에 남은 사람들은 숱한 고초

기억을 기록하다

를 겪었고, 게다가 한강 다리를 끊어서 수많은 피난민이 한강물에 빠져 죽었지만 그는 사과한 적이 없었습니다. 2014년 세월호의 선장과 1950년 한국호의 선장은 어쩌면 그렇게 빼다 박았을까요.

세월호의 참사는 그나마 남아 있는 우리 사회의 신뢰를 허물어 버렸습니다. 배가 침몰한 뒤, 단 한 사람의 생존자도 구출하지 못한 무능력한 정부를 보면서 누구를 막론하고 "우리에게 국가란 무엇인가?"를 생각했을 것입니다

문제는 이 비극이 우리 사회의 근간을 뒤흔드는 사회적, 심리적 재난으로 확산되고 있다는 데 있습니다. 이제 '그 누구도 믿을 수 없다'는 뿌리 깊은 불신과 '어떻게든 나만 살면 된다'는 극단적 이기주의가 우리 사회를 휩쓸지 모릅니다. 사회적인 재난을 입더라도 이를 발판으로 더 잘 돕고 헤쳐 나갈 수도 있지만, 이렇게 '기본적 신뢰'가 무너진 사회에서는 그 반대로 사회가 공멸로 치달을 수도 있습니다.

분명한 것은 '세월호'의 아픔을 딛고 우리 사회가 '기본적인 신뢰'를 회복하는 계기와 노력을 기울여야 한다는 사실입니다. 잔인한 4월, 가슴 아픈 봄, 내가 그리고 우리가 이 '기본적 신뢰'를 회복하기 위해 무엇을 할 수 있는지 진지한 성찰과 실천이 필요할 때입니다.

_ 2014년 04월 29일

# 어르신들의 치유 여행

강용주

이른 무더위가 시작되는 6월과 7월 두 달 동안 70세, 그리고 80세
가 훨씬 넘은 5·18 민주화운동 유가족 어르신들이 버스를 타고 진
주, 함평, 경산으로 전국 유람을 다녀왔습니다. 장마가 시작되면 허
리, 다리, 어깨 안 아픈 데가 없다고 푸념하시던 어르신들인데 장거리
버스 여행은 괜찮다며 서로 가겠다고 하셨지요.

트라우마센터에서는 '상처 입은 치유자'라는 프로그램을 진행하
고 있습니다. 그 첫 번째는 송전탑 반대 투쟁으로 긴 시간 외롭게 지
내시는 밀양 어르신들과의 만남으로, 5·18 유족회 어르신 몇 분이
밀양 송전탑을 방문했습니다. 5·18 유족들이 자신의 아픔과 상처를
주변의 관심과 사랑으로 극복했듯이 현재 고통받고 있는 사람들의
마음을 위로하고, 따뜻하게 손이라도 한번 잡아 주며 공감하는 '치유
기행'이었습니다.

밀양을 다녀올 무렵 센터에 〈X가 A에게, From X to A - 광주〉라
는 제목의 공연 제작 제안이 들어왔습니다. 광주비엔날레 개막 작품

기억을 기록하다

입니다. 5·18 트라우마로 고통받는 사람들이 한국전쟁기 민간인 학살 등 다른 기억에 의해 고통받는 사람들의 마음을 공유하는 일이지요. 광주 공동체의 개방을 통해서 5·18 유족들의 사회적 의미를 되새기고 나아가 궁극적으로 고통과 비극에 대한 이해를 통해서 그리고 타자의 상처를 공유함으로써 다른 공동체에 대한 관심과 환대를 모색하려는 것이지요.

6월 10일 워크숍을 시작으로 45인승 버스를 타고 진주 지역, 함평 지역, 경산 지역으로 다녀왔습니다. 6월 10일 워크숍 내내 한국전쟁 이야기에 10대 소년, 소녀 시절 겪었던 전쟁이 생각나 눈시울을 붉히시던 어르신들. 울다가도 어르신들은 꽃을 보고 다시 '깔깔깔' 웃으셨습니다. 함평, 경산에서처럼 외로운 고통 속에 있는 현장을 떠나며 깊은 한숨과 악수로 위로하다가도 고개 돌려 산천에 예쁘게 얼굴 내밀고 있는 산나물, 꽃나무를 보며 다시 웃고 희망을 만났습니다.

광주가 모든 고통을 돌보고 나누는 장소이자 인간다움의 신성성, 환대의 공동체로 성장할 수 있는 계기가 됐으면 좋겠습니다.

_ 2014년 07월 29일

# 얼음 양동이와 세월호

나희덕

최근 '아이스버킷챌린지'라는 자선 캠페인이 급속도로 퍼져 가고 있습니다. 원래 미국에서 루게릭병 환자들을 돕기 위해 제안된 이 캠페인은 참가자로 지목되면 머리에 얼음물을 뒤집어 쓰거나 100달러, 우리나라 돈으론 10만 원을 기부하는 방식인데요. 주로 연예인이나 운동선수들을 중심으로 이루어지던 것이 최근엔 유명 정치인이나 기업인들도 참가해 화제가 되고 있지요. 그런데 타인의 고통을 이해하고 돕자는 취지에서 시작된 이 캠페인이 어느새 대중의 관심을 끌기 위한 전시성 놀이가 되어 버린 것 같습니다.

제가 아는 한 작가는 아이스버킷챌린지 지목을 받고 페이스북에 이런 의견을 올렸습니다. "4·16 이후 나에게 '얼음처럼 차가운 물'이란 트라우마다. '물'이 무섭고 슬프다. 뙤약볕 속에 수백 킬로미터를 몇 킬로그램이나 되는 노란 십자가를 지고 광화문에 도착하여 기진해 있는 젊은 엄마아빠들이야 말할 필요가 있겠는가. '얼음물'을 뒤집어쓰고 웃음이 나오는 이벤트에 참여할 수 있는 몸을 적어도 지금의 나는 가지고 있지 못하다"라고 말입니다. 이 말에 깊이 공감하면서 타인의 고통에 진정으로 동참하는 감수성이란 어떤 것일까 다시 생각해 보게 됩니다.

지금도 광화문 광장에서는 세월호 특별법 제정을 위해 단식하는 유족들과 그와 뜻을 함께하는 사람들이 힘겨운 나날을 보내고 있습니다. 그분들은 뙤약볕 아래서도 얼음 양동이를 뒤집어쓰는 것처럼 아프고 참담한 심정일 것입니다. 분노와 슬픔에 머리가 쭈뼛쭈뼛 서고 잠도 제대로 자지 못했을 그분들을 생각하면, 끼니마다 밥을 먹고 편하게 잠을 자는 일상이 죄스럽기만 합니다. 얼음물 뒤집어쓰며 일회적인 기부를 하는 것도 의미 있는 일이지만, 그런 대중적 관심을 세월호 문제를 해결하는 데 좀 더 모을 수 있다면 하는 바람을 가져 봅니다. 함께 웃는 것보다 더 중요한 것은 함께 울어 줄 능력을 되찾는 일이니까요.

_ 2014년 08월 28일

# 세월호특별법

오수성

  '세월호특별법' 제정을 위해 심리학자 373명이 성명을 발표했습니다. 심리학자들이 거리에 나서 성명을 발표한 것은 유례가 없는 일입니다.

  이들은 "비극적인 현실의 이유를 밝히고자 함은 인간의 기본적인 본능이다. 납득되지 않는 경험은 계속되는 고통을 만들어 낸다"며 "진상 규명으로 죽음의 원인을 밝히는 것은 유가족의 죄책감을 덜고 생존 학생들의 고통을 줄이는 출발점"이라고 특별법 제정의 필요성을 지적하였습니다.

  심리학 이론에서 가족의 갑작스러운 죽음을 경험하면 그 가족은 부정-분노-죄책감-수용-애도의 순서로 심리적 변화가 일어난다고 합니다. 지금 세월호 가족들도 부정-분노-죄책감의 과정을 겪고 있습니다. 처음에는 죽음 자체를 부정하였고, 왜 나에게 이런 일이 일어났는지에 대해 분노하였고, 죽은 자를 살리지 못한 것, 살아 있을 때 잘해 주지 못한 것에 대한 죄책감을 갖고 있습니다.

기억을 기록하다

그러나 다음 단계인 수용 단계로 넘어갈 수가 없습니다. 대체 왜 죽었는지, 누구 책임인지 알아야 그것을 받아들이고 수용할 수 있을 텐데 그것이 되지 않는 것입니다. 그것이 해결되어야 수용되고, 다음 단계인 애도 단계에 이르러 진정한 애도를 하며 본인들을 돌아볼 여유가 생길 텐데 지금은 왜 침몰했는지조차 모르는 상황입니다.

왜 세월호가 침몰하였는가에 대한 질문에 답하지 않고서는 지금 현실을 결코 이해할 수 없습니다. 이해하지 못한 현실을 극복하기란 불가능합니다.

숨쉬는 것 자체만으로도 죄책감에 시달리는 유가족과 살아남았다는 죄책감에 시달리는 생존 학생들에게 당신들의 잘못이 아니라고 말해야 합니다. '지켜 주지 못해 미안하다'라고 스스로를 탓하는 많은 사람에게도 위로가 필요합니다.

진상을 제대로 밝혀내지 못하면 제대로 된 재발 방지책도 나오지 않습니다. 우리 사회가 맞이하는 미래는 여전히 불안할 수밖에 없습니다. 제대로 된 진상 규명이 필요한 이유입니다.

_ 2014년 09월 04일

# 지우고 싶은 기억,
# 그러나 잊지 말아야 할 것들

박중환

    기억과 관련된 역할을 하는 해마 신경세포의 유전자 구조체를 국내 연구진이 제작했습니다. 이 발견은 이제 곧 알츠하이머 병을 치료하는 계기가 될 것이라고 합니다. 사라져 가는 기억까지도 보호할 수 있는 새로운 시대를 기대하면서 기억과 망각에 대해 생각합니다.

    망각은 인간 두뇌의 노화로 나타나기도 하고 이 때문에 고통을 겪는 사람들도 많습니다. 하지만 망각이 모두 나쁜 것만은 아니라는 사실을 우리는 잘 알고 있습니다. 살면서 마주했던 고통스러운 기억들, 분노와 실망, 그리고 절망의 경험, 이런 힘든 생각들을 머릿속에 늘 담고 살아야 한다면 우리는 지금 바로 몸을 가누기도 어려운 고통 속에 빠지고 말 것입니다.

    세네카는 이렇게 말했습니다.

    "시간이 흐르면서 약해지지 않는 고통은 없다."

    사랑하는 사람을 떠나보내고 그 고통에 몸부림치던 사람들도 시간이 지나면서 조금씩은 그 고통을 망각하는 순간들을 맞게 됩니다.

기억을 기록하다

지난해에는 우리 사회에 유난히도 많은 대형 사고들이 있었습니다. 세월호처럼 나라 전체를 슬픔 속으로 몰아넣었던 국가적 재난부터 크고 작은 사고들이 이어졌습니다. 이 우울한 시간들이 빨리 지나가고 밝은 새날이 오기를 기다렸던 기억이 떠오릅니다. 이제 새 봄을 맞는 올해는 작년보다 더 평화로운 시간들로 채워지기를 기원해 봅니다. 가족과 사랑하는 사람들을 비명 속에 보내고 아직 흐느끼고 있을 그들의 슬픔도 시간과 함께 조금씩이나마 가벼워지기를 바랍니다. 집단 우울증이라는 신조어까지 나올 만큼 우리 사회를 어둡게 했던 그 사고들의 기억도 옅어져 가고 있습니다. 하지만 사람의 생명보다 경제적인 이익을 더 사랑했던 우리 사회의 부끄러운 모습까지 망각되어서는 안될 것입니다. 우리를 괴롭혔던 충격의 근본 원인이 인간과 생명을 경시하는 우리 내면의 탐욕이었음을 직시하는 것만이 인간다운 사회를 회복하고 비극이 되풀이되지 않게 하는 길이 될 것입니다.

_ 2015년 01월 05일

# 임을 위한 행진곡

강용주

"5월이, 기일이 안 돌아왔으면 좋겠다. 마음이 아프다. 행사도 안 했으면 좋겠다. 우리가 부르는 〈임을 위한 행진곡〉을 왜 못 부르게 하는가. 유족이 위로가 될 만한 행사를 해야재. 이 나라는 지금까지도 똑같다." 1980년 5월에 도청을 사수하다 계엄군의 총탄에 산화한 광주상고 1학년 문재학 군의 아버지 문건양 님이 하신 말씀입니다.

지난해 광주트라우마센터를 방문한 EATIP의 에델만 박사는 광주항쟁 유족과 생존자들이 5 · 18 민주화운동 기념식 때 불러왔던 〈임을 위한 행진곡〉을 국가가 허용하지 않는 것은 트라우마 치유에 부정적 영향을 미친다고 말했습니다. 그는 "노래는 이들의 삶을 대변하는 의미가 있습니다. 기념하는 노래를 막는 것은 치유를 할 수 없게 하는 것"이라며 노래를 불러야 치유가 된다고 강조했습니다.

그런데 이번 35주기 5 · 18 민주화운동 기념식에서 〈임을 위한 행진곡〉을 부를 수 없다고 합니다. 국가보훈처는 〈임을 위한 행진곡〉 제창이 국민 통합을 저해한다고 주장합니다. 2014년에 정원홍 국무

총리도 국회에서 "〈임을 위한 행진곡〉의 5·18 민주화운동 기념곡 지정에 워낙 강한 반대 여론이 있어서 잘못하면 국론이 분열될 수 있다"고 말했습니다.

그러나 정작 국론을 분열시킨 사람이 누구일까요? 〈임을 위한 행진곡〉은 5·18 광주민주화운동 기념일을 국가기념일로 지정한 뒤, 정부 주관 첫 기념식이 열린 2003년부터 이명박 정부 첫 해인 2008년까지 기념식 본 행사에서 기념곡으로 제창되었습니다. 그런데 보훈처가 2009년 느닷없이 공식 기념곡을 공모하겠다고 하더니, 2010년에는 5·18 영령들을 기리고 애도해야 할 기념식에서 〈임을 위한 행진곡〉을 빼고 대신에 경기도 민요 〈방아타령〉을 틀었습니다. 보훈처가 제정신을 가진 건지 의심이 듭니다. 더욱이 2013년 6월 국회에서 여야 합의로 〈임을 위한 행진곡〉의 5·18 기념곡 지정 촉구 결의안이 의결된 점을 고려하면, 국론을 분열시키고 통합을 저해하는 것은 보훈처인 셈입니다.

놀랍게도 보훈처는 제35주년 5·18 민주화운동 기념식에서도 〈임을 위한 행진곡〉 제창을 공식 식순에서 제외하는 이유로 북한 영화의 배경음악으로 사용됐다는 점을 들었다고 합니다. 지만원 씨나 일부 종편이 5·18 당시 북한군 개입설을 유포하며 광주민주화운동의 가치를 폄훼하고 있는 상황에서 보훈처가 북한 운운하는 것은 어이가 없다 못해 분노와 절망의 상황입니다

_ 2015년 05월 18일

# 한강의 맨부커상

오수성

    올해 5·18 전후에 있었던 여러 가지 사건들이 사람들을 우울하게 합니다. 5·18 기념식에서 〈임을 위한 행진곡〉을 제창할 수 있게 해달라는 두 양당 원내대표에게 박근혜 대통령은 국론 분열을 일으키지 않는 차원에서 좋은 방향을 찾아보도록 보훈처에 지시했다고 말했습니다. 그러나 보훈처장은 국론 분열을 막기 위해서는 다른 대안이 없다고 합창을 고수하였습니다. 보수 세력은 5·18 현장의 여러 사진에 등장하는 인물들을 북한 특수부대원으로 왜곡하고 매도하고 있습니다. 전두환 전 대통령은 발포 명령을 내린 적이 없다고 인터뷰하였습니다.

    이러한 답답한 상황에서 5월 즈음하여 한강의 소설 『채식주의자』가 맨부커상을 수상했다는 소식은 의미를 더합니다. 맨부커상은 노벨문학상, 콩쿠르상과 함께 세계 3대 문학상으로 꼽힙니다. 한국 문학사상 처음으로 세계적인 상을 받은 것은 작가 개인의 영광을 넘어 한국문학의 쾌거입니다.

2년 전에 한강의 소설『소년이 온다』를 읽었습니다.『소년이 온다』는 5·18을 직접 다룬 작품으로, 마지막까지 도청을 지키다 계엄군의 총에 스러진 열여섯 살 소년을 중심으로 학살과 저항을 다루고 있습니다. 두 달 전에『채식주의자』를 읽었습니다. 채식주의자도 '인간의 폭력성'이라는 주제를 다루고 있습니다.

　한강은 한 인터뷰에서 1980년 5월 광주민주화운동이 자신의 인생을 바꾸어 놓았다고 발언한 바 있습니다. 아버지인 소설가 한승원이 열세 살 때 보여준 5·18 광주민주화운동 사진첩의 희생자 모습을 보고 그때부터 인간의 폭력성에 대한 근원적인 질문을 품게 되었다고 합니다.

　5·18이 여전히 고립, 왜곡, 매도되는 상황에서 한강의『소년이 온다』는 왜 우리가 5·18을 생각하고 기념해야 하는지를 말하고 있습니다. 한강은『소년이 온다』의 에필로그에서 말했습니다. "2009년 1월 새벽 용산에서 망루가 불타는 영상을 보다가 나도 모르게 불쑥 중얼거린 것을 기억한다. 거긴 광주잖아."

　용산 참사에서 광주를 본 것입니다. 5·18 이후에도 폭력은 계속 자행되고 있습니다. 광주는 그 후 벌어진 모든 폭력의 다른 이름입니다. 앞으로 이런 폭력이 이 땅에서 다시는 일어나지 않게 하기 위해서라도 우리는 광주를 기억하고 〈임을 위한 행진곡〉을 함께 불러야 합니다.

_ 2016년 05월 25일

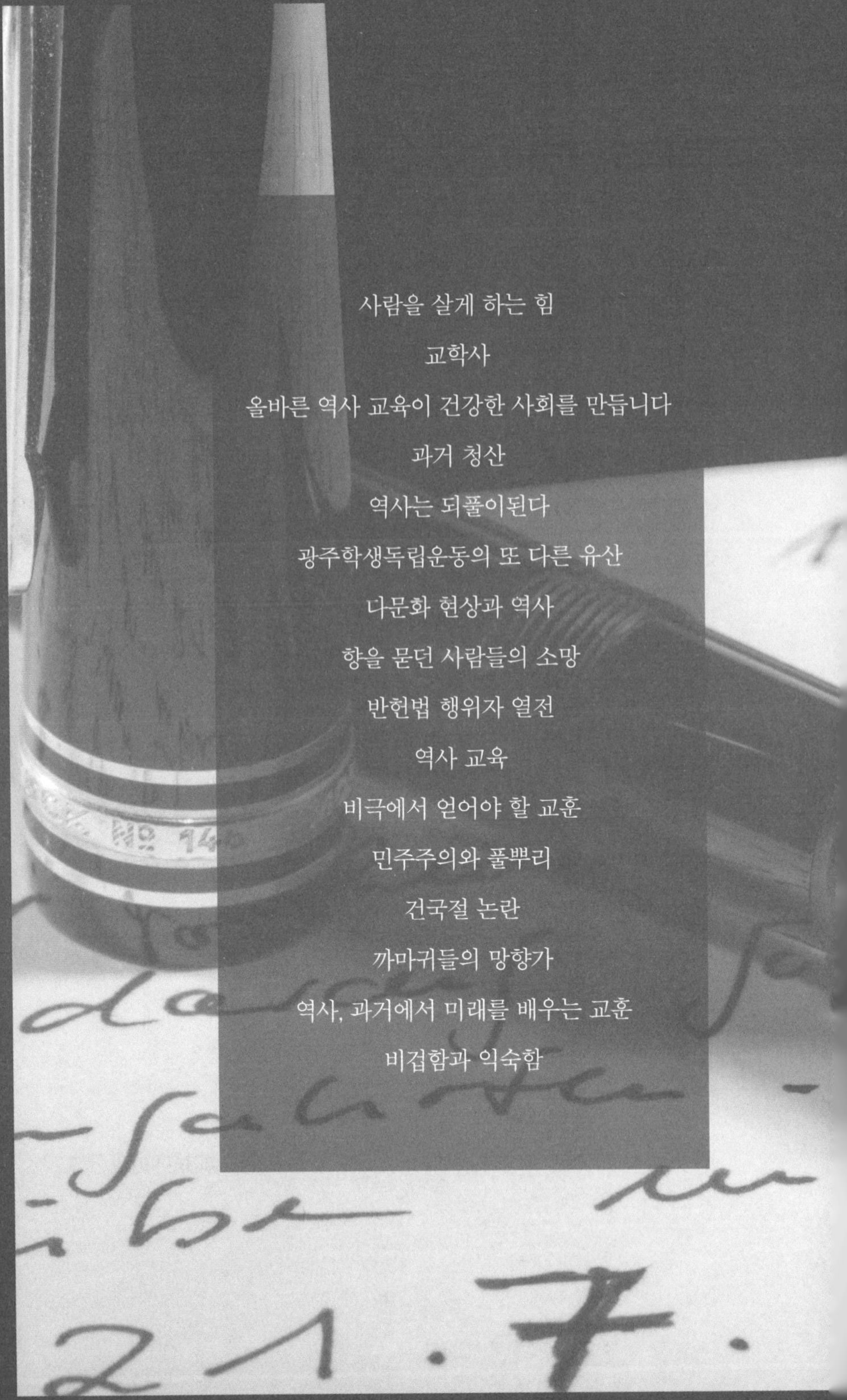

사람을 살게 하는 힘

교학사

올바른 역사 교육이 건강한 사회를 만듭니다

과거 청산

역사는 되풀이된다

광주학생독립운동의 또 다른 유산

다문화 현상과 역사

향을 묻던 사람들의 소망

반헌법 행위자 열전

역사 교육

비극에서 얻어야 할 교훈

민주주의와 풀뿌리

건국절 논란

까마귀들의 망향가

역사, 과거에서 미래를 배우는 교훈

비겁함과 익숙함

# 시공간을 넘어 바라보다

## 역사

들어가며

역사를 배우는 이유는 단순히 교훈을 얻기 위함은 아니다. 그것은 오히려 역사를 기능적으로 대하는 방법일 뿐이다. 역사는 시간과 공간을 초월하여 인류의 현재를 살피고 미래를 내다볼 수 있게 해주는 창을 제공한다. 어떻게 살아왔고, 어떻게 잘못을 저질렀으며, 앞으로 어떻게 살아가야 옳은지를 우리는 역사를 통해 알아갈 수 있다. 인류는 수십만 년의 진화 과정을 거치는 동안 윤리와 도덕이라는 무형의 가치도 함께 진화시켜 왔다. 생명의 가치를 존중하고, 차별을 없애고, 폭력을 거부해 왔다. 그렇게 지금의 가치관을 가지게 된 것이다.

이 장에서는 역사의 이야기를 통해 지금 여기를 살아가는 우리의 현 상태를 짚어본다. 아우슈비츠에서 살아남은 생존자의 이야기를 통해 극단적인 상황 속에서도 희망의 끈을 놓지 않은 인간성의 승리를 발견한다. 향나무를 땅에 묻어 매향을 만들던 사람들의 모습을 떠올리며 더 나은 세상을 향한 힘찬 염원을 엿볼 수 있다. 무엇보다 최근에 일어나고 있는 근현대사 왜곡의 문제를 필진들은 놓치지 않는다. 정권의 입맛에 맞춰 역사 교과서를 국정화한다거나 광복절이 아닌 건국절을 내세우며 친일 행각을 감추려는 것은 손바닥으로 하늘을 가리는 행위이다.

역사 왜곡 세력이 광복절을 건국절로 바꾸려는 주된 이유는 친일파의 죄상을 감추기 위함이다. 역사는 현대인의 해석이라고 한다. 그렇다면 우리나라의 현대 역사는 어떤 시각으로 봐야 할까? 대답은 민주주의의 가치에서 찾을 수 있다. 민주주의의 원칙에 비추어 우리 근현대사를 살펴보면 얼마나 왜곡된 역사를 거쳐 왔는지 짐작할 수 있다. 역사를 존중하지 않는 자는 역사의 보복을 받을 뿐이다. 올바른 역사가 갖는 의미와 가치, 국가의 오늘과 내일을 잇는 소리 없는 가르침이 역사라는 점을 잊지 말아야 할 것이다.

# 사람을 살게 하는 힘

## 나희덕

아우슈비츠에서 살아남아 그 폭력의 역사를 증언했던 프리모 레비라는 사람이 있습니다. 『이것이 인간인가』라는 책으로 수용소의 참상을 알린 작가인데요. 언제 처형될지 알 수 없는 공포와 극한의 배고픔 속에서 그를 지켜 준 것은 무엇이었을까요? 그것은 어떻게든 살아남아야 한다는 동물적 의지가 아니라 자신이 인간임을 끊임없이 각성시켜 주는 어떤 행위였습니다.

레비는 틈만 나면 동료들에게 단테의 『신곡』을 암송해 들려 주었다고 합니다. 살아남기 위해서는 '오늘의 빵과 수프'보다는 최소한으로나마 '문명의 형식'을 남겨 두는 일이 필요했던 것이지요. 그에게 단테의 『신곡』을 외우고 기억하는 행위는 무엇보다도 자신의 마음이 아직 기능하고 있다는 것을 확인하는 일이었습니다. 또한 지나간 과거나 자신을 키워 준 문화와의 관계를 회복시켜 주는 일이기도 했습니다.

비슷한 이야기를 다른 책에서도 읽은 적이 있습니다. 역시 아우슈

기억을 기록하다

비츠의 생존자였던 휴고 그린은 소년 시절 아버지와 함께 수용소 생활을 했다고 합니다. 유대인들은 악조건 속에서도 자신들의 기념일을 지키려고 노력했습니다. 빛의 축제인 봉헌절을 지키기 위해 아버지는 며칠 동안 철조각들을 모아 촛대 장식을 만들었습니다. 그리고 죄수복에서 실을 빼내어 심지를 만들고, 간수한테서 기름 대신 버터를 얻는 데 성공했지요.

버터를 태우지 말고 빵 조각에 발라 나누어 먹는 게 더 좋지 않느냐고 반문하는 아들에게 아버지는 이렇게 대답했습니다. "휴고야, 사람은 음식 없이도 얼마간 살 수 있단다. 하지만 희망 없이는 단 하루도 살 수 없어. 이 기름이 희망의 불꽃을 지필 거야. 어느 곳에서도 희망이 절대 꺼지지 않게 해라"라고 말이죠.

어떤 상황에서도 세계에 대한 믿음과 인간적 자존을 잃지 않는 것, 그것이 바로 사람을 진정으로 살게 하는 힘이라는 것을 가르쳐주는 일화들입니다.

_ 2013년 07월 10일

# 교학사

오수성

　말도 많고 탈도 많았던 교학사 한국사 교과서에 대해 교육부가 검정 통과된 다른 7종의 한국사 교과서와 함께 수정·보완을 추진하기로 하였습니다. 다른 한국사 교과서를 들러리로 세워 교학사 한국사 교과서를 구하기 위한 물 타기 꼼수라는 지적이 있습니다.

　그러자 7종의 한국사 교과서의 집필진들이 부실한 교과서와 같은 취급을 받는 것에 참을 수 없는 허탈감과 모욕감을 느낀다면서 교육부의 수정 권고를 따르지 않겠다고 불복종 선언을 하고 나섰습니다.

　역사학자들도 교학사 한국사 교과서에 대하여 분노하고 있습니다. 역사학의 기본을 갖추고 있지 않기 때문이라고 합니다. 4·19 혁명, 5·18 광주민주화운동에 관한 역사적 기억들은 사회적 합의를 걸쳐 법적으로 정립되어 있습니다. 역사는 망각의 해법이 아니라 기억의 해법으로 풀어야 합니다.

　그러나 교학사 한국사 교과서 집필자들은 사회적으로 합의된 역사적 기억들을 이념으로 재단하려고 하고 있습니다.

정치권 일부에서도 교학사 교과서의 사실 왜곡을 이념 논쟁으로 몰아가려고 하고 있습니다. 진정한 보수라면 식민지 시절을 그리워하고 학살을 정당화하며 독재를 미화하는 역사 교과서를 비판하여야 합니다. 보수나 진보를 떠나 과거의 상처에 책임을 느끼고 그것이 재발되지 않도록 노력해야 합니다.

　그래야만 일본의 역사 왜곡에 대해서도 우리가 할 말이 있을 것입니다. 최소한 우리의 후손들에게 정의가 무엇인지를 알려야 할 의무가 있습니다. 과거를 반성하고 성찰하지 않는 자에게는 미래가 없습니다.

_ 2013년 09월 17일

# 올바른 역사 교육이
# 건강한 사회를 만듭니다

이병훈

얼마 전 뉴스를 통해 우리나라 학생들의 역사 교육 실태를 접했습니다. 학생들이 인터뷰에서 삼일절을 삼점일절로 읽고, 이완용을 독립운동가라고 말하는 것을 보고 어안이 벙벙했습니다.

최근 5·18 광주민주화운동이 '북한에 의한 폭동이다'라는 내용의 방송이 물의를 일으킨 적도 있었지요. 일본에서는 아베 정권 출범 이후 정치권에서 "위안부는 전쟁을 위해 필요했다, 병사들이 힘든 전투를 끝내고 휴식할 필요가 있었다" 등의 생각지도 못할 망언을 쏟아내며 침략의 역사를 정당화하고 있습니다. 역사 문제가 나라 안팎으로 심각한 수준인 것입니다.

그런데 이런 역사 문제는 왜 일어나는 것일까요? 그것은 역사 교육의 중요성을 무시하고, 잘못된 역사를 가르쳐 왔기 때문입니다.

국영수 위주의 대학 입시만을 위한 교육 환경에서 역사 과목은 밀려나고, 학교에서조차 역사를 배우지 못하니 역사에 대한 왜곡은 어쩌면 당연한 것일지도 모릅니다. 역사를 제대로 배울 기회가 없어서 역사를 알지 못하는 것이기에, 역사 문제를 개개인의 무지 탓으로 돌릴 수만은 없습니다. 다행히도 2017년 수학능력시험부터 한국사를 필수 과목으로 지정한다고 하니 역사 교육이 활성화되기를 늦게나마 기대해 봅니다. 하지만 역사 교육을 활성화한다고 해서 역사에 대한 의식을 갖는 것은 아닙니다. 제대로 된 역사를 가르치는 것이 중요합니다.

최근 교육부 검정을 통과한 교학사의 역사 교과서가 5 · 16 쿠데타를 미화시키고, 5 · 18 광주민주화운동의 내용을 축소하는 등의 역사 왜곡으로 문제가 되고 있는데요, 그뿐이 아닙니다. 일본군 위안부 문제를 축소 왜곡시킨 것이나 친일 기업을 대한민국 자본주의 성장의 주역으로 묘사한 의도가 엿보입니다.

왜곡된 역사를 가르치고 배우는 것은 역사를 배우지 않는 것보다 더 불행한 결과를 가져올 수도 있습니다. 단재 신채호는 "역사를 잊은 민족에게 미래는 없다"라고 하였습니다. 역사는 한 나라를 지탱하는 뿌리와 같은 것임을 명심하고, 올바른 역사 교육을 통해 튼튼한 뿌리를 가진 나라를 만듭시다.

_ 2013년 09월 23일

# 과거 청산

빈도림

저는 독일에서 태어났기 때문에 과거 청산이란 말을 자주 들었습니다. 독일과 일본은 제2차 세계내전의 가해 국가입니다. 과거를 뉘우치는 것은 독일의 전후 세대에게 자명한 태도였지만, 요새 젊은 세대는 약간 귀찮아 하는 느낌이 없지 않습니다.

요즘 나에게 "왜 독일 사람은 60여 년이 지난 지금까지도 계속 다른 나라에게 사과해야 하느냐?"고 물어본다면 이렇게 대답합니다.

"과거 청산은 남에게 잘 보이기 위한 것이 아닙니다. 죄를 인정하는 일은 중요하지만 그 때문에 죄가 없어지지도 않고 희생자가 다시 살아나지도 않습니다."

독일의 과거 청산은 독일 사람을 위해서 하는 것입니다. 한 번 일어났던 일을 없앨 수는 없지만 다시 일어나지 않도록 노력하는 일이 현재와 미래 독일 사회의 필수 과제입니다.

일본에서는 아직까지 과거 청산을 나라의 약점이라고 생각하는 사람이 많습니다. 이것은 잘못된 생각입니다. 과거의 전쟁 정책으로 인

하여 남에게 피해를 입힌 것은 물론이지만 자신에게도 엄청난 손해를 끼쳤습니다. 바로 그 사실을 인정하는 것이 새로운 시작을 가능하게 할 뿐만 아니라 약점을 강점으로 돌리는 비법입니다. 과거 청산은 과거에서 배우는 것입니다.

수많은 사람의 목숨을 빼앗아가고 결과적으로 나라를 파괴하고 망친 것은 제2차 세계대전의 가해자 정부의 책임입니다. 그러한 가해자들은 사당에 모실 것이 아니라 반역자나 공적으로 비판해야 합니다.

이렇게 해야 국가 명예를 재건하고 지구촌의 호평받는 동료가 될 수 있습니다.

_ 2014년 01월 21일

# 역사는 되풀이된다

강용주

시골 한적한 한옥에 클래식 기타 소리가 울립니다. 피아졸라의 곡을 연습 중인 소리입니다. 이른바 유서 대필 사건으로 23년 만에 무죄를 선고 받은 강기훈 씨가 칩거해서 지치고 상처 입은 자신을 추스리는 중이지요.

정권 유지를 위해 증거를 왜곡하고 국민의 인권을 짓밟았던 부림 사건이나 강기훈 유서 대필 사건 판결의 잉크가 채 마르기도 전에 서울시 공무원 간첩 조작 사건 기사가 언론을 가득 채웁니다. 그 기사를 보면서 '영사 증명서'를 떠올렸습니다.

혹시 '영사 증명서'라고 들어 보셨는지요? 과거 권위주의 치하에서 일본 등 외국과 관련하여 조작된 사건마다 단골로 등장하는 말입니다. 일본 관련 간첩 조작 사건으로 재심에서 무죄가 확정된 '여수 김양기 사건'이나 '제주 강희철 사건' 등에서 외무부가 파견한 외교관이 아니라 안기부가 일본에 파견한 수사관인 '영사'가 김모가 간첩이라거나 북한과 관련 있다고 작성한 '영사 증명서'를 증거로 유죄가

기억을 기록하다

선고되었습니다. 왜냐구요? 형사소송법 제315조 1항엔 공무원 또는 외국 공무원이 직무상 증명할 수 있는 사항에 관하여 작성한 문서는 '당연히 증거 능력'이 있는 서류라고 하기 때문이지요.

두말할 필요없이 수사 기관이 증거를 위조한 행위는 범죄이고 민주주의의 근간인 법원의 재판 제도를 부정하는 사건입니다. 게다가 타국의 공문서를 위조하는 행위라니요. 이는 중대한 외교상 범죄 행위로 과거 군사 정권 때도 보기 힘든 일이자 국가적 수치이기도 합니다. 서울시 공무원 간첩 사건 증거 위조는, 과거 권위주의 정권에서 안기부가 수사하고 그 내용에 맞게 외국에 파견된 안기부 직원인 '영사'가 조작하여 작성한 '영사 증명서'에 따라 유죄가 선고되었던 비극적인 일이 여전히 되풀이되고 있는 현실을 보여 주는 듯합니다. 인권과 민주주의의 퇴행과 함께 희극처럼 역사가 되풀이됩니다. 과거에 눈을 감는 사람은 현재도 볼 수 없다고 합니다. 과거는 청산될 수 없습니다. 강기훈 씨가 연주하는 피아졸라의 클래식 기타 소리를 들을 수 있도록 우리가 기억하고 깨어 있을 때입니다.

_ 2014년 02월 20일

# 광주학생독립운동의 또 다른 유산

박종환

11월은 가을의 끝자락이면서 겨울의 초입에 걸쳐 있습니다. 해마다 이맘때면 우리 사회는 홍역 같은 입시 전쟁을 치릅니다. 청년으로 발돋움하는 성장통처럼 생존 경쟁의 첫 번째 관문을 힘겹게 통과해 가는 학생들을 바라보면서 청년이라는 단어가 가진 의미의 깊이를 시간 속에서 생각해 보게 됩니다. 마침 11월은 우리 지역에서 85년 전에 일어난 학생독립운동 기념일이 있는 달이기도 합니다. 광주학생독립운동은 널리 알려져 있는 바와 같이 조선인 여학생을 희롱하는 일본인들에게 격분한 조선인 남학생의 분노에서 비롯되었습니다. 반일 독립 시위 형태의 이 운동은 전국으로 번져 나가면서 3·1 운동 이후 최대 규모의 일제하 독립운동으로 발전했습니다.

해방과 전쟁, 민주화와 산업화 등을 겪으면서 우리 지역 사회가 경험해 온 굴곡의 시간들을 생각해 보면 광주학생독립운동이야말로 우리 지역의 자존과 긍지의 토대로 삼을 만한 역사적 유산임을 알 수 있습니다. 그런데 우리는 선조들에게 물려받은 이 유산의 가치를 충분히 이해하고 제대로 이어 가고 있는 것일까요?

광주학생독립운동이 가진 찬란한 광채는 제국주의의 억압에 맞선 독립 봉기 그 자체에만 머물러 있지 않습니다. 사건의 발생 배경이 말해 주듯이 이 운동은 억눌리고 차별받던 약자들에 대한 폭력을 더 이상 묵과하지 않겠다는 선언이기도 했습니다. 일제하에서 조선인들이 예외없이 차별받았지만 그 가운데에서도 여성들은 더욱 심한 억압과 멸시를 견뎌야 했습니다. 나주에서 발생한 조선인 학생과 일본인 학생의 충돌에서 시작해 전국으로 들불처럼 번져 갔던 이 운동의 확산 소식은 암흑 시대를 이중으로 억눌리며 살아가던 조선인 여성들에게 그들이 정말로 버려진 존재들이 아님을 일깨워 준 한 줄기의 섬광과도 같은 감동이었습니다. 감수성이 예민하던 소녀 시대를 일제하의 황해도 개성에서 살면서 이 소식을 들었던 소설가 박완서는 그때의 기억을 떠올리며 호남선 겨울 기차 여행의 느낌을 이렇게 적었습니다.

"기차가 광주를 향해 다가가고 있었다. 그와 함께 내 가슴도 뛰고 있었다!"

_ 2014년 11월 28일

# 다문화 현상과 역사

박중환

백범 김구 선생님께서 오래전에 쓰신 글을 보고 세상의 변화가 빠르다고 느낀 적이 있었습니다. 글은 민족에 대한 이야기였습니다. 투철한 민족주의자답게 그는 이렇게 이야기했습니다.

"인류 역사의 흐름에 따라 사상도 변하고 신앙도 변한다. 그러나 혈통을 공유한 민족만은 영원히 흥망성쇠 속에서도 공동 운명의 인연으로 이 땅 위에서 함께 사는 것이다."

백범 선생께서 이야기하는 민족 그리고 민족국가의 미래는 어떨까요? 이 글을 쓴 지 고작 100년의 시간이 흘렀을 뿐인데 오늘날에 와서는 많은 사람들이 그의 민족 이야기에 고개를 갸웃거릴 것으로 생각됩니다. 다문화 사회가 어느새 우리 곁에 다가와 있기 때문입니다. 얼마 전 교육부는 다문화 가정 학생 수가 앞으로 3년 뒤에 10만 명을 넘을 것이라고 예상했습니다.

다문화 현상은 사실 어제 오늘 새롭게 생긴 일은 아니었습니다. 조선 세종 때 뛰어난 천문 기기를 고안하고 제작했던 장영실의 아버지

기억을 기록하다

는 원나라 출신의 귀화인이었습니다. 임진왜란 당시 조선군에게 조
총 제작 기술을 알려주고 조선군 쪽에 서서 많은 공을 세운 김충선도
일본의 조선 침략에 불만을 가진 일본의 장수였습니다. 대구 달성의
녹동서원은 김충선을 기리기 위해 세워진 건물입니다.

복합적인 요인에서 비롯된 최근의 다문화 현상이지만 이것이 우리
사회의 다양성을 돕도록 균형 있게 가꾸어 갈 수 있는 정책적인 구상
이 필요하지 않을까 생각됩니다. 낮은 출산율 때문에 머지않아 인구
의 감소가 예상되는 시점에서 우리에게 요구되는 인적 자원의 구성
을 총합적으로 헤아려 보는 일도 시급하고 다문화 현상에 대한 열린
사고도 필요합니다.

우리 지역에 사람이 처음으로 살기 시작한 것은 언제쯤이었을까
요? 연구에 따르면 약 8만 년 전부터였다고 말합니다. 하지만 그때
이 땅에 살던 구석기 시대 사람들은 지금 한국 민족의 직접적인 조상
이 아니었던 것으로 생각되고 있습니다. 그들은 왠지 어디론가 떠나
가고 대략 1만 년 전 농경과 목축을 시작한 신석기 시대와 함께 새로
운 사람들이 들어와 살게 되었던 것이지요. 장구한 시간의 흐름 속에
서 보면 어떤 땅이건 예외 없이 많은 사람들이 오고 갔습니다. 다문
화 현상도 보다 먼 안목으로 바라보아야 합니다.

_ 2014년 12월 08일

# 향을 묻던 사람들의 소망

박중환

국립나주박물관에서는 '호남의 소금강'이라는 월출산의 역사를 소개하는 특별 전시를 진행하고 있습니다. 이 특별 전시에 출품된 자료들을 살피다가 월출산 일대에 남아 있는 매향비 관련 자료 몇 건을 발견했습니다. 그 매향비의 탁본들을 보면서 땅속에 향을 묻으며 올렸던 그때 사람들의 소망을 떠올려 보았습니다.

매향이란 향나무를 땅에 묻는 불교식의 의식과 의례입니다. 땅속의 향은 시간이 지나면 물에도 가라앉는 침향으로 변합니다. 하지만 그들이 매향을 통해 기원했던 것은 고통 없는 세상인 미륵불의 세계에 태어나 행복하게 살 수 있기를 바라는 소망이었습니다. 우리 민족은 역사 속에서 많은 외침을 당했고 그때마다 백성들은 생명과 인권이 유린되는 가혹한 고통을 겪었습니다. 몽고의 침략과 왜구, 그리고 가까이로는 동학농민전쟁에 참가한 농민들에 대한 탄압에 이르기까지 혼란과 외침이 있을 때마다 민초들이 겪는 고통은 컸습니다. 많은 생명들이 희생되고 터전이 파괴되었습니다. 이러한 혼란 속에서 그들에게 평화와 행복을 가져다 줄 절대자의 출현을 기대하며 올린 기도의 흔적이 매향비입니다.

매향비는 14세기와 15세기에 많이 세워졌고 그 시기에 왜구의 침략이 빈번했던 동해안과 남해안 등 해변 지역에 주로 분포합니다. 월출산 일대의 매향비 역시 이 일대의 백성들이 겪었던 침략과 혼란 속에서 행복한 세상을 꿈꾸었던 염원이었습니다. 비록 종교적인 형태의 기도가 아닐지라도 그들이 향을 묻으며 간절하게 빌었던 소망은 폭력과 야만으로부터 생명이 지켜지는 세상, 그리고 인간다운 존엄이 지켜지는 대동 세상이었을 것입니다. 오늘을 사는 우리가 꿈꾸는 소망은 무엇일까요? 향을 땅에 묻으며 그들이 기원했던 평화와 행복이 이제는 우리 곁에 와 있기를 바랍니다. 그리고 그 평화와 행복의 작은 조각들이라도 지금 우리가 발견할 수 있다면 우리는 마땅히 그것들을 소중히 가꾸고 키워 나가야 할 것입니다.

_ 2015년 02월 27일

# 반헌법 행위자 열전

강용주

『반헌법 행위자 열전』(가칭)이라고 들어 보셨는지요. 한홍구 교수를 비롯하여 김상봉(전남대 교수), 조국(서울대 교수) 등 한국 사회 중견 지식인 33명이 그 준비위원입니다. 이분들이 2015년 7월 16일에 67주년 제헌절과 광복 70주년을 맞아 『반헌법 행위자 열전』 편찬을 공식 제안했습니다.

반헌법 행위자란, 공직자 또는 공권력의 위임을 받아 일정 직무를 수행한 사람으로 내란·고문 조작·부정 선거 등을 통해 반헌법 행위를 자행·지시·교사한 자를 가르킵니다. 이를테면 5·16과 12·12 등 두 차례의 쿠데타만이 아니라 반민특위 습격 사건, 민간인 학살, 진보당 사건, 인혁당 사건, 학림 사건, 부림 사건, 유서 대필 사건, 각종 조작 간첩 사건 등 주요 공안 사건 등이 포함됩니다.

민주화 운동은 헌법을 짓밟은 자들과 벌여 온 싸움입니다. 『반헌법 행위자 열전』은 누가 헌법을 지키려 했고, 누가 헌법을 짓밟았는가를 분명히 하려는 작업입니다. 내란·부정선거·학살·고문 및 조작·

기억을 기록하다

각종 인권 유린 등으로 헌법을 파괴해 온 사람들이 법치와 헌법을 들먹이는 현실을 방치하지 않겠다는 확인입니다.

2019년은 3·1 운동 후 대한민국 임시정부가 수립된 지 100년이 되는 해입니다. 『반헌법 행위자 열전』 편찬은 새로운 100년을 준비하는 마음으로, 새로운 대한민국과 새로운 세기로 넘어가는 과정에서 헌법을 국민과 다음 세대에게 되돌려 주는 일입니다.

우리 헌법은 "대한민국은 민주공화국"이며, "대한민국의 주권은 국민에게 있고, 모든 권력은 국민으로부터 나온다"고 규정하고 있습니다. 우리가 헌법의 주인이고, 우리가 대한민국의 주인입니다. 친일파로부터 이어져 온 반헌법 세력으로부터 대한민국과 헌법을 되찾는 일입니다.

우리 헌법의 주인이 되는 일에 많은 시민들의 마음이 더해지면 좋겠습니다.

_ 2015년 08월 25일

# 역사 교육

빈도림

역사학에서 제일 기본적인 원칙은 역사가 사실이나 진리가 아니라 언제나 서술이라는 것입니다. 다시 말해서 우리가 접할 수 있는 역사 지식은 고대의 정치, 사회, 문화의 진실이 아니라 사후 사람들이 기록한 것뿐입니다. 삼국의 역사를 알고자 하면 『삼국사기』를 봐야 하고, 고려의 역사를 공부하려면 『고려사』를 읽어야 합니다. 그러나 『삼국사기』란 책은 삼국시대에 편찬된 것이 아니라 약 500년 후에 발간되었습니다. 『고려사』도 고려 시대에 쓴 책이 아니고 조선 시대에 출판되었습니다.

우리나라의 대표적인 이 두 역사 서적만 봐도 후시대 세력이 지나간 역사를 어떻게 조작했는지 알 수가 있습니다. 예나 지금이나 자기 입장과 상반되는 정권이나 사건은 추하게 서술하고, 자신을 지지하는 사람들은 미화하는 것입니다. 이성계는 고려 정권의 장군이었는데 반란으로 임금을 몰아내고 결과적으로 스스로 왕위에 올랐습니다. 만일 실패했다면 죽을 죄를 저지른 역적으로 기록되었을 터인데

기억을 기록하다

성공했으니까 훌륭한 창건자로 역사책에서 칭찬을 받고 있습니다. 이성계 장군의 반란을 미화하는 대표 작품은 『용비어천가』입니다. 용이 하늘로 날아가는 형상을 빌려 왕조를 바꾼 사건을 하늘의 뜻으로 기술했습니다. "역사는 승자의 기록이다"라는 명언이 바로 그것입니다.

그렇다면 역사는 과거에 있었던 실제가 아니고 현대 사람들의 해석이며 소위 역사관일 뿐이라면, 올바른 역사책은 어떻게 써야 할까요? 우리나라 학생들에게 한국의 과거를 어떻게 설명해야 할까요?

대답은 민주주의 원칙들 가운데서 찾을 수 있습니다. 현재 민주 제도에 있어서는 권력분립, 법의 지배, 자유선거 및 인권 보장이 기본 원칙입니다. 일반 사회 생활에서는 다양성을 존중하는 다원주의가 기반입니다. 언론의 자유로 인하여 사회에서는 다원성이 생겨납니다. 종교 세계에서는 국교는 독재이고 종교의 자유는 민주주의입니다.

학교 교과서에서는 다양한 선택의 자유가 중요합니다. 역사 교육에서 사실의 전달을 무시할 수 없지만 그 사실의 해석이나 판단은 언제나 저자의 입장을 나타내므로 학생들이 그 가운데 여러 의견을 발견할 수 있으면 보람 있는 민주주의 훈련을 받게 됩니다. 행정이 역사관을 시국의 단기적인 이익을 위해 일방적으로 정한다면 북한의 독재와 다를 바가 없습니다.

_ 2015년 10월 23일

# 비극에서 얻어야 할 교훈

박중환

　16세기 말 임진왜란을 일으킨 도요토미 히데요시의 막부는 두 나라를 오고갔던 상인들을 통해서 조선에 대한 정보를 주로 얻었습니다. 조선 사람들은 피부색이 하얗고 건강하고 대식가들이며 힘이 세다든가 몇몇 중요 지점의 성곽을 제외하면 해안 지역의 외적에 대한 방비가 매우 허술하고 병력의 숫자도 미미하다는 전력 탐색도 했습니다. 당시의 자료에서는 조선 사람들의 정신세계나 문화를 바라보는 그들의 인식을 엿볼 수 있습니다. 조선 사람들이 만주족이나 여진족과 같은 북방의 오랑캐의 침략에 매우 용맹스럽게 대항하여 결국 조선을 정복하지 못했다거나 조선 사람들이 불교나 유교적 신앙심이 매우 강하고 윤리와 도덕을 높이 숭상했다는 점 등입니다.

　임진왜란은 도요토미 히데요시가 100년 이상 계속되던 일본 전국시대의 혼란을 끝내고 권력을 장악하게 되면서 이미 예고되었습니다. 히데요시는 다른 사람들이 넘볼 수 없는 교활함과 독특한 수완을 써서 일본 내의 영주들을 농락하고 그들을 중국 정복이라고 하는 무모한 전쟁터로 내몰았습니다. 이렇게 시작된 임진왜란은 수많은 인명을 앗아갔고 조선과 명나라의 국가 기반 자체를 뒤흔들었습니다. 침략의 당사자였던 일본 또한 적지않은 손실을 겪었습니다. 처음 바다를 건너온 15만 명의 왜병 가운데 3분의 1인 5만 명 이상이 조선 땅에서 목숨을 잃었습니다. 독재 권력의 출현을 견제하지 못하고 이웃 나라에 대한 패권의 유혹에 빠져든 대가가 얼마나 끔찍한 것인가를 일본인들에게도 가르쳐주었던 것입니다.

조선의 군대와 백성들이 겪은 희생과 피해는 말할 것 없이 참혹한 것이었습니다. 일본의 막부에서는 조선의 군사력을 손바닥 보듯 들여다보고 있었는데 조선은 일본 내의 군사력을 한데 모을 수 있는 강력한 독재자가 출현했다는 사실도, 일본 내 각 세력의 군사력도 파악하지 못했습니다. 유교적 이상 국가를 세운다고 하는 관념적 목표 아래 제대로 된 국방력은 갖추지도 못한 채 당파 싸움에만 매달린 나라가 백성들의 생명을 보호하고 국가 체제를 유지하는 데 얼마나 무능했는지 이 전쟁은 비싼 값을 치르고 체험하게 했습니다.

유례 없는 중국의 부상과 일본의 우경화로 동북아 정세가 지각 변동을 겪고 있는 지금 우리는 역사의 비극을 통해서 충분히 교훈을 얻고 있는지 생각해 볼 일입니다.

_ 2016년 03월 01일

# 민주주의와 풀뿌리

박중환

　민주정치의 주인인 국민을 가리키는 말로 흔히 풀뿌리라는 표현을 씁니다. 그런가 하면 일반 민중을 가리켜 '민초'라고 말하기도 합니다. 국민을 가리키는 '민'이라는 단어에 풀을 가리키는 '초'라는 글자를 붙인 것입니다. 국민을 풀뿌리라고 부르다 보니 '풀뿌리 민주주의'라는 표현도 생겨났습니다. 나라의 주인이자 정치의 주역이어야 할 국민들을 하필이면 힘없는 존재인 풀에 비유했던 것입니다. 곧게 서서 자세를 유지할 수 있는 나무와 비교해 보면 풀이란 참 힘없는 존재입니다. 민주국가는 차치하고 전통 시대의 전제왕권 시대에 조차도 나라의 지배자들은 백성이 바로 국가의 근본이라고 말하곤 했습니다. 우리나라에서는 지방자치제도의 정신을 가리키는 것으로 쓰여져 온 풀뿌리 민주주의라는 말의 어원을 두고 미국의 풀뿌리, 즉 grassroot라는 개념이나 일본의 천황 통치에 쓰이던 개념이라는 이야기들이 있지만 사실 그 연원은 더 오래된 것입니다.

　백성을 풀뿌리에 처음 비유한 것은 중국 고전의 삼경 가운데 하나인 『서경』의 군진편에서 주공이 했던 말로 전해지고 있습니다. "군주의 덕은 바람이요. 백성의 덕은 풀이다." 공자도 주공의 이 말을 인용하고 있습니다. "그대가 선해지려고 하면 백성이 선해질 것이니 군자의 덕은 바람이오, 소인의 덕은 풀이라. 풀 위로 바람이 불면 그 풀들은 반드시 눕느니라." 정치를 덕으로 이끈다면 자연스럽게 국민들이 호응하게 될 것이라는 말이었습니다.

정치를 바람과 풀에 비유한 전통 시대의 이러한 비유를 바꾸어 풀을 '억압받는 민중'으로 바람을 '민중 위에 군림하는 폭력적인 권력'으로 보는 표현이 등장하게 된 것은 우리 현대사에 채워진 질곡 때문이었습니다. 그 계기가 된 작품은 시인 김수영이 쓴 「풀」이라는 제목의 시입니다.

제20대 국회의원 총선거가 다가왔습니다. 여러분들이 느끼는 바람은 어떤 바람입니까? 시절을 좇아 비를 불러오고 땅을 기름지게 하고 곡식을 자라게 하는 부드러운 바람입니까? 아니면 차가운 겨울의 삭풍입니까? 바람에 몸을 눕힌 풀들의 소리를 백성의 절규라고 생각했던 시간은 이제 벌써 역사가 되었습니다. 다가오는 선거에서 여러분들의 손에 선택권이 쥐어져 있다는 사실이 그것을 입증합니다. 하지만 투표를 해야 합니다. 설령 누군가가 자기에게 불어오는 바람이 차가운 겨울 바람이라고 느낀다고 할지라도 자신의 의사를 투표로 표현하지 않는 시민은 말할 자격이 없는 것입니다.

_ 2016년 03월 31일

# 건국절 논란

오수성

평소 산에 같이 다니던 분들과 중국 간도와 러시아 연해주의 항일 독립투쟁지 답사를 다녀왔습니다. 이전에도 두 번 백두산 천지에 올랐지만 광복절에 바라본 천지는 색다른 감회를 주었습니다. 항일독 립투쟁지를 둘러보면서 수많은 독립 운동가들이 이국 땅에서 외롭게 투쟁을 하다가 이름 없이 쓰러져 간 것을 생각하니 가슴이 뭉클하며 숙연해졌습니다. 독립운동의 요람인 간도의 명동촌은 일부나마 보존 되었지만 연해주 신한촌은 흔적도 없이 사라졌고 그곳에 비석만 달 랑 세워져 있었습니다. 우리나라가 얼마나 많은 사람들의 희생 위에 독립이 되었는지를 기억하기 위해서는 해외의 항일독립투쟁지를 찾 아 복원하고 기려야 할 것입니다.

간도나 연해주에 정착해 살던 많은 사람들이 독립 자금을 모금하 기 위해 많은 노력을 하며 일제에 의해 고통을 받았는데도 그에 대한 것은 잘 알려지지 않은 채 묻혀져 있는 것이 안타까웠습니다.

건국절 논란이 올해 대통령 광복절 경축사에서도 반복되었습니 다. 여당도 정부 수립이 이루어진 1948년 8월 15일을 건국일로 삼아

기억을 기록하다

야 한다고 법제화를 주장하고 있습니다. 헌법은 대한민국이 1919년 3·1 운동으로 건립되었다고 명시되었습니다. 1948년 8월 15일에는 정부가 수립되었을 뿐입니다. 청와대 독립유공자 초청 오찬 모임에서 92세의 김영관 전 광복군동지회장은 대통령을 향해 "건국절 주장은 헌법에 위배되며 역사 왜곡이고 역사의 단절을 초래할 뿐"이라며 "왜 우리 스스로가 역사를 왜곡하면서 독립 투쟁을 과소평가하고 임시정부의 역사적 의의를 외면하는지 이해할 수 없다"고 말했습니다. 젊은 날 광복군의 일원으로 나라를 되찾고자 싸웠던 원로 독립지사의 통탄이 가슴에 절절하게 와닿습니다. 광복절을 건국절이라고 주장하는 것은 대한민국의 정통성을 부정하는 반헌법적인 주장입니다. 나라를 되찾기 위해 목숨을 바친 애국 열사들을 기리면서 엉뚱하게 건국 운운하는 것은 반역사적입니다. 애국 선열들은 1910년 8월 29일 한일 합병을 두고도 망국일이라고 하지 않고 국치일이라고 불렀습니다. 조선과 국토와 국시가 살아 있으니 반드시 주권을 회복할 것이므로 망국이라는 말을 함부로 쓰지 않았습니다.

역사 왜곡 세력이 광복절을 건국절로 바꾸려는 주된 이유는 친일파의 죄상을 대한민국에서 제외시키기 위함입니다. 1948년 이전에는 나라가 없는 셈이 되며 식민의 역사, 친일의 역사도 지워지기 때문입니다. 그들은 과거를 반성하고 뉘우치는 인간다운 길을 가기보다는 현재의 기득권 유지를 위해서 나라의 역사적 뿌리까지 잘라 내려 합니다. 역사를 존중하지 않는 자는 역사의 보복을 받을 수 있다는 사실을 잊지 말기 바랍니다.

_ 2016년 09월 06일

# 까마귀들의 망향가

이동순

기억은 과거입니다. 기억은 존재를 증명합니다. 존재의 증명은 살아 있음입니다. 살아 있음은 현재이고, 현재는 역사가 되고 미래가 됩니다. 저마다 기억하는 방식은 다를지라도 기억 속의 그것들은 의미 있는 것들입니다. 수없이 많은 것들이 기억과 망각, 그리고 그 사이에 있습니다. 그러나 우리에게는 기억하고 싶지 않아도 망각되지 않는 것들이 있습니다. 일본이 세계문화유산으로 등재한 '하시마 섬' 일명 '군함도'가 그렇습니다. '군함도'는 기억하고 싶지 않지만 망각되지 않는, 망각할 수 없는 곳입니다. 조선을 강제 병합한 것도 부족해 조선인을 강제로 징용하여 지하 1,000미터 아래 탄광으로 밀어 넣은 곳이기 때문입니다.

"이 섬을 빠져나가서 산다는 보장만 있다면 왜 난들 안 가겠냐. 못 산단 말이야. 살아서 여기를 빠져나가는 사람, 누가 있었냐. 바닷물에 팅팅 불어가지고 죽어 돌아온 조선 사람. 선착장에 내팽개쳐 놓고, 이거 봐라. 도망치는 놈들 다 이 꼴이 된다 보여주다가, 저 건너 섬으로

기억을 기록하다

끌고 가 화장터에서 태워버리면 그뿐."(한수산, 『까마귀』)

"하루 12시간의 노동, 누구도 성한 몸으로 빠져나올 수 없어 감옥도, 지옥도"(이복렬, 하시마 한국인희생자유족회장)였던 섬, 그 섬이 세계문화유산으로 둔갑하고 말았습니다. "진폐증으로 쿨럭쿨럭 기침을 해대는 조선 징용공들이 누에처럼 꿈틀거리며 잠들어 있는 지옥섬 하시마의 밤은 사나운 파도 속에 묻"(한수산, 『까마귀』1권)히도록 우리는 무엇을 하고 있었을까요?

굴욕과 치욕의 역사를 간직한 '군함도'에는 벌써부터 관광객이 붐빈다고 합니다. '조선인 강제 노역장'이었다는 사실을 쏙 빼고 말입니다. '군함도'는 지난날 받은 치욕의 공간, 한이 서린 공간입니다. 기억하고 싶지 않지만 망각해서는 안 되는 곳입니다. 역사는 과거와 현재의 대화에 머물지 않고 미래를 향해 나아가는 힘이기 때문입니다.

우리는 기억해야 할 많은 것들을 망각하고 있었습니다. 그 틈에 일제는 다시 고개를 높이 쳐들고 국제 사회에 목소리를 높여 가고 있습니다. 이 사나운 꼴을 그냥 두고만 봐야 할까요? 탄광에서 일하던 조선인 노동자들이 눈의 흰자위만 빼고는 얼굴과 몸이 온통 시커멓다고 해서 서로를 '까마귀'라고 불렀다는 '군함도'의 조선인 징용자들의 그 슬프고도 아픈 목소리를, 통곡으로 부르는 망향가를 기억하고, 기억하고, 또 기억해야 할 것입니다.

_ 2015년 09월 21일

# 역사, 과거에서 미래를 배우는 교훈

이상무

역사가 오늘을 사는 우리에게 주는 의미는 무엇일까요? 조선 선조 때 영의정을 지낸 서애 류성룡은 임진왜란의 치욕과 수모를 겪은 조선의 실상을 『징비록』이라는 책으로 남겼습니다. '징계해서 후환을 경계한다'는 제목처럼 전쟁의 뼈아픈 기억과 조선이라는 나라의 한계와 과제를 후손에게 남김으로써 실패와 과오를 반복하지 않게 하기 위함이었습니다.

그러나 이후 류성룡의 뜻과 달리 과거를 거울 삼아 반성하고 혁신하지 못한 조선은 300년 후 일본에 나라를 빼앗기는 아픔을 겪어야 했습니다. 만일 임진왜란 이후 조선이 침략의 위기를 겪은 원인과 과정을 되새기고 대처 방안을 철저하게 준비했다면 역사는 분명 달라졌을 것입니다.

역사는 과거의 기록 이상의 의미를 지닙니다. 역사 속 사건들과 역사를 만들고 지켜온 인물들의 기록, 그 경험과 교훈은 바로 현 시대의 고민이 되며, 향후 그 국가가 가야 할 미래의 기준이 됩니다. 역사

　　　　　　　　　기억을 기록하다

를 올바르게 세우고 쓰지 않으면, 반성도 할 수 없고 미래를 위한 혁신도 할 수 없는 법입니다.

역사 교과서에 대한 이야기가 뜨겁습니다. 정치권에서는 비방과 논쟁이 계속되고 찬반 여론도 요동치고 있습니다. 본질보다는 수단에 대한 논쟁이 이어지면서 나라와 민족의 큰 자산인 역사책이 이념 논쟁이나 권력 투쟁의 수단으로 변질되고 있는 것은 아닌지 우려하는 목소리도 있습니다.

어떤 역사를 겪었는가 못지않게 역사를 어떻게 쓰는가도 중요합니다. 왜곡도 변명도 없이 진실되고 올바르게 쓰이고 전해져야 합니다. 자랑스럽지 않다고 다르게 써서도, 부끄럽다고 지워서도 안 됩니다. 있는 사실 그대로 빠짐없이 올바르게 담고, 치우치지 않고 공정한 시각으로 쓰이도록 함께 지켜보고 토론하는 것이 지금을 사는 국민들의 의무입니다.

역사는 과거로부터 현재의 시점에서 미래로 나아갈 방향을 배울 수 있는 교훈입니다. 올바른 역사가 갖는 의미와 가치, 국가의 오늘과 내일을 잇는 소리 없는 가르침이라는 점을 우리 모두 잊지 않아야 할 것입니다.

_ 2016년 11월 14일

# 비겁함과 익숙함

강용

지금으로부터 380년 전에 조선은 가장 뼈아픈 전쟁을 겪게 됩니다. 그 전쟁은 일어나지도 않을 전쟁이었고, 막을 수도 있는 전쟁이었으며, 전쟁이 일어나면 어떤 결과가 발생할지까지 뻔히 알고 있던 전쟁이었습니다. 바로 병자호란입니다. 당시 중국은 후금, 즉 청나라가 엄청난 군사력과 경제력으로 대륙을 장악해 가고 있었고, 반면 조선의 양반들이 머리 조아리며 황제로 섬기던 명나라는 이미 기울어 있던 중이었습니다.

명나라를 차지하기 위해서 굳이 조선은 건드리지 않는다는 청나라의 외교 정책을 간파한 광해군은, 명나라와 청나라 사이에서 적당한 간격을 두며 자주적이고 균형적인 실용주의 외교를 유지하였습니다. 그러나 광해군을 몰아내고 왕위를 찬탈한 인조와 서인 세력들은, 명나라를 숭배하는 것을 넘어 명나라 신하보다 더 명나라를 섬기고, 청나라의 왕이 황제로 칭호를 바꾼다는 소식에 명나라를 대신하여 청나라 오랑캐를 척살해야 한다고까지 했습니다. 조선의 적대적인 태

기억을 기록하다

도에 분개한 청나라는 압록강을 넘어 닷새 만에 한양을 점령하였습니다. 그리고 채 한 달도 지나지 않아 인조는 지금 잠실 근처인 삼전도에서 청나라 황제에게 머리를 조아리고 굴욕적인 항복을 하였습니다. 게다가 당시 조선 인구 약 1,000만 명 중 무려 50만 명이 중국 심양에 노예로 끌려갔습니다.

역사를 거슬러 보면, 인조와 서인들의 명나라 숭배는 우리 역사에서 가장 비겁한 왕이라 꼽히는 선조 때 시작되었다고 볼 수 있습니다. 도망가는 자신을 보며 야유하는 백성들에게 욕을 해대며, 왜군보다 백성들의 반란이 더 걱정된다는 말도 서슴지 않았던 선조였습니다. 도망갈 때 말고삐를 잡던 내관 김응수를 이순신 장군보다 더 높은 공신으로 책봉하려 했던 선조는 임진왜란의 가장 큰 공은 명나라에 있다고 공신록에 기록하였습니다. 결국 자신이 명나라에 구원을 요청했으니 가장 큰 공신은 자신이라는 정치 논리를 만들어 낸 것입니다.

권력에만 눈먼 인조와 서인 파벌들은, 선조의 공신 논리를 근거로 명나라의 훌륭한 신하가 되었고, 결국 38년 뒤 병자호란이 일어났습니다. 무능한 임금과 당파싸움의 피해를 목숨과 능욕의 고통으로 감당해야 한 것은 백성이었습니다. 요즘을 사는 우리들마저 익숙한 380년 전의 역사입니다. 선조들의 비겁함에 익숙해져, 혹시라도 이런 역사가 반복되면 어쩌나 하는 우려 때문에 다시 돌이켜 봅니다.

역사에서 '만약'이란 단어는 아무런 의미가 없지만, 만약 선조가 자신의 잘못을 인정하고 좀 더 솔직했다면 지금의 세상이 어떻게 변했을지 생각해 봅니다. 그나마 다행스러운 것은 우리 역사 위기에는 늘 백성들이 있었습니다.

_ 2016년 12월 28일

기억을 기록하다

# 칼럼니스트 소개
### (가나다순)

### 강신겸

전남대 문화전문대학원 교수. 강신겸 교수는 우리나라의 독보적인 농촌관광 전문가로, 13년간 삼성경제연구소에서 농촌관광을 연구하였고, 친환경 농촌마을, 강원도 평창 의야지 마을과 강원도 화천 토고미 마을, 아시아 최초 슬로시티, 전남 신안 증도 등을 기획했다.

### 강신영

국립광주과학관장. 강신영 관장은 전남대학교 공과대학 교수를 지내고, 2009년 대통령 국가교육과학기술자문회의 자문위원, 바른과학기술사회 실현을 위한 국민연합 상임대표를 역임했다. 현재는 한국과학기술단체 총연합회 부회장을 맡고 있다. 2015년에 국립광주과학관장으로 취임해 과학도시 광주를 지향하며 과학문화의 중심 기관으로 만들어가고 있다.

**강용**

학사농장 대표. 강용 대표는 농민과 소비자가 함께 하는 무화학 유기농 먹거리 협동조합주식회사를 만들어 가고 있다.

**강용주**

전 광주트라우마센터장, 의사. 강용주 센터장은 1985년 '구미 유학생 간첩단 사건'으로 무기징역을 선고받고 옥고를 치렀다. 광주트라우마센터장을 역임했고, 가정의학 전문의로 현재는 고문 피해자 치유를 돕는 활동을 하고 있다.

**김명룡**

전 한국방송통신전파진흥원장. 김명룡 원장은 미래창조과학부 우정사업본부 본부장, 정보통신부 정부통합전산센터 운영기획관을 역임했고, 홍조근정훈장을 수상했다. 한국방송통신전파진흥원이 빛가람 혁신도시로 이전하면서 지역에서 활발한 활동을 펼치고 있다.

**김영주**

광주전남 ICT협회장. 김영주 회장은 남도의 문화예술에 애정을 갖고 13년 동안 광주에 살면서 광주광역정보센터 사장, 제2대 광주전남 정보문화산업진흥원 원장을 역임했다. 대기업 정보통신(IT) 분야 최고경영자를 거쳐 공공기관 문화산업 분야의 경험을 갖춘 전문가로 평가받고 있다.

## 김윤석

2015 광주유니버시아드대회 조직위원회 사무총장. 김윤석 사무총장은 30여 년 가까이 중앙 정부의 경제 부처에 몸담았고, 광주시 부시장 재직 시절 광주유니버시아드대회 유치 과정을 진두지휘하였다. 현재 대한체육회 국제위원회 위원이자, 2010년부터 광주유니버시아드대회 조직위원회 사무총장으로서 대회 준비를 총괄했다.

## 김진봉

㈜피피아이 대표. 김진봉 대표는 광주에 광산업을 특화시키기 위해서 전남대 광전자 화공소재공학과를 만들고, 동시에 ㈜피피아이를 창립했으며, 세계 최초로 평판형 광집적회로 기술을 개발했다.

## 김희정

국립아시아문화전당 공연사업본부장. 김희정 본부장은 작곡가이자 공연연출가이며, 상명대 음악학과 교수로 있다. 2003년 세계여성음악제 집행위원장, 미국 국제여성음악인연맹이사를 역임했으며 세계적인 '토털 아티스트'로, 국제무대에서는 '역사와 사회에 메시지를 던지는 작곡가'로 잘 알려져 있다.

## 김희준

광주과학기술원 석좌교수. 김희준 석좌교수는 MIT 생물학 박사 출신으로, 하버드 의대 연구원으로 활동했으며, 현재는 서울대 명예교수이자 물리화학계의 세계적 석학으로 꼽히고 있다.

### 나희덕

조선대학교 문예창작학과 교수. 나희덕 교수는 1989년 중앙일보 신춘문예에 시가 당선되면서 작품 활동을 시작했으며, 소월시문학상, 현대문학상, 이산문학상, 지훈상 등을 수상했다. 시집으로 『그곳이 멀지 않다』 등과 산문집 『더 레터』, 『저 불빛들을 기억해』 등의 작품이 있다.

### 박양우

광주비엔날레 대표이사. 박양우 대표이사는 행정고시로 공직에 입문해 뉴욕 한국문화원장, 문화관광부 차관을 역임했다. 중앙대학교 예술대학원 교수를 지내고, 세계 5대 비엔날레인 광주비엔날레를 이끌고 있다.

### 박종구

초당대학교 총장. 박종구 총장은 교육과학기술부 2차관, 한국폴리텍대학 이사장을 역임했고, 현재는 초당대학교 총장을 맡아 취업률 제고, 우수 학생 유치와 대학 구조개혁을 중점으로 추진하고 있다.

### 박중환

국립나주박물관장. 박중환 관장은 전남 지역 유일의 국립박물관인 국립나주박물관의 개관 업무를 총괄했고, 현재는 역사에 대한 지역민들의 관심을 높이는 다양한 활동을 하고 있다.

기억을 기록하다

### 빈도림

담양 세계대나무협회총회 추진위원장, 번역가, 빈도림 꿀초 대표. 빈도림 위원장은 독일 베를린 출신 귀화 한국인이다. 김대중 정부 시절, 베를린 선언에 참여했고 현재, 한국과 독일을 잇는 문화 전도사로 활동하고 있다.

### 오수성

광주트라우마센터장, 전남대 심리학과 명예교수. 오수성 교수는 '5월 증후군'이라는 신조어를 만들어낸 심리학자로, 현재 전남대학교 심리학과 명예교수이자 심리건강연구소 소장을 맡고 있다.

### 윤택림

전남대학교병원장, 정형외과 교수. 윤택림 원장은 관절 치료 관련 국제 특허만 40여 개를 보유하고 있는 고관절 질환의 세계적인 명의로 꼽히고 있다. 현재 전남대학교병원장을 맡고 있다.

### 이동순

조선대학교 자유전공학부 교수. 이동순 교수는 〈조태일 시 연구〉로 박사학위를 받았고, 저서로는 『움직이는 시와 상상력』, 『광주전남의 숨은 작가들』이 있으며, 우리 지역 문학의 원형을 발굴, 복원하여 문학적 위상을 널리 알리는 데 심혈을 기울이고 있다.

### 이병완

전 노무현 대통령 비서실장, 전 노무현재단 이사장. 이병완 이사장은 전남 장성 출신으로, 광주고등학교를 졸업했다. 노무현 정부 시절 대통령 비서실장을 지내고, 참여네트워크 고문, 사람 사는 세상 노무현재단 이사장, 제6대 광주광역시 서구의회 의원을 지냈다.

### 이병훈

더불어민주당 광주동구남구을 지역위원장, 전 아시아문화도시추진단장. 이병훈 원장은 행정고시 출신의 문화행정 전문가로, 광양군수, 문화체육관광부 아시아문화중심도시추진단장을 역임하였고, 2000년 홍조근정훈장을 수상했다. 아시아도시재생연구원 이사장으로 활동하고 있다.

### 이상무

아시아태평양농정포럼 의장, 전 한국농어촌공사 사장. 이상무 사장은 농림수산부 기획관리실장, 세계농정연구원 이사장, 통일농수산사업단 대표, UN 산하 세계식량농업기구 한국협회장 등을 역임했다. 한국농어촌공사가 광주전남 빛가람 혁신도시로 본사를 이전하면서 지역에서 활발한 활동을 펼치고 있다.

### 이정선

전 광주교육대학교 총장. 이정선 총장은 대통령 자문 교육혁신위원회 미래 교육문화 전문위원회 자문위원을 지냈으며, 2005년 대학발전연구원장을 역임하는 등 초등 현장과 연계된 연구와 저술 활동을 하고 있다.

### 이천영

목사, 새날학교 교장. 이천영 목사는 고려인들의 정착 활동을 돕고 있으며, 새터민과 다문화 아동들을 위한 대안학교인 광주 새날학교 교장을 맡고 있다.

### 이화경

소설가. 이화경 작가는 소설, 인문 에세이, 번역 등 다방면에서 글쓰기를 통해서 세상과 소통하고 있다. 제비꽃 서민소설상, 현진건 문학상 등을 수상했으며, 소설『꾼』,『나비를 태우는 강』등과 인문 에세이『버지니아 울프와 밤을 새다』등 다수의 작품이 있다.

### 조현종

아시아문화연구소 소장, 전 국립광주박물관장. 조현종 소장은 1984년에 국립중앙박물관 고고부 학예연구사로 출발하여, 2000년 국립제주박물관 초대 관장과 국립중앙박물관 전시과장 · 고고부장 · 학예연구실장, 국립광주박물관장을 역임했다. 국내 선사 고고학 연구 권위자로, 우리나라 최초 습지 유적인 광주 신창동 유적 발굴과 조사 · 연구를 주도했다. 국립중앙박물관 학예연구실장으로 있으면서 프랑스와 외규장각 도서 반환 협상을 성공적으로 이끌었다. 저서로는『선사시대 유적과 유물』,『한국 고대 수전농업과 수리시설』이 있다.

### 한신애

광주북구다문화가족지원센터장. 한신애 센터장은 14년째 사회복지사로서 활동하고 있으며, 현재는 광주북구다문화가족지원센터, 광주북구건강가정지원센터장을 맡고 있다.

### 한은미

전남대학교 화학공학부 교수. 한은미 교수는 한국여성과학기술지원센터 호남제주권역사업단 단장을 역임했으며, 미래창조과학부 국가과학기술심의회 소속 지방과학기술진흥협의회 위원, 국립과학관 운영위원, 바른 과학기술 사회실현을 위한 국민연합 호남권 공동대표를 맡고 있다.

### 함경식

목포대학교 식품공학과 교수. 함경식 교수는 우리나라 천일염의 우수성을 알리는 노력을 해오고 있고, 현재 목포대학교 천일염연구센터 센터장을 맡고 있다.

### 홍상표

전 한국콘텐츠진흥원장. 홍상표 원장은 YTN 보도국장을 지내고, 2010년 대통령 홍보수석비서관을 지냈으며, 2012년부터 2014년까지 한국콘텐츠진흥원 원장을 맡았다.

### 황대권

생태운동가, 작가. 황대권 생태운동가는 조작극으로 밝혀진 '학원 간첩단' 사건에 연루돼 옥고를 치렀다. 옥중에서 쓴 『야생초 편지』의 작가이자, 현재는 영광에서 생명공동체인 〈생명평화마을〉을 운영하고 있고, 영광탈핵공동행동 대표로 활동하고 있다. 저서로는 『고맙다 잡초야』, 『민들레는 장미를 부러워하지 않는다』가 있다.

**황지해**

정원 디자이너, 환경미술가. 영국 첼시플라워쇼에서 2011년 '해우소 가는 길'로, 2012년 'DMZ 가든'으로 각각 전체 최고상과 금메달을 동시 수상하는 등 한국인 첫 수상자로 첼시 역사에 기록됐다.

# 기억을 기록하다

1판 1쇄 발행  2017년 2월 3일

엮은이 | 광주MBC
지은이 | 광주MBC 라디오 칼럼니스트 31인
펴낸이 | 조영남
펴낸곳 | 알렙

출판등록 | 2009년 11월 19일 제313-2010-132호
주소 | 서울시 강서구 공항대로45길 101 강변샤르망 202-304
전자우편 | alephbook@naver.com
전화 | 02-325-2015
팩스 | 02-325-2016

ISBN 978-89-97779-71-0  03070